Robert C. Suggs · Burgl Lichtenstein
Manuiota'a · Tagebuch einer Reise auf die Marquesas-Inseln

Für meine Annette
im kalten Winter
von Berlin einen
Hauch Südsee.

Mit vie[...]
[...]

3. R. 2000

Robert C. Suggs
Burgl Lichtenstein

Manuiota'a

Tagebuch einer Reise auf die Marquesas-Inseln

Verlags-
dienstleistungen

∞ ISO 9706
© 2000 Franziska Land Verlagsdienstleistungen, Berlin
1. Auflage 2000
Alle Rechte vorbehalten
Printed in Germany
Gedruckt auf säurefreiem und alterungsbeständigem Papier
ISBN 3-00-006584-9

Inhaltsverzeichnis

Einleitung 7

Pape'ete, Aranui 19

Pape'ete, Aranui, Tag der Abreise 27

Auf See, Tuamotus, Takapoto 33

   Exkurs: Tuamotus 34

Auf See 45

   Exkurs: Die Marquesas 49

Ua Pou 57

   Exkurs: Tiki 66

Nuku Hiva 71

Hiva Oa 89

   Exkurs: Paul Gauguin 93

Fatu Iva 105

Hiva Oa, Puama'u, Tahuata 119

Ua Huka 135

Nuku Hiva, Anaho 151

   Exkurs: Lapita Kultur 161

Nuku Hiva, Hatiheu 171

Nuku Hiva, Ua Pou 191

Auf See nach Rangiroa 201

Rangiroa 211

Ankunft in Pape'ete Tahiti 217

Tahiti Inselrundfahrt 225

Letzter Tag auf Tahiti 233

Kleiner Markesanischer Wortschatz 237

Dank 241

Literatur 245

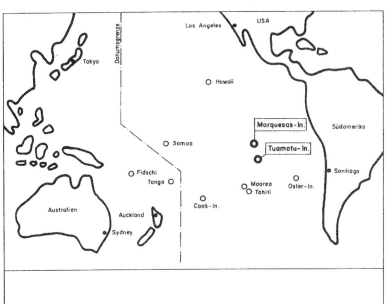

Los Angeles · USA

Tokyo

Hawaii ○

Marquesas-In.

Südamerika

Samoa ○

Tuamotu-In.

Fidschi ○
Tonga ○

Santiago ●

Moorea ○○ Tahiti · Oster-In. ○

Cook-In. ○

Australien

Auckland

Sydney ●

Datumsgrenze

Hatutu ○ ○ Ile de Sable

Eiao

Marquesas Inseln

Motu Iti ○

Nuku Hiva · Ua Huka

Ua Pou · Fatu Huku

Hiva Oa

Tahuata · Motane

Fatu Iva

Einleitung

Auf dem stampfenden, schlingernden Deck des alten, überladenen Kopra-Schoners „Vaitere" (Baujahr 1910) sah ich im April 1956 meine erste marquesanische Insel: Fatu Iva, die südlichste und wie es hieß, die unzivilisierteste Insel des Archipels. Ich war Archäologe des amerikanischen Museums für Naturgeschichte in New York und befand mich auf einer Forschungsreise, um die ersten stratigrafischen Ausgrabungen auf den Marquesas in die Wege zu leiten. Der Kopra-Schoner war die einzige Möglichkeit, diese Inseln zu erreichen.

Die Reise von Tahiti war alles andere als eine 5-Sterne-Kreuzfahrt. Es gab weder Lift noch Orchester, geschweige denn einen Pool oder gar Boutiquen. Wir waren ungefähr 20 Passagiere, die überall neben Hühnern, Bananen, Kokosnüssen, Bettdecken, Kissen und Matten auf dem Deck und auf dem Boden saßen, lagen und schliefen, weil nur vier Kojen zur Verfügung standen. Das Meer war für die Mehrheit die Toilette. Für die Scheuen wie mich gab es ein winziges Klo, das auch als Dusche diente. Man füllte einen Nachttopf mit Wasser und goß es über den Kopf.

Wir aßen sehr gut und immer am einzigen Tisch des Schiffes, dem des Kapitäns. Er hieß Mimi und war ein schweigsamer Mann, der stets rätselhaft lächelte. Ebenso wortkarg war der Super-Cargo (der Zahlmeister), Leontiev, ein Weißrusse, der zwar alles wissen wollte, aber selbst nie sprach. Der pure Gegensatz zu beiden war der aufbrausende Ingenieur Bonassieur. Die Speisen wurde auf diesem mit Kokosöl durchtränkten Schiff über einem Holzfeuer zubereitet. Ein Rahmen um das Tischblatt sorgte dafür, daß man selbst bei hohem Seegang einigermaßen ruhig essen konnte. Als Getränke gab es immer französischen Wein, „Pinard" oder „Gros Rouge", der nicht gerade wirksam gegen Seekrankheit war und außerdem den Zähnen regelmäßig eine dunkelviolette Farbe verlieh.

Auf Deck, neben der Fracht, den Tieren, den Passagieren und den Matrosen schaute ich fasziniert zu der Insel, der wir uns langsam näherten. Fatu Iva erhob sich abrupt aus dem Meer, als Zusammenballung tiefgrüner Berge, deren gezackte Gipfel in den Regenwolken des Morgens auftauchten und wieder verschwanden. Die ganze Insel war von hohen, steilen, schwarzbraunen Felsen eingefaßt, an denen sich in endlosen schäumenden Wellen das Meer brach.

Dieser Wall wurde von einer kleinen Bucht unterbrochen, die unser Bugspriet nun ansteuerte. Der Steuermann hielt das Ruder mit bloßen Füßen, während uns ein Geschwader von Tümmlern in die Bucht begleitete. Am Rand des steilen Tals, hinter der Bucht, sah ich kleine Häuser, über denen der Rauch von Holzfeuern schwebte. Das Tal hieß O'omoa, eines der zwei besiedelten Täler Fatu Ivas. Aber in diesem Augenblick war mir der Name unwichtig, es schien in erster Linie ein Ort zu sein, der mir eine Dusche oder zumindest ein Bad im Fluß verhieß.

Auf seltsame Weise nahm mich diese Insel mit ihren dunklen Geheimnissen und der brütenden Traurigkeit vergangener Tragödien gefangen. Als wolle mir jemand sagen: „Hier gibt es viel zu erforschen, genug für dein ganzes Leben. Wir wollen zu dir sprechen, dich lehren, wenn du Ohren hast zu hören."

Das Walboot, an den Rudern sechs kräftige Matrosen, brachte uns an Land. Als mich die Kinder auf der Straße mit „Ka'oha nui" begrüßten, hörte ich zum ersten Mal die fremden Klänge der marquesanischen Sprache. Ich wußte zu diesem Zeitpunkt noch nicht, daß marquesanisch in einigen Monaten meine liebste Fremdsprache sein sollte. Und dann kam die große Überraschung: Ich wurde zum Haus des Chevalier de la Légion d'Honneur, Willy Grellet (Nachkomme eines Schweizer Kolonisten des späten 19. Jahrhunderts) eingeladen. Endlich kam ich zu meiner lang ersehnten Dusche!

Es geschieht nicht oft, daß man einem Chevalier de la Légion d'Honneur begegnet – am wenigsten auf der unzivilisiertesten Insel eines Archipels – aber noch seltener ist es, von einem Chevalier zum Duschen eingeladen zu werden. In dieser kleinen Siedlung, unter der Kaltwasserdusche des Chevaliers, geschah es, daß ich vom marquesanischen Virus angesteckt wurde. Und davon gibt es keine Heilung. Im Laufe der vielen Monate, die ich auf den Marquesas verbracht und unter den Marquesanern gelebt habe, wurde diese Verbundenheit immer stärker. Wir arbeiteten, lachten, weinten, feierten und träumten zusammen. Bei den Familien zu Hause, an den Fundstätten, an den Stränden und in den Bergen lernte ich die Marquesaner kennen. Sie aber wirklich zu begreifen dürfte wohl ein ganzes Leben in Anspruch nehmen. Jetzt sind diese Inseln und ihre Bewohner ein Teil meines Lebens, ein Teil, der untrennbar mit mir verbunden ist.

Von diesem Zauber beseelt wurde ich Mitglied einer ganz besonderen Gruppe von Menschen aus aller Herren Länder, die diese Inseln ihr Leben lang lieben lernten. Es gibt darunter Russen, wie Kapitän Ivan Fedorovich Krusenstern, den Wissenschaftler Tilesius von Tilenau und Graf Fedor Tolstoj, die 1804 die marquesanische Insel Nuku Hiva besuchten. Durch sie erfuhren wir vieles über die marquesanische Kultur. Tilesius hinterließ uns die ältesten Kupferstiche von tatauierten Marquesanern. Graf Tolstoj war derart angetan davon, daß er sich auf dem Deck des Schiffes selbst tatauieren ließ, zum späteren Entzücken der Damen am Hof in St. Petersburg.

Ein anderer Sympathisant war der kleine unbezähmbare David Porter, Kapitän der amerikanischen Kriegsmarine, der 1813, während des Krieges gegen England, Nuku Hiva anlief. Kapitän Porter hatte Krieg gegen den Taipi-Stamm zu führen, schätzte die Marquesaner aber als die zuverlässigsten und tapfersten Einwohner der ganzen Südsee.

Mitte des 19. Jahrhunderts kamen die französischen Besatzer, die viele gut ausgebildete Leute auf die Inseln brachten. Unter ihnen der Missionar Vater Mathias Gracia, der in seinen Briefen einfühlsam über die Marquesaner berichtete. Oder der Adjutant des französischen Admirals Dupetit-Thouars, Max Radiguet, dem wir das Buch „Die letzten Wilden" verdanken. Zur selben Zeit kam der Schriftsteller Herman Melville, der auf Nuku Hiva das Motiv für seinen ersten Roman „Typee" fand, welches zur Standardliteratur über die Marquesas zählt. Auch Robert Louis Stevenson erlag dem Charme der schönen, einsamen Inselwelt.

Die beste Chronik des späten 19. Jahrhunderts schrieb Vater Gérard Chaulet, der beliebte „Petero Mihi" (Peter der Missionar). Sie befindet sich im Archiv der Mission. 1896 betrat dann der deutsche Völkerkundler und Psychiater Karl von den Steinen die Inseln. Obgleich er sich in erster Linie für die Indianer Brasiliens interessierte, schrieb er – nach einem Aufenthalt von nur sechs Monaten – sein bestes Buch über die Marquesas. Im 20. Jahrhundert gesellten sich weitere Wissenschaftler hinzu, zum Beispiel Edward und Willowdean Handy, der Missionar Vater Simeon Delmas oder auch Jack London der Schriftsteller.

Besondere Bedeutung kommt Mgr. Hervé-Marie Le Cléac'h zu, einem Missionar, der von den heutigen Marquesanern als Heiliger verehrt wird. Er verhalf ihrer Sprache zu neuem Leben, übersetzte die Bibel auf marquesanisch und wurde durch seine beispiellose Güte bereits zu Lebzeiten zum Idol. Noch mit 85 Jahren wurde er nicht müde, sich um das Wohl der ihm anvertrauten Menschen zu sorgen. Es gibt keinen besseren Kenner der marquesanischen Mentalität. Er half den Marquesanern, ihr Wesen neu zu entdecken, das sie in den tiefen Tälern der Inseln bereits verloren geglaubt hatten.

Das Buch, das Sie hier in den Händen halten, wurde von zwei unheilbar mit dem "Marquesas-Virus" Infizierten geschrieben. Ich wurde, wie bereits erwähnt, vor mehr als 40 Jahren von diesen Inseln verhext. Burgl Lichtenstein erlebte es 1997 und seither teilen wir diese Sucht oder Liebe (die Marquesaner nennen es: ka'oha i te henua = Heimweh). Burgl und ich trafen uns im Oktober 1997 auf der Aranui, einem Frachter, der längst schon die alten Schoner ersetzt hat. Wir begannen einen Briefwechsel und trafen uns 1999 mit anderen deutschen Freunden auf der Aranui wieder.

Während unseres Briefwechsels hat mich Burgl mit Auszügen aus ihrem Reisetagebuch tief beeindruckt. Sie waren gespickt mit lyrischen und ironischen Beobachtungen und Beschreibungen der Inseln, ihrer Bevölkerung, des Schiffes und der Umgebung und ich schlug vor, ein Buch zusammen zu schreiben. Ich habe bereits einige Bücher über die Marquesas geschrieben, doch dieses soll anders werden als die vorherigen. Und für das Besondere wird Burgl sorgen. In zwei Reisen hat sie mehr gesehen und mehr verstanden als viele, die weit längere Zeit dort verbracht haben. Ihr Verstand ist kein akademischer, sondern der Verstand des Gefühls. Er kommt von einer seltenen Empfindsamkeit. Burgl verstand die Menschen intuitiv. Sie hat gelernt, ein wenig auf marquesanisch zu schreiben und zu verstehen. Und wenn sie nicht so scheu wäre, könnte sie auch marquesanisch sprechen.

Unser Buch ist ein Reisebericht. Es enthält vieles zur Geschichte, zur Ethnographie und zur Archäologie, aber es ist keine trockene akademische Abhandlung oder ein Schultext der multidisziplinären Art. Wir beschreiben eine heutige Reise durch den Archipel und erleben gleichzeitig eine Reise in die Vergangenheit. Die geologische Geschichte von 6 Millionen Jahren und diejenige der Polynesier, deren Emigration auf ferne, unbekannte Inseln zu den bedeutendsten Ereignissen der Welt zählen.

Wir wollen aber nicht nur von ihnen erzählen, sondern auch von den europäischen Seefahrern aus der Zeit der Entdeckungen, der Seeschlachten der beiden Weltkriege, die auch diese Inseln tangierten, aber auch von den heutigen Atombombenversuchen. Unser Fokus sind die Marquesas und ihre Menschen, doch wir sehen auch die Touristen, die Jahr für Jahr diese Inseln besuchen, die Mannschaft des Schiffes oder die französischen Bürokraten.

Es ist unsere Absicht, dem Geist der Marquesas auf die Spur zu kommen, der mythischen Kraft, die uns und viele andere vor uns gefangennahm. Welche Geheimnisse verbergen sich hinter den schwarzen Felsen, in den tiefen Tälern mit ihren alten Ruinen und an den weißen Stränden? Wir lassen dafür das ganze Spektrum von Gefühlen zu Wort kommen, Tragödien und Glück, Optimismus und Angst, Fälschungen und Wahrheit, Freundschaft und Haß, Lust und Liebe. In der Vergangenheit wie auch in heutigen Tagen.

Die Geschichte, die wir am Ende erzählen, ist wie die Schnur der alten Polynesier. Sie wird Pu'u genannt und entsteht aus den Fäden der Kokosfaser. Bei uns sind es die Fäden der Wissenschaft, des Verstandes, der Gefühle und der Persönlichkeiten. Und wie das Pu'u, das endlos in den alten polynesischen Häusern geflochten wurde, hoffen wir, daß unser Buch ebenso endlos alles miteinander verknüpft.

Wir reisen auf See, so wie es die alten Marquesaner taten. Dafür benutzen wir nicht die riesigen Doppel-Kanus der polynesischen Vorfahren, sondern die Aranui. Sie ist der Hauptfaden unserer Schnur. Ihrem Weg werden wir folgen.

Gebaut in Flensburg (Deutschland) lief sie unter dem Namen „Bischof von Bremen" vor 30 Jahren vom Stapel. Später erwarb sie dann die CPTM (Compagnie Polynésienne de Transport Maritime) und aus „Bischof von Bremen" wurde die „Aranui". Mit ihren 107 m Länge und ihrer stabilen Bauweise entsprach sie den idealen Vorstellungen, um mit ihr eine ständige Verbindung zwischen Tahiti und den Marquesas aufzubauen. Inzwischen zu einem Passagier-Frachter ausgebaut, bietet sie Platz für 100 Passagiere und 2000 Tonnen Fracht. Neben klimatisierten, komfortablen Kabinen führt sie auch das C-Deck mit einem Schlafsaal, der das „Abenteuer" Frachter noch intensiver erleben läßt. Ein Salon, in dem mit Vorliebe Bridge gespielt wird, eine kleine Bibliothek, eine Mini-Boutique für das Nötigste, eine Bar, ein Pool- und ein Sonnendeck ergänzen die Annehmlichkeiten. Das Essen genießt einen ausgezeichneten Ruf, die Kleidung ist locker und ohne Zwang. Für die abendliche Unterhaltung sorgt die Aranui-Band.

Die Rundfahrt dauert 16 Tage. Angefahren werden die drei Inseln Apataki, Takapoto und Rangiroa auf dem Tuamotu-Archipel. Es folgen auf den Marquesas Ua Pou, Nuku Hiva, Hiva Oa, Fatu Iva, Tahuata und Ua Huka. Während die Ladung des Schiffes gelöscht wird, stehen geführte Inselausflüge auf dem Programm. Den Wassersportbegeisterten bieten die unberührten Strände mit ihrem glasklaren Wasser exellente Bedingungen.

Für die Marquesas bedeutet der Frachter, trotz Flugverkehr, immer noch deren Lebensnerv, der sie mit den existentiellen Dingen, oft aber auch mit dem Luxus des gehobenen Standards versorgt. So befinden sich Baumaterialien, Benzinfässer, Container mit Lebensmitteln und Getränken u.v.a. in einträchtiger Gesellschaft mit schnittigen Motorbooten und rasanten Geländewagen. Hin und wieder verirrt sich auch ein Ehebett in die Laderäume. Auf der Rückreise werden dafür Kopra, Zitrusfrüchte, Noni-Früchte und Fisch an Bord genommen, welche nach wie vor die einzigen Einnahmequellen der Inseln bilden.

Vor 40 Jahren konnte man mit den Schonern noch nicht den ganzen Archipel besuchen. Angelegt wurde dort, wo es Kopra gab. Nur der schweigsame Kapitän und der Super-Cargo wußten, wo das war. Die Konkurrenz zwischen den kleinen Kopra-Gesellschaften war so groß, daß es keinen Fahrplan gab und alles unter fast militärischer Geheimhaltung geschah. Kapitän und Super-Cargo hörten jeden Abend bei Tisch Radio. In den Sendungen wurden persönliche Mitteilungen versteckt. Zum Beispiel konnte „Grüße an Papa Te Ui'a von der Familie in Hatiheu" bedeuten, daß eine Ladung Kopra in der O'omoa Bucht lag, die dringend abzuholen war.

Heute existiert ein fester Fahrplan, nach dem alle Inseln angelaufen werden. Wir folgen ihm nicht nur, weil uns diese Seereise an die Entdeckungen der Polynesier erinnert, sondern weil die Einmaligkeit der Aranui diese Fahrt zu einem unvergesslichen Erlebnis werden läßt.

Wir werden hinreißende Atolle mit weißen, palmenbedeckten Stränden und türkisfarbene Lagunen kennenlernen, über denen Fregattvögel als Boten der Götter bedächtig ihre Kreise ziehen. Atemberaubende Stimmungen aus Meer, Licht und Wolken werden uns ebenso verzaubern, wie die skurrilen Felsen von Ua Pou, die sich unvermittelt aus dem morgendlichen Dunst des Meeres erheben. In allen Formen und Nuancen von Grün präsentieren sich die bis zu 1300 m hohen Vulkanberge von Nuku Hiva. Riesige Mantas, die nachts das Schiff umkreisen, und tagsüber springende Delphine sorgen für aufregende Unterhaltung, derweil großäugige Tiki, die über moosige Ruinen, Tempel, Häuser und Stammplätze wachen, in geheimnisvoller Distanz bleiben. Der überlieferte, mit einem Tanz verbundene Maha'u-Schweinegesang im Schatten mächtiger Banyanbäume ist ein Relikt dieser fast ausgestorbenen Kultur.

Zwei begnadete Europäer haben auf den Marquesas ihr Leben beendet: Paul Gauguin und Jacques Brel. Sie fanden ihre letzte Ruhe auf dem malerischen Friedhof von Hiva Oa.

Das giftige Beißen der Nono-Fliegen, die das Paradies zur Hölle machen können, gehört dafür eher ins Negative.

Dieses Buch ist dem marquesanischen Bildhauer Manuiota'a gewidmet, der vor 300 Jahren auf den Marquesas-Inseln gelebt hat. Er war zu seiner Zeit der wohl berühmteste Steinmetz und bis zum heutigen Tag zeugen die eindrücklichen Skulpturen, die Tiki, von seinem großartigen künstlerischen Schaffen. Wer war er und welche Rolle hat er gespielt und warum hat ausgerechnet er diesem Buch seinen Namen gegeben?

Die Geschichte beginnt auf der Insel Hiva Oa im Puama'u Tal. Dieses tiefe, fruchtbare Tal war die Heimat des Na'iki-Stammes, ein stolzes, kriegerisches Volk, das zu seiner Zeit die anderen Stämme auf der Insel Hiva Oa beherrschte.

Unter den Na'iki gab es viele Künstler, wie Holzschnitzer, Tataumeister und Steinmetze – aber es gab keinen Bildhauer, der seine künstlerische Arbeit besser beherrschte als Manuiota'a. Wir wissen nicht sehr viel über ihn, aber bekannt ist, daß er mit einer Frau zusammenlebte, die als Schmetterlings-Priesterin verehrt wurde.

Wir nehmen an, daß er, der Zeit entsprechend, von großer, kräftiger und muskulöser Statur war, geprägt von den endlosen Tagen im Steinbruch, wo er mit Basalt-Dechseln seine Meisterwerke aus rotem Tuffstein schuf.

Mit Sicherheit war er von Kopf bis Fuß tatauiert und seine braune Haut war schwarz-blau gefärbt von den Stichen der Tataumeister. Das war ein Zeichen des Wohlstandes und Manuiota'a dürfte zu den wohlhabendsten Na'ikis gehört haben, denn mit den vielen Schweinen, mit denen seine Arbeit bezahlt wurde, konnte er sich den besten Tataumeister leisten.

Auf den Steinplattformen im schattigen, verschwiegenen Allerheiligsten des Na'iki-Tempels Te l'i Pona wurden seine Tiki-Figuren und die großen Steinköpfe als besondere Kunstwerke verehrt.

Die Zeit, in der Manuiota'a lebte, war von Gewalt aber auch von großer Lebenslust geprägt und es ist nicht verwunderlich, daß auch die Kunst eine Blütezeit hatte, in deren Zentrum der Bildhauer Manuiota'a stand.

Allem Anschein nach war er ein Extremist unter seinesgleichen und hielt sich bewußt nicht an die starren Regeln der marquesanischen Ikonographie. Er versuchte einen Hauch Realismus in die Kunst einzuführen. Als seine geliebte Frau, die Schmetterlings-Priesterin, gebärend starb, schuf er eine einzigartige Statue von ihr.

Es ist eine Skulptur, die auch seinen eigenen Schmerz ausdrückt.

Eine seiner berühmtesten Arbeiten war ein Opferkopf, der sowohl in der Größe als auch in den Gesichtstatauierungen von anderen abwich und zu einem besonders wichtigen Opfer gehörte.

Es kam die Zeit, als die Na'iki-Krieger ihre Opferjagd zu weit trieben und die Nachbarstämme zum Krieg aufriefen. Die Na'ikis wurden aus ihrem schönen Puama'u Tal vertrieben. Auf fast jeder Insel des Archipels landeten die Flüchtlinge. Auch Manuiota'a war gezwungen, seine Meisterwerke zu verlassen.

Mehr als ein Jahrhundert später betrat der Völkerkundler Karl von den Steinen den Tempel und als er Puama'u verließ, reiste der größte Opferkopf von Te l'i Pona mit nach Berlin. Der Kopf bekam den Namen seines Schöpfers, weil der des Opfers nicht mehr bekannt war.

Seither steht Manuiota'a in Berlin. Weit weg von seinem grünen, stillen Tal, fremd, einsam und nicht selten Gegenstand des Spotts von Schulkindern.

Und hier sind wir ihm begegnet. Tiefer als jede andere Tiki-Figur hat uns Manuiota'a beeindruckt. Er hat uns beflügelt, dieses Buch über seine Heimat zu schreiben, über die Menschen, die dort leben, ihre Vergangenheit, ihre Kultur und auch über die Gegenwart. Wir wollen mit ihm zusammen eine Brücke bauen zu seiner Insel Hiva Oa, wo er einst im Schatten von Brotfruchtbäumen, umgeben von den als heilig verehrten Ti-Pflanzen seinen Stammplatz hatte und von der Kultur seiner Zeit beredtes Zeugnis ablegte.

Manuiota'a, tuhuka ha'atiki, tuhuka have, tuhuka ma'ama, tuhuka 'ite'oko e! Ka'oha atu ma'ua ia 'oe me te mata'eina'a Na'iki . A 'oho te 'i'i , a'e matou e tuha'e ia 'oe!

„Oh Manuiota'a, Bildhauer, hochbegabter Künstler, Mensch des Intellekts und mutiger Wegbereiter. Wir beide grüßen dich und deinen Nai'ki-Stamm. Habe Mut, wir vergessen Dich nicht."

Sind Sie bereit, uns auf dieser Reise zu begleiten? Dann lassen wir die Leinen los und fahren hinein in die betörende Welt der Südsee und zu den Geheimnissen der Marquesas, unserem Paradies.

Robert C. Suggs

Pape'ete, Aranui

In einem kleinen japanischen Auto flitzen wir durch die verwinkelten und lärmigen Straßen der Stadtmitte von Pape'ete, schlängeln uns zwischen den 4 x 4-Geländewagen hindurch, die bei so vielen Tahitianern für modern gelten, weichen den bunt gekleideten Fußgängern aus, die sich aus jeder Richtung auf die Straße drängen.

Die Gesichter faszinieren und erzählen die Geschichte der Menschen Französisch Polynesiens. Man trifft Polynesier aller Schattierungen, Chinesen, Annamiten (Vietnamesen), die ebenfalls eine bestimmte Rolle spielten, Franzosen, die „Hausherren", als Geschäftsleute, Beamte und hin und wieder Koreaner von den Fischfangflotten.

Wohlgefällig ruht der Blick auf den liebreizenden Tahitianerinnen mit ihren großen dunklen Augen, auf fernöstlichen Schönheiten und eleganten Eurasierinnen. Aber es gibt auch eine andere Art Tahitianerin, die Transvestiten (raerae auf tahitisch). Häufig im Stadtzentrum anzutreffen, gehören sie zum Straßenbild und zur Szene von Tahiti. Ihr femininer Stil und ihr Aussehen sind überzeugend, wären nicht die breiten, beinahe rechteckigen Füße, die sie in hochhackige Schuhe zwängen und die am Ende doch verraten, zu welchem Geschlecht sie gehören. Dann sind es natürlich die Touristen, leicht zu identifizieren, vor allem wenn sie versuchen, wie Einheimische auszusehen. Die Männer mit ihren Aloha-Hemden und den neuen Hüten aus Pandanus-Blättern, die Frauen in den eben erstandenen Pareus. Oft hinterlassen sie einen ganz anderen Eindruck als den beabsichtigten.

Wir steuern über den Motu-Uta-Kai auf die Aranui zu. Der junge Fahrer kennt sich Gott sei Dank auf diesen Straßen aus. Der tahitische Verkehr hat nämlich seine eigenen Regeln, die für Ausländer wohl für immer ein Geheimnis bleiben werden. Die Stadt besteht aus einem komplizierten Netz von Einbahnstraßen, ergänzt von einer Reihe jüngst angelegter „Carrefours". Für Ausländer sind diese Kreisel nichts Besonderes, für tahitische Fahrer hingegen eine absolute Neuheit und geradezu eine Herausforderung, den Verkehrsstau nicht zu verhindern, sondern ihn zu produzieren. Die wichtige Frage der Vorfahrt entscheidet das Testosteron der Fahrer. In einen tahitischen Verkehrskreisel hineinzufahren, sich einzuordnen und ohne Unfall wieder herauszukommen, erfordert große Entschlossenheit und eine gehörige Portion Mut.

Pape'ete, auf 70000 Einwohner angewachsen, hat sein Gesicht immer wieder verändert. Heute beherrschen moderne, mehrstöckige Gebäude aus Beton das Stadtbild, das sich anschickt, langsam an den Hängen der Berge hinaufzuwachsen. Es gibt Boutiquen, Kunstgalerien und ausgezeichnete französische Restaurants. Ebenso reichlich vertreten sind Couturiers und Fitneß-Center. Leider hat die Stadt schon vor langem ihren alten Charme verloren, abgesehen von der Altstadt, in der trotz der Veränderungen noch einige Häuser aus der Kolonialzeit erhalten sind. Auch der Markt scheint allen Reformen zu trotzen und bleibt immer noch eine besondere Attraktion. Sämtliche Produkte der Südsee werden hier feilgeboten: Mangos, Papayas, Bananen, Limonen, die Früchte des Brotfruchtbaumes, Kokosnüsse, die aromatisch unübertroffenen Ananas aus Moorea, Ingwer, Tarowurzeln, die Fangergebnisse aus dem Meer, Muscheln sowie Kunsthandwerk in allen Formen. Farbenfrohe Stoffe, geflochtene Hüte und natürlich ein Meer von Blumen, in dessen Pracht das Auge ertrinkt. Über allem schwebt der unvergleichliche Duft der Tiare-Blüten.

Tahiti gibt sich als Zentrum der polynesischen Kultur, aber seine „Kultur" ist von sämtlichen Inseln Französisch-Polynesiens importiert. Die traditionelle tahitische Kultur selbst ist inzwischen so degeneriert, daß sich ein Kultur-Aktivist das altägyptische Auge von Horus tatauieren lassen kann. Kein Problem (aita peapea auf tahitisch): Ist am Ende nicht alles das gleiche?

Noch vor 40 Jahren war Pape'ete ein schläfriges Dorf mit einstöckigen Holzhäusern am Ufer eines stillen Hafens. Pape'ete bedeutet auf tahitisch Wasser-Korb, wegen des schönen Schwungs seiner Uferkante. Jede zweite Woche kam ein Flugboot und manchmal legten Frachtschiffe für einen kurzen Besuch am schmalen Kai an. Den Rest des Ufers schmückten kleine Segelschiffe.

Mitten im Wasser lag eine schöne tropische Insel mit weißem Sand und Kokospalmen. Es war die Quarantäne-Insel, auf der Mitte des 19. Jahrhunderts der amerikanische Schriftsteller Melville eine gewisse Zeit leben mußte. Alles war ruhig und ein bißchen schläfrig. Fahrräder waren das am meisten benutzte Verkehrsmittel, dazwischen kleine französische Motorräder, selten ein Auto.

In jener Epoche vermittelte Pape'ete eine Art glückliche, ungenierte und ganz natürliche Dekadenz. In der Stadtmitte fand man zu dieser Zeit viele „Boîtes du soir". So die berühmte Quinn's Bar, bekannt für ihre exklusive Musik und außergewöhnlichen Attraktionen, wie zum Beispiel der Frau, die ihre Bauchmuskeln auf geheimnisvolle Art „plätschern" lassen konnte. Eine andere attraktive Zugnummer war das Unisex-WC: Ein zur Tanzfläche offener Raum mit Graben bot die Möglichkeit, jederzeit das zu verrichten, was drängte. Und man mußte dafür nicht einmal die Hand seiner Freundin los-lassen. Quinn's war der Ort, wo man problemlos für die Nacht eine Frau finden konnte und wo der plumpe Sohn Paul Gauguins am Morgen den Abfall entsorgte.

Nicht weit davon entfernt, auf dem alten Kai, lag der winzige Club Zizou, so klein, daß man ständig von den Zigaretten in den Händen anderer Tänzer gebrannt wurde. Das Zizou ist noch da, aber es hat seine alte Atmosphäre mit den Wänden und Sesseln aus Bambus verloren und versteckt sich in einer Reihe von Clubs mit Neonbeleuchtung, in denen man Liebe aller Art finden kann.

In knapp einem halben Jahrhundert hat sich Pape'ete nicht nur in seiner inneren Einstellung, sondern auch im äußeren Erscheinungsbild einer radikalen Wandlung unterzogen. Die schöne Quarantäne-Insel ist gänzlich verschwunden. Das riesige künstliche Motu Uta („Halbinsel") begrub die kleine Insel für immer unter sich. Fortschritt? Auch die nördliche Hafeneinfahrt durch die Klippen wurde geschlossen. Jetzt ist Motu Uta mit Frachtern, Fischfangflotten, lokalen Schiffen und Fähren überfüllt. Die Flugboote kommen nicht mehr. Ihre Anlegestellen in der Lagune wurden einer 3 km langen Startbahn geopfert, auf der täglich die Jumbos der Air France, der Air New Zealand, der AOM und der tahitischen internationalen Fluglinie Air Tahiti Nui landen und ihre Passagiere ausladen. Die alten Bauten am Kai sind gleichfalls verschwunden. Sie fielen einem Großbrand zum Opfer. Absicht oder Unfall? Ersetzt wurden sie durch moderne Betonkonstruktionen.

So rasen wir in unserem Auto am Stützpunkt der Kriegsmarine vorbei und über die Brücke auf Motu Uta zu. Rechts das Meer, links der Kai für die lokalen Schiffe, zu der auch die Aranui gehört. Geschickt manövriert uns der Fahrer an

Lastwagen, Gabelstaplern, Containern, Frachtpaletten und emsigen Matrosen vorbei.

Und da liegt sie, genau so wie wir sie vor zwei Jahren verlassen haben und wie sie in Erinnerung geblieben ist: alt, ein bißchen abgewrackt, aber immer noch die zuverlässige Aranui, die bereits jetzt schon Legende ist. Glücklich klettern wir die äußere Schiffstreppe hinauf und sind froh, wieder für 16 Tage hier zu sein.

Es drängt Bob, seine alten Freunde zu begrüßen, die er schon seit Jahrzehnten kennt. Aber der erste Gruß gilt Kapitän Taputu, der mich auf der ersten Reise verblüffte, als ich glaubte, ein Hilfsmatrose winke mir freundlich von der Brükke zu. In seinen Bermudas und dem saloppen Hemd steht er im erfreulichen Kontrast zu sämtlichen Traumschiff- und anderen Kreuzfahrtkapitänen, was ihn sympathisch macht. Er hat weder sein herzliches Lachen, noch seine Bescheidenheit verloren. Der Klaps von Theodor, seinem Stellvertreter, der mich auf Anhieb wiedererkennt, läßt die zwei langen Jahre zu Sekunden schrumpfen.

Wir entdecken Kasimir (Hu'uveu Teikitekahioho), den behäbigen Marquesaner. Er ist der Super-Cargo und gleichzeitig Bobs bester marquesanischer Freund. 1956–58 zählte er zu den zuverlässigsten Stützen der archäologischen Ausgrabungen auf Nuku Hiva. Seitdem riß der Kontakt zwischen beiden nie mehr ab. Sie sind Brüder geworden und gehören gegenseitig zur Familie. Kasimir ist die graue Eminenz auf der Aranui und ein Beispiel an Vertrauenswürdigkeit. Mit dem ersten Walboot geht er an Land, um die Geschäfte zu überwachen und abzuschließen, und als letzter kehrt er mit seinem geheimnisvollen schwarzen Koffer zurück. „Bonjour Madame, Comment allez-vous?" „C'est merveilleux! Je suis si contente de me trouver ici!"

Die Marquesaner, sagt man, seien komplizierte, stolze und empfindsame Menschen. Auch Menschen weniger Worte. Nach einer langen, schmerzhaften Geschichte des Betrugs durch die Europäer haben sie gelernt, den Weißen zu mißtrauen. Hat aber ein Marquesaner das Vertrauen zu einem Weißen gewonnen, ist diesem ein Freund fürs Leben geschenkt.

Und das ist in der Tat so. Die Zurückhaltung weicht einer großen Freude, als der Freund erkannt wird. Man liegt sich in den Armen, das Schulterklopfen nimmt kein Ende, jeder hat mehr zu fragen und zu erzählen als der andere. Iakopo, ein riesenhafter Matrose, bahnt sich den Weg durch die Menge, die weißen Zähne blitzen. „Robert, eh, Roberrrrrt" – und schon geht dieser unter dem kräftigen Händedruck in die Knie, um danach glücklich umarmt zu werden. Iakopo kommt von der Nordküste Nuku Hivas, wo Bob lange Zeit lebte und ihn von Kindesbeinen an kennt.

„Ça va Robert?" – auch Josephine, couragierte Chefin des weiblichen Personals, ist da. Sie strahlt über ihr breites Gesicht und drückt ihn an ihr Herz. Mich streift dabei ein fragender Blick. „Keine Sorge Madame Josephine, es bleibt alles beim alten, sie können ihn weiter bemuttern."

Etwas angestrengt vom ganzen Tohuwabohu bin ich endlich froh, meinen Kabinenschlüssel in Empfang nehmen zu können. „Sie haben die Nummer 101, eine Treppe hoch, zweite Tür rechts." Es scheint, ich habe das große Los gezogen. Mit zwei Fenstern, Sofa, Sessel, Tisch, geräumigem Bett und zwei Schränken bietet der Raum genügend Platz, um sich wohnlich einzurichten. Auch Luxus-Koffer Samsonite – schwarzer Lack, ein Rolls-Royce unter den Koffern, wie Freundin Kathrin behauptet – findet Platz. Ich liebe ihn, nicht nur weil er mich in Santiago de Chile 48 Dollar Übergewicht gekostet hat, noch mehr, weil ihn alle für spleenig halten. Auf die Aranui geht man zweckmäßig, nicht de luxe.

Weder zweckmäßig noch de luxe, höchstens für einen Kakerlaken-Forscher, sind die flinken kleinen, braunen Käfer, die sich bereits emsig zwischen meinen Accessoires zu schaffen machen. Um ehrlich zu sein, sie mißfallen mir arg. Und so verlasse ich das Tierasyl schneller als geplant und suche die frische Luft auf Deck. Das eher frustrierte Gemüt findet im Nu sein Gleichgewicht zurück, denn Pape'ete präsentiert sich im goldenen Abendlicht, das die kantigen Vulkanberge zum Greifen nahe bringt, sie in ein unvergleichlich intensives Licht hüllt und keinen Platz mehr läßt, über Kakerlaken und deren Revier nachzudenken.

Traumwandlerisch sicher und unter Ausnützung jeden Quadratmeters beladen währenddessen die starken, tatauierten marquesanischen Matrosen das Schiff. Mit einem Minimum an sprachlicher Kommunikation sitzt jeder Handgriff, die Kranführer verfehlen ihre Ziele keinen Millimeter. Sie sind alle wieder da, die Matrosen aus dem Jahr 1997, Brutus, Hermann der Cherusker, Terrier, Gecko, der Finstere, Steve und wie wir sie alle nannten. Ihre richtigen Namen sind genauso geheimnisvoll: Kohu, Huhu'atu, Te'iki, Tima'u, Ta'utu, Ma'atia'e, Tunui und Hue'iki.

Immer mehr Passagiere finden sich auf dem Deck ein und genießen das Spektakel. Darunter auch Margitta, die Freundin der vergangenen Reise. Wir hatten so viel Spaß zusammen, daß wir beschlossen, wiederzukommen. Tief Luft holen, sich in die Arme fallen: Es hat geklappt! JoJo's Begrüßungsapéro, der gleich schmeckt wie beim ersten Mal, steigert die Ausgelassenheit, die auf die Umstehenden ansteckend wirkt. Daß er mich spontan wiedererkennt, ist ein Zeichen, daß man auch mit 35 Schweppes auf der Barrechnung einen bleibenden Eindruck hinterlassen kann.

Bei Linsensuppe, Schnitzel, Pommes-frites und Salat – auch der Wein hat sich nicht geändert – werden am Tisch die ersten Kontakte geknüpft. Unsere Tischnachbarn sind ein sympathisches französisches Ehepaar, er ein quecksilbrig nervöser Mann, sie die pure Freundlichkeit. Wir nennen ihn Mr. Bean und sie wird zum Beanchen. Es wird tüchtig zugegriffen, denn wer weiß, ob es nicht für einige Zeit die letzte Mahlzeit sein wird, wenn die Aranui den schützenden Hafen verläßt und wir zum ersten Mal mit dem stürmischen Wellengang des Südpazifik in Berührung kommen.

Dieser Angst werden wir enthoben, weil der Kapitän die Abfahrt auf den nächsten Tag festsetzt. Die Reparatur eines defekten Krans nimmt mehr Zeit in Anspruch als erwartet und der zum Transport bereitstehende Bagger kann nicht verladen werden. Das Schiff versinkt in behaglicher Nachtruhe. Für die bereits deponierten Plastiktüten gibt es Entwarnung. Dafür schließe ich mit meinen aktiven Zimmergenossen ein Abkommen. Wenn sie mich beim Schlafen in Ruhe lassen, haben sie von mir nichts zu befürchten. Ob wir uns verstanden haben?

Pape'ete, Aranui, Tag der Abreise

Meinem Wunsch wurde stattgegeben. Meine Kakerlaken-Freunde haben sich die Nacht anderswo um die Ohren geschlagen.

Um 7 Uhr wird der Frühstücksraum geöffnet. Um 8.30 Uhr jedoch ist das Buffet mit Früchten, Käse, Müsli schon nahezu geplündert. Waren es die „Elderlys", eine resolute, amerikanische Damen-Gruppe mit drei Männern, die in der Autorität der Damen untergehen? Selbstzufrieden haben sie sich auf Deck bereits die besten Plätze gesichert, während der Rest der Passagiere zum Frühstück eintrudelt.

Seit 5 Uhr in der Frühe sind die Matrosen an der Arbeit. Der Kai, nach wie vor mit aller Art von Gütern vollgestellt, leert sich zusehends. Dafür füllen sich die höhlenartigen Laderäume des Schiffs. Container, Paletten, Kisten, Baumaterial, Autos – alles verschwindet in diesen Katakomben. Entlang der Luken stehen aufgereiht die Fässer mit Flugzeugbenzin, gedacht für die Air Tahiti auf den entfernteren Inseln. Am Ende steht er alleine da, der Problembagger, der so schwierig zu verladen ist.

Neugierige auf dem Kai, die Passagiere an Deck – alle hat das Manöver in Bann gezogen. Bretter, Ketten, Pneus, Stangen, Hebewerkzeuge werden eingesetzt, ausprobiert, Kommandos fliegen hin und her. Nach und nach hebt sich das Ungetüm vom Boden, schwingt bedenklich hin und her, kippt ein bißchen zur Seite, fängt sich wieder auf. Ein Plumps, ein Ruck, der Bagger steht. Der Applaus ist berechtigt. Man sieht es der Besatzung an, wie froh sie ist.

Kranführer Brutus, auch: „König der Nubier", ist der Held des Tages. Mit dem drapierten Leopardentuch um den tatauierten Kopf, dem Harley-Davidson-T-Shirt und seinen engen Jeans-Bermudas ist er die fotogene Erscheinung. Mit der Grandezza eines bekannten italienischen Tenors wischt er sein Gesicht mit einem weißen Tuch ab und nimmt die Standing Ovations gelassen wie sein Vorbild entgegen.

Nur die Aranui sinkt noch ein bißchen tiefer ins Meer. Der Kommentar meines Nachbarn – „bei einem Sturm gehen wir mit dieser Ladung sang- und klanglos unter" – nimmt den Rest an Zuversicht. Was, wenn er recht hätte?

Nein, er hat nicht recht, wie ich belehrt werde: Die Polynesier sind seit Tausenden von Jahren gewohnt, sich auf ihre Intuition zu verlassen. Sie wissen, wie sie die Schiffe zu beladen haben und besitzen ein instinktives Gefühl für die Physik, die Eigenheiten ihrer Schiffe und die des Meeres. Alle Offiziere der Aranui haben ein Patent und viele Jahre Erfahrung auf See. Eine speziell ausgebildete Elite unter den Frachtschiff-Besatzungen Tahitis sind die Matrosen der Aranui. Sie unterliegen einer strengen Musterung und werden verschiedenen, harten Prüfungen unterzogen, bis sie eine Koje auf diesem Schiff bekommen. Konsequent zieht die CPTM-Verwaltung diese hohen Anforderungen durch. Oberstes Gesetz ist und bleibt die Sicherheit der Ladung und die der Passagiere. Derart beruhigt kann dem heftigsten Sturm entgegengesehen werden – von eigenen Reaktionen einmal abgesehen.

Die Maschinen beginnen zu dröhnen. Gemächlich steuern wir aus dem Hafen und nehmen Kurs in Richtung Nordost. Die Hänge des Orohena hüllen sich in dunkles, undurchdringliches Grün, die engen Seitentäler lassen leider nur kurze Einblicke in das geheimnisvolle Innere Tahitis zu.

Wenige Kilometer nach der Matavai-Bucht umfahren wir die Pointe Venus. Captain Cook hatte hier 1769 eine befestigte, astronomische Beobachtungsstation errichten lassen, um zu verfolgen, wie die Sonne von April bis Juni über der Venus ihre Bahn zieht. Damit sollte die Entfernung der Erde zur Sonne gemessen werden, wofür dem Astronomen Charles Green zwei Fernrohre, ein astronomischer Quadrant, eine astronomische Uhr und ein großer Sextant aus Bronze zur Verfügung standen. Leider waren diese Beobachtungen nicht sonderlich erfolgreich, denn die Atmosphäre der Venus verhinderte die genaue Zeitmessung der Verfinsterung. Mr. Green ist auf der Heimreise verstorben. Seine von ihm zurückgelassenen, unleserlichen Notizen haben das Endergebnis seiner Untersuchungen nie preisgegeben.

Aber Cook war nicht der einzige hier. An der gleichen Stelle hatte Captain William Bligh, genannt „Breadfruit Billy" die Schößlinge der Brotfruchtbäume gesammelt, um sie auf sein Schiff, die berühmte Bounty, zu verladen. Dort wurden sie in kleine Fässer gepflanzt und tüchtig gewässert, damit sie den Transport von Tahiti in die Karibik gut überstehen konnten. Die Engländer sahen in der Brotfrucht ein billiges Essen für ihre Sklaven auf den Plantagen und es schien, daß die Bäume problemlos gedeihen würden.

Am Ufer erkennen wir den Leuchtturm, der die Pointe Venus markiert. Das historische Bauwerk wurde 1868 errichtet, lange nachdem Captain Cook Tahiti besuchte und hier vor Anker ging.

Allmählich ist die ganze Ostküste Tahitis zu überblicken bis hin zum Tahiti iti, dem kleinen Vulkan, der das südlichste Ende Tahitis markiert und mit Tahiti Nui durch eine kleine Landenge verbunden ist. Dann haben wir das offene Meer erreicht. Eine steife Brise schlägt uns entgegen. Die Aranui kämpft tapfer gegen die Wellen, ächzt und windet sich im Wind. Auffallend schnell leert sich das Deck. Auch mein Magen scheint jenen Schwebezustand anzusteuern, der in die Kategorie Seekrankheit paßt. Bobs Pille hilft, Schlimmeres abzuwenden. Dafür verschwindet Margitta mit mehreren Plastiktüten in ihrer Koje.

Mit nahezu 10 Stunden Verspätung wird es unmöglich sein, an diesem Tag die Tuamotu Inseln zu erreichen. Zu unserem großen Bedauern, denn der überraschende Ausflug zur Insel Apataki bedeutete auf der ersten Reise ein unvorhergesehenes, außergewöhnliches Erlebnis. Mit Schwimmwesten bestiegen wir zum ersten Mal die Walboote, in die uns kräftige marquesanische Männerarme hinein- und wieder hinauswuchteten, den Verkrampften das Selbstvertrauen stärkend.

Zuvorderst auf unserem Boot stand, wie ein Fels in der Brandung, ein Hüne von einem Mann. Mein Blick hing fasziniert an seiner Silhouette. Sein kahlgeschorener, tataulierter Schädel, die wuchtige Statur, die vor Kraft strotzenden ebenfalls tatauierten Arme zwangen einen Vergleich auf – aber mit wem? Während wir auf Apataki zuknatterten, das sich sanft im Widerschein der untergehenden Sonne spiegelte, führten meine Erinnerungen weit zurück zu einem Buch, zu Quo Vadis, in dem ein treu ergebener Beschützer, jetzt wär's ein Bodyguard, seiner schutzbefohlenen Königstochter das Leben rettete, weil er mit tierischer Kraft einem wilden, unbesiegten Stier im Kolosseum des antiken Rom das Genick brach. Wie mußte mich diese Szene als junges Mädchen beeindruckt haben, daß ich hier daran erinnert wurde? Wie hieß er doch gleich? Ursus, Brutus? Brutus paßt gut zu ihm.

Die ganze Bevölkerung von Apataki, ein kleines Dorf mit schachtelartigen Häusern und einer Kirche, war auf den Beinen und begleitete uns zur Schule. Auf dem Weg dorthin strich mir eine alte Frau unvermittelt über die Wangen. Auch ich umarmte sie spontan. Zwei Menschen, die sich vorher nie begegnet waren.

Mit Blumenkränzen geschmückt lauschten wir den mitreißenden musikalischen Darbietungen, unterbrochen von der kraftvollen Rede des Bürgermeisters. Der kühle Saft aus den angebotenen Kokosnüssen schmeckte erfrischend und verlangte nach mehr. Auf dem Rückweg überraschte mich die alte Frau mit einer Muschelkette, die sie mir liebevoll um den Hals legte. Es ist die Geste des Abschieds, wie der Blumenkranz Willkommen bedeutet. Tief gerührt dankte ich ihr, blickte mich immer wieder nach ihr um, bis sie in der Dunkelheit verschwand. Dieses Geschenk, aus der Spontanität zweier Menschen geboren, hat seinen festen Platz in meinen Erinnerungen. Die Kette ist auch dieses Mal dabei. Ich hoffte, dieser Frau noch einmal zu begegnen. Aber es sollte nicht sein.

Die Wolken hängen tief, der Wind bläst unvermindert heftig, selbst die Hartgesottenen haben das Deck geräumt. So spielt sich das Leben an diesem Abend in der Bar, an der Rezeption und im Salon ab. Wir flanieren allerorts ein bißchen herum, besuchen Kasimir, der sein Büro bezogen hat und bereits fleißig mit der Buchhaltung der Aranui beschäftigt ist. Gleichwohl freut er sich über unseren Besuch. Das Ka'oha nui klingt noch etwas verhalten, aber es wird verstanden und dank der einzelnen Redewendungen, die ich beherrsche, ist es doch schon möglich, einige Worte der marquesanisch geführten Unterhaltung zu verstehen.

Im Salon, bei Kaffee und Tee, finden die ersten „Meetings" statt. Sie werden von Heidi und Sylvie, den beiden Reiseleiterinnen, auf englisch, französisch und deutsch durchgeführt. Der kommende Tag wird dabei in allen Einzelheiten besprochen und nützliche Hinweise gegeben.

Den Rest des Abends beschließen wir im Salon, wo wir die traurige Geschichte eines Passagiers erfahren, für den die Marquesas ein Leben lang das Traumziel waren. Er war ein herzlicher, sympathischer Franzose und setzte sich jeden Abend an den gleichen Tisch zu Bob. Je näher das Schiff den Inseln kam, desto aufgeregter wurde er. Am Abend vor der Ankunft in Ua Pou befand er sich im Zustand freudigster Erregung. Er unterhielt die Leute am Tisch und steckte sie mit seiner Begeisterung an. Dann verabschiedete er sich, um nach einem Freund zu sehen und früh schlafen zu gehen, damit er das Auftauchen Ua Pous auf keinen Fall verpasse.

Am Morgen war beim Personal eine gedrückte Stimmung zu spüren. Der fröhliche, erwartungsvolle Mann war in der Nacht an Herzversagen gestorben. Mit Verständnis entsprach man dem Wunsch der Angehörigen, ihn wenigstens auf seiner Lieblingsinsel zu bestatten. Im Taioha'e Tal auf der Insel Nuku Hiva, hat er von Bergkämmen umgeben seine letzte Ruhe gefunden. Dort, wo seit Menschengedenken Marquesaner, Walfänger, amerikanische und französische Soldaten, Matrosen, Missionare, chinesische Handelsmänner und europäische Besucher ihre Gräber haben.

Auf See, Tuamotus, Takapoto

Durch die Fenster dringen aufmunternde Sonnenstrahlen. Es ist 6 Uhr. Mich zieht es hinaus an die frische Luft. Gestern abend hatten wir von Frühgymnastik gesprochen. Doch der Wind bläst unvermindert heftig, die Jiujitsu/Karate-Lektion auf Deck gerät deshalb mehr zum Kampf ums Gleichgewicht und findet früher als geplant ihr Ende. Dafür werden wir jetzt die Elderlys beim Drang zum Frühstück stören. Wir durchbrechen ganz unverschämt deren Hegemonie und kommen so zu köstlichen Avocados, süßen Papayas und aromatischen Ananas.

Vis-à-vis sitzt eine ältere Dame mit Rotkäppchen-Kopftuch, bei genauem Hinhören eine Schweizerin. Sie gibt mir recht – aber sie habe viele Jahre in New York gelebt und: „Reden wir an diesem Tisch jetzt Deutsch oder Englisch?". Sie redet dann aber doch deutsch weiter und schwärmt vom Volkstanz in New York und Bümplitz. Daß Bob beim besten Willen den Volkstanzgeiger Dudli aus New York nicht kennt, bringt ihm Minuspunkte ein.

Wir verlassen Frau Helvetia und suchen uns einen gemütlichen, windstillen Platz, bis es Zeit ist, sich zur Instruktion über die Schwimmwesten einzufinden. Das führt immer zu Gelächter, denn der Gurt zwischen den Beinen steht keinem gut. So dümpelt der Tag dahin mit Gesprächen, Lesen und dem Kennenlernen verschiedener Leute. Am frühen Nachmittag taucht am Horizont eine Folge von grünen Streifen auf: Die äußeren Inseln der Tuamotus, eine Kette flacher Korallenatolle, sind erreicht.

Tuamotus

Der Tuamotu-Archipel liegt nur knapp über dem Meeresspiegel und dehnt sich mehr als tausend Meilen von Südost bis Nordwest zwischen Tahiti und den Marquesas aus. Er zieht sich dabei über eine Fläche hin, die größer ist als Europa. Die eigentliche Landfläche beträgt jedoch lediglich 880 km².

Die über 78 Atolle aus Korallen, weißem Sand, Palmen und türkisfarbenen Lagunen kommen der Vorstellung des Paradieses auf Erden sehr nahe. Aber hinter der Anmut der romantischen Oberfläche dieser Inseln verbirgt sich eine harte Realität. Das Zusammentreffen des Süd-Aequatorialstroms mit dem Humboldtstrom bewirkt um diesen Archipel Turbulenzen, unbeständige Meeresströmungen, Winde und heftige Unwetter.

Ebenso verhängnisvoll können auch die winzigen, niedrigen Inseln mit ihren unberechenbaren Korallenriffen sein, die kaum zu erkennen sind. Unzählige Schiffe zerschellten an ihnen oder verschwanden spurlos. Immer noch zeugen Schiffswracks vom aussichtslosen Kampf gegen diese Naturgewalten und nicht umsonst trägt der Tuamotu-Archipel den Übernamen „Gefährliche Inseln". Paradies oder Risiko? Um diese Frage besser oder genauer zu beantworten, müssen wir einen kleinen Umweg in die Geologie und die Kulturgeschichte dieser Inseln unternehmen.

Unter dem Ostpazifik liegt eine große tektonische Platte, die sogenannte Pazifische Platte. Sie driftet während eines Jahres an die 15 cm nach Nordwesten ab. Darunter bildeten sich Hot-Spots, aus denen vor 6 – 10 Millionen Jahren die Tuamotus entstanden sind. Das austretende Magma formte Tiefseeberge, von denen sich einige über den Meeresspiegel als vulkanische Inseln hoben, wie zum Beispiel die Marquesas oder die Gesellschafts-Inseln. Nachdem der Druck im Erdinnern nachgelassen hatte, versanken die Inseln der Tuamotus wieder im Meer. Die abgesunkenen Vulkankegel wurden von Koral-

len besiedelt, gefolgt von immer neuen Generationen. Hierdurch entstanden auf den Spitzen der versunkenen Vulkane ringförmige Riffe. Über tausende von Jahren wurden deren Riffe mit feinem Sand der abgestorbenen Korallen bedeckt. Vögel brachten Samen und aus den Klippen wurden grüne Atolle. Die Tuamotus sind als Reste einer untergegangenen Vulkanlandschaft in dieser Form erhalten geblieben.

Ausnahmen bilden die Inseln Makate'a und Mata'iva, die ebenfalls versanken, dann aber wieder aufgeworfen wurden. Hunderttausende von Jahren boten diese Inseln Seevögeln ideale Nistplätze. Diese wiederum ließen große Ablagerungen von Guano (getrocknete Vogel-Exkremente) zurück, welche in der Wirtschaft Französisch-Polynesiens eine wichtige Rolle spielen. Guano wird als Düngemittel verkauft oder auch zur Herstellung von Sprengstoff verwendet. Im Gegensatz zu Makate'a hob und senkte sich die kleine Insel Mata'iva immer wieder. Deshalb ist ihre tiefe Lagune mit großen Ablagerungen von braun-gelblichen, mineralreichen Steinen bedeckt, die aus dem verwandelten Guano entstanden sind. Im Moment hat sich Mata'iva wieder ein bißchen gesenkt, so daß man tauchen muß, um das Guano zu finden. 1996 wollte eine europäische Gesellschaft das Guano im großen Stil abbauen. Die Einwohner weigerten sich jedoch. Mit Recht, denn sie wollten sich ihre kleine schöne Welt und die Reste ihrer alten Kultur nicht zerstören lassen.

Ihr Ursprung bewirkt, daß die Tuamotus keineswegs menschenfreundliche Inseln sind. Es gibt kein frisches Wasser, lediglich der Regen, der in Zisternen aufgefangen wird, liefert das lebensnotwendige Nass. Ohne Wasser aber kann sich der Sand nicht in den fruchtbaren Boden verwandeln, der die Grundlage für die typischen polynesischen Nutzpflanzen wie Brotfruchtbaum oder Taro-Wurzeln bietet. Nur Pandanus-Bäume und Kokospalmen gedeihen im Korallensand.

Als Kontrast zur bescheidenen Flora an Land bieten die Lagunen dafür außergewöhnliche, glasklare Tauchgründe mit einer bunten Lebensvielfalt. Heerscharen von Fischen in absonderlichen Formen und Farben beherrschen das Leben an den Riffwänden. Nicht selten trifft man auch auf den Riffhai, der auf jede Bewegung lauert. Der Meeresboden ist reich bestückt mit Muscheln aller Art, darunter die begehrte Tridacna-Klaffmuschel mit ihren farbigen Zick-Zack-Linien. Vor 40 Jahren noch war die unterseeische Wunderwelt in den smaragdgrünen Tiefen der Insel Fakarava ein wahres Eldorado für Taucher und Schnorchler.

Natürlich sind diese niedrigen Inseln extrem verwundbar. Schutzlos sind sie den Zyklonen und Flutwellen ausgesetzt, die von Zeit zu Zeit in diesem Teil der Südsee ihre Spuren hinterlassen. Im 19. Jahrhundert gab es mindestens drei verheerende Zyklone. Diejenigen des 20. Jahrhunderts – 1903, 1906 und 1946 – waren so stark, daß sie Menschenleben forderten und viele Inseln als Ruinen zurückließen.

Ungefähr 40 der insgesamt 78 Inseln sind zeitweilig besiedelt, 20 von ihnen ständig bewohnt. Es sind jene Inseln, auf denen sich der Tourismus etabliert hat, wo Kopra hergestellt oder Perlenzucht betrieben wird. Wann genau die Tuamotus besiedelt wurden und von welchem Archipel aus, weiß man nicht. Man geht jedoch davon aus, daß die Besiedlung schon früh und aus zwei Richtungen einsetzte. Einerseits von den Marquesas aus zu den östlichen und von Tahiti aus zu den westlichen Inseln. Es waren Menschen, die vor Kriegen flüchteten und denen nur die Wahl blieb, auf entfernten Inseln zu überleben. Manche Eilande waren auch nur wegen ihrer Fische, der Vögel und der Muscheln begehrte Ziele. So ist es fast sicher, daß die Marquesaner die Tuamotus regelmäßig auf der Suche nach Perlmutt und Muscheln aufsuchten. Im Laufe der Zeit wurden dann Takapoto, Rangiroa, Fakarava, Raro'ia und Napuka immer dichter besiedelt. Sie zählen zu den am stärksten bevölkerten Inseln der Tuamotus.

Auf dem Kurs nach Takopoto gleiten immer neue, verlockende Inseln vorbei. Niedrige Eilande, oft nur von einem halben Dutzend Palmen bewachsen, locken mit ihren türkisfarbenen Lagunen, an denen sich weiße Schaumwellen brechen.

Doch wir können und wollen nicht vergessen, daß nicht alle Inseln dieses Archipels so anziehend sind. Weit im Süden gibt es zwei Inseln, die statt Palmen und Pandanus-bäumen nur schwarze, tote, radioaktive Wüsten aufweisen und die für mehr als zehntausend Jahre so bleiben werden: Mururoa und Fangataufa, die von französischen Politikern und Militärs rücksichtslos und gegen den Willen der Bevölkerung atomaren Versuchen geopfert wurden.

In der Ära des kalten Krieges brauchte die Grande Nation ihre „Force de frappe", die eigene Atomstreitmacht. Mit dem Austritt aus der NATO konnte man nicht mehr auf amerikanische Erfahrungen zurückgreifen. Also baute man einen eigenen Forschungskomplex und erprobte das Waffenarsenal nach dem Verlust Algeriens auf dem Mururoa- und Fangataufa-Atoll. In großen Worten verkündete De Gaulle 1963 dieses groteske Abenteuer. Der Ehrgeiz, sich in der Riege der Atomstreitmächte einen Platz zu verschaffen, setzte eine katastrophale Entwicklung in Gang.

Von 1966 bis 1996 zündete Frankreich hier mehr als 160 Atombomben, Wasserstoffbomben und Neutronenbomben. Als Jacques Chirac 1995 neue Versuche ankündigte, geriet Frankreich wegen der katastrophalen Umweltverseuchung endlich ins heftige Kreuzfeuer der Kritik. Die Anrainerstaaten protestierten. Die Eskalation nahm bedrohliche Formen an. In Australien brannte ein französisches Konsulat, ein Greenpeace-Aktivist kam durch die französische Abwehr um und es kam zu ernsten Spannungen zwischen dem Greenpeace-Schiff „Rainbow Warrior" und der französischen Marine.

Dessen ungeachtet bleiben die beiden Inseln weiterhin totes, zerstörtes Land. Bedeckt von Platten aus verglasten Korallen oder Teerschichten, die gegen das Austreten von Radioaktivität wirksam sein sollen. Unter der Oberfläche gelangt die atomare Verseuchung aber weiterhin ins Meer, zerstört und deformiert nachhaltig das Leben. Man kann und darf Frankreich nicht von diesem Wahnsinn freisprechen, aber es sei daran erinnert, daß alle anderen Atommächte die gleiche Schuld auf sich luden.

Allmählich werden die Schläge der Maschinen langsamer. Ungefähr 500 m vor Takapoto steht die Aranui still. Ein Anker ist in diesen Gewässern nutzlos, er würde den Meeresgrund nie erreichen. Also wird das Schiff mit der Haupt- und der zusätzlich vorhandenen Bugschraube an Ort gehalten. Wir besteigen auf dieser Reise zum ersten Mal die Walboote. Schwimmwesten sind obligatorisch. Lanzelot, eine gestylte amerikanische Lady (mit Pagenfrisur, champagnerfarbigem Rollkragen-Shirt, Perlenkette und Krokotasche) hat sich mit ihrer Partnerin, Querschnitt eines Modejournals, etwas widerwillig eingereiht. Beiden sieht man an, daß sie auf dem falschen Dampfer sind. Der einen fehlt nach eigener Aussage der Lift auf dem Schiff und die andere bemängelt, daß die Zimmermädchen nicht bereit sind, für den Landgang ihre Wasserflaschen zu füllen.

Teils ängstlich oder auch demonstrativ forsch wird die Falltreppe hinunter geklettert, bevor die Matrosen zupacken und uns in die Boote verfrachten. Es gibt keine Chance, diesen Griffen zu entgehen. Auch Kasimir mit seinem schwarzen Aktenkoffer ist dabei, um das Business an Land zu regeln.

Weil es keine Durchfahrt in die Lagune von Takapoto gibt, werden Fracht und Passagiere mit den Booten an Land gefahren. Natürlich ist solch eine Ankunft eher ungewohnt und mit den sperrigen Schwimmwesten fühlt man sich noch eingeengter. Verkrampfte Hände und ängstliche Gesichter signalisieren nur allzu deutlich, wie ungewiß man der Ankunft entgegen sieht. Aber die Sorge ist unberechtigt. Die Wellen sind maßvoll, auch die berüchtigte Siebte, und bereiten den Matrosen keine Probleme, das Boot samt Inhalt routiniert an Land zu stoßen. Starke braune Hände greifen wieder herzhaft zu und bevor man sich versieht, steht man trockenen Fußes an Land. Eine derart perfekte Landung gelingt nur marquesanischen Matrosen.

Als Bob 1956 zum ersten Mal in Takapoto ankam, erzählt er, wurde wesentlich weniger Federlesen gemacht: Ein riesiger Matrose schnappte ihn unter dem Ellbogen, hob ihn wie ein Leichtgewicht hoch und entledigte sich der zappelnden Fracht – ruck, zuck – auf dem trockenen Sand, zur Gaudi der anwesenden Zuschauer.

„Man vermeide den Landungssteg, der rutschig sein kann" – eine Information, die wir zusätzlich auf den Weg mitbekommen haben. Es war nicht der Reiz des Verbotenen, sondern der Wunsch ein ausgefallenes Foto zu schießen, der mich dessenungeachtet auf das gefährliche Terrain lockt. Es kommt, wie es kommen mußte, prompt rutsche ich aus und lande unsanft auf dem glitschigen Algenteppich. Der Peinlichkeit nicht genug, ausgerechnet unter den Augen der Walbootbesatzung, die mißbilligend den Kopf schüttelt. Himmeldonnerwetterverflixt undsoweiter mußte das passieren? Dankbar greife ich nach den ausgestreckten Armen eines hilfreichen Herrn und bete, daß er nebst Kraft auch genug Profil unter den Schuhen hat, um uns beide zu halten. Welch groteske Vorstellung, übereinanderpurzelnd in der Lagune zu versinken. Er hält, was ich hoffte. Kleinlaut reihe ich mich wieder unter das Volk und nehme bescheiden einen der wunderschönen Blumenkränze entgegen, mit denen hübsche junge Frauen und Musikanten die Ankommenden begrüßen.

Zwei Möglichkeiten stehen nun zur Auswahl: entweder zur Lagune zu wandern, oder mit einem Boot dorthin zu fahren. Da uns die Wanderroute bekannt ist und außer Schweiß und Durst keine nennenswerten Eindrücke hinterlassen hatte, entscheiden wir uns dieses Mal für die Bootsfahrt.

Ob Margitta, die entschlossen die Führung übernimmt, wirklich noch den Weg zu den Booten findet? Etwas skeptisch folgen wir ihr auf der breiten, aus weißem Korallensand gebauten und von kleinen Wellblech-Häusern gesäumten Straße. Kirche und Postamt, sowie verschiedene Zisternen verstecken sich hinter Pandanus-Bäumen, die in großartigem Kontrast zum tief dunkelblauen Himmel stehen. Ansonsten scheint das Dorf leer zu sein, von herumstreunenden Hunden einmal abgesehen. Es ist Aranui-Tag, die Einwohner sind am Strand.

Prompt wandern wir an der Anlegestelle vorbei, erfahren später, daß sie seit unserem letzten Besuch verschoben wurde. Vorsichtshalber erkundigen wir uns bei einer älteren Frau, die vor ihrem Haus sitzt. Aber ob auf französisch, tahitisch, marquesanisch, sie weist uns in allen Himmelsrichtungen den Weg. Wir wissen soviel wie zuvor. Der Schweiß rinnt in Strömen. Dank dem Charakterhut „Captain Cook's", eines 74-jährigen Weltenbummlers von der Aranui, finden wir am Ende doch noch den Anlegeplatz. Voll bepackt mit sämtlichen Schnorchel-Utensilien gesellt sich eine deutsche Dame zu uns, die unter der schweren Last der Ausrüstung schwitzend leidet. „Wieso schleppst Du das Zeug überhaupt mit?", fragt ihr ebenfalls in Schweiß gebadeter Partner. „Ja, gestern Abend hieß es, man soll das mitnehmen ..."

Die Bootsfahrt dauert 10 Minuten und auch dieses Mal ertönt ein Aufschrei der Begeisterung, als die Bucht erreicht ist. Von Jadegrün und Türkis über durchsonntes Weiß bis zu tiefem Kobaltblau breitet sich die Lagune vor uns aus. Ein dichter Palmenhain, dessen Baumkronen in den azurblauen Himmel streben, spendet den ersehnten Schatten. Wer könnte sich je diesem Spektakulum entziehen?

Sechzig badebegeisterte Touristen stürzen sich ins glasklare Wasser, aus dem man nicht mehr gewillt ist auszusteigen. Neben mir planscht Margitta und seufzt: „Ist das schön, ist das schön, ich möchte nie mehr nach Hause". Dagmar zwirbelt vor Begeisterung schwimmend Pirouetten, dazwischen kreischen die Amerikanerinnen, singen die Franzosen. Nur unter Zwang verlassen die meisten das Wasser. Die Demonstration über die Zucht der schwarzen Perlen soll beginnen.

Das große Geschäft von Takapoto ist nicht mehr die Kopra, sondern die Zucht dieser Perlen. Vor 40 Jahren waren sie noch gänzlich unbekannt und wenn man welche fand, hatten sie keine Bedeutung. Unter primitivsten Bedingungen wurde zu jener Zeit nach Perlmutt getaucht, der in Regenbogenfarben schimmernden, inneren Schicht der Perlmuschelschalen. Das Wagnis war unverhältnismäßig groß. Die Muscheln lagen 40 Meter unter dem Meeresspiegel. Es fehlten sowohl Tauchausrüstungen wie sonstige Hilfen, lediglich handgefertigte, primitive Brillen erleichterten das Tauchen. Viele Männer starben oder wurden von Haien und Barracudas angegriffen und verletzt. Der Preis dafür: 1 Dollar pro Kilo Perlmutt. Später kamen einfache Tauchausrüstungen auf, aber selbst damit war und blieb es ein schweres, hartes Stück Arbeit.

Zum jetzigen Zeitpunkt sind die schwarzen Perlen die Haupteinnahmequelle von Takapoto und vielen anderen Inseln des Archipels. Aber sie brachten auch große Probleme. Mit den Muscheln schleppte man ein Virus ein, das in diesen Gewässern nicht heimisch war und das Ökosystem derart empfindlich störte, daß viele Meerestiere ausstarben oder flüchteten. Einst war Takapotos Unterwasserwelt für ihren Artenreichtum bekannt, nun ist sie so gut wie tot. Selbst die Korallen sind abgestorben. Aber was kümmert es jene, die das große Geschäft mit den Perlen betreiben, die zu horrenden Preisen verkauft werden? Es sind die Japaner, die dieses Geschäft kontrollieren, und die Polynesier arbeiten für sie. Aber wenn es die schwarzen Perlen einmal nicht mehr gibt, wer wird sich dann um diese Menschen kümmern und die Verantwortung für das tote Meer übernehmen?

Enttäuscht stellen auch die zurückgekehrten Schnorchler fest, daß außer Seegurken, die am Strand herumliegen, kein Leben mehr in der Lagune existiert. Verständlicherweise interessiert uns deshalb die Demonstration über die Perlenzucht nicht sonderlich. Wir bleiben lieber im Sand liegen, lassen die Gedanken davongaloppieren und sind dankbar für das Glücksgefühl, das uns dieser Nachmittag beschert. Ein kurzer Spaziergang durch den Palmenwald erfährt eine plötzliche Unterbrechung – Mister Bean befriedigt beim Robben durchs Unterholz einmal mehr seinen Fototrieb. Beanchens „Hi!" klingt etwas gelangweilt.

Die Zeit verstreicht. Schon seit einer halben Stunde stehen die meisten in ihren Schwimmwesten bereit, um sich mit den Booten zurückfahren zu lassen. In der Terminierung muß sich ein Missverständnis eingeschlichen haben. Unruhe kommt auf, aber wir trösten uns – so lange Kapitän Taputu, der von den Tuamotus stammt und einer bekannten Seefahrer-Familie angehört, noch immer mit den Musikanten Ukulele spielt, fährt die Aranui nicht ohne uns ab.

Zu guter Letzt werden alle auf die anwesenden Jeeps verladen und zugegeben in einer etwas unkomfortablen Form an den Strand gebracht, wo die Walboote bereits auf uns warten.

Ein ereignisreicher Tag findet bei einem ausgezeichneten Nachtessen sein gemütliches Ende, derweil die lange Fahrt zu den Marquesas begonnen hat. Sie wird 42 Stunden dauern.

Auf See

Seit wir den Schutz der Tuamotu-Inseln verlassen haben, sind wir auf dem offenen Meer, wo die Winde und Dünungen aus Südost kommen. Unbeirrt stampfte die Aranui während der Nacht durch das Meer, überwand gelassen Wellen und Brecher mit der ihr eigenen Zuverlässigkeit. Die, die es vertrugen, wiegte ihr Schaukeln gemütlich in den Schlaf. Andere litten anscheinend darunter. Nur so läßt sich der beinahe leere Frühstücksraum morgens um 8 Uhr erklären.

Dicke Wolken jagen über den Himmel und Regenschauer lösen sich mit kurzen sonnigen Abschnitten ab. Das Meer ist schiefergrau und hat sein gewohntes Tintenblau verloren. An einen gemütlichen Aufenthalt an Deck ist nicht zu denken. Wir ziehen uns auf die Leeseite zurück, dort, wo der Wind am wenigstens zu spüren ist. Wie oft wünscht man sich in der Hektik des Alltags Zeit zu finden, um miteinander zu reden, zu philosophieren, Erfahrungen auszutauschen und sich gegenseitig kennenzulernen. Immer mehr Passagiere gesellen sich vielleicht deswegen zu uns und hören Bob zu, wie er aus seinen reichen Erfahrungen erzählt, stellen Fragen aller Art, über die Tiki, seine Ausgrabungen und auch über die Entstehungsgeschichte der Marquesas.

Einige haben noch nie von den tektonischen Platten und ihren Bewegungen gehört. Eine Theorie, die 1914 vom deutschen Geologen Alfred Wegener entwickelt wurde. Bis vor 40 Jahren noch verpönt, hat sie inzwischen ihre volle Anerkennung gefunden.

Dieser Theorie konnte sich 1997 auch die smarte Thailänderin, mit kornblumenblauen Augen (sprich Kontaktlinsen), nicht anschließen. Als selbsternannte Hellseherin und Fachfrau für Auren, Okkultimus, Esoterik wußte sie zu erklären, daß die Marquesas durch Schlammlawinen entstanden wären. Woher der Schlamm gekommen sei, diese Antwort blieb sie allerdings schuldig.

Schmunzelnd wird auch an einen französischen „Völkerkundler" erinnert, der hinter jeder Ruine, allen zufällig aufgereihten Steinen, dem Loch in einem Bergkamm oder in einer originell gezackten Bergspitze eine astronomische Weltsensation sah. Auf die Frage, welche Sterne denn von diesen Stationen beobachtet wurden, reagierte er irritiert: „Bitte, solche Fragen sind doch absolut irrelevant. Die Beobachtungsstationen als solche sind bedeutungsvoll."

Als ausgezeichnete Seefahrer, die besten zu ihrer Zeit, hatten die Marquesaner zweifellos große astronomische Kenntnisse. Ihr Wissen über das Erscheinen der Sterne muß außerordentlich gewesen sein, auch in Verbindung mit einem Mondkalender, der ihnen half, die Monate zu bestimmen. Es ist bekannt, daß sie die Sterne benannten, aber leider wurden diese Namen von den Missionaren, von wenigen Ausnahmen abgesehen, nicht den heutigen Bezeichnungen der Sterne und Sternbilder zugeordnet. Sie werden also für alle Zeiten unbekannt bleiben. Es gibt Fundorte, die wahrscheinlich echte Beobachtungsstationen waren, aber ohne das Wissen können keine astronomischen Interpretationen dieser Ruinen vorgenommen werden.

Auf allen Reisen werden wohl Besserwisser und Berufene dabei sein, die meinen, andere belehren zu müssen, und wenn es mit absurden Schlammlawinen ist.

Für Bastelfreunde unter den Passagieren bietet das Hutflechten aus Palmblättern in der Bar eine willkommene Abwechslung. Unter dem Patronat von Josephine, der Marquesanerin, Chefin des weiblichen Personals, die nichts mehr liebt, als andere zu unterrichten, entstehen hier jene Palmhüte, die allerorts auf den Inseln in phantasievoll geflochtenen Formen angeboten werden. Für gewöhnlich kosten diese Hüte 10 Dollar, obgleich die Polynesierin einen in fünf Minuten flechten kann, fast mit einer Hand auf dem Rücken. So gesehen ist diese Schulung tatsächlich die Mühe wert. Die Hüte bieten außerdem guten Schutz gegen die überraschend kräftige Sonne, die die Haut empfindlicher Europäer und Amerikaner in Minutenschnelle verbrennen kann. Einige Passagiere haben dies auf Takapoto bereits schmerzhaft zu spüren bekommen.

Nach dem reichhaltigen Mittagessen und dem Wein sind die meisten schläfrig geworden. Weil der Wind ein bißchen nachgelassen hat, sind die Deckstühle voll besetzt. Die einen schlafen, andere lesen oder sind in angeregte Gespräche vertieft.

Zu Dritt nutzen wir die Zeit, um die Grundregeln der marquesanischen Sprache kennenzulernen. Wir haben dazu einen ausgezeichneten Lehrer.

Marquesanisch gehört zur austronesischen Sprachfamilie, die zur Zeit der Ankunft der Europäer in der Südsee zu der am weitesten verbreiteten der Erde zählte. Sie zog sich von Madagaskar bis zur Osterinsel, von Neuseeland bis Hawai'i und zu den Philippinen hin. Um 4000 v. Chr. wurde die austronesische Sprache auch auf dem Festland Chinas gesprochen, heute hört man sie nur noch in Taiwan. Die taiwanesischen Ureinwohner, die um den Mondsee in Zentral-Taiwan leben, sind Austronesier geblieben. Auch eine kleine Bevölkerungsgruppe an der Küste Vietnams, die Cham und einige Bergstämme, zählen zu dieser Sprachfamilie.

Das Marquesanische selbst ist am engsten mit den Sprachen der Osterinsel, Hawaiis und Mangarevas verbunden und teilt mit ihnen eine verhältnismäßig einfache Grammatik. Die Sprache hat einen besonderen Klang mit vielen Betonungen. Sie ist melodisch, fließend, aber auch kräftiger als die anderen Ost-Polynesischen Sprachen. Es gibt kein grammatikalisches Geschlecht. Die Substantive verändern sich nicht mit dem Kasus und die Verben nicht mit den Personen. Die Pronomen dagegen sind kompliziert. Man kann nicht nur alle drei Personen singularisch oder in der Mehrzahl unterscheiden, es gibt auch einschließliche und ausschließliche Pronomen für „wir".

Der reiche Wortschatz ist mit vielen Nuancen belegt. So gibt es zum Beispiel mehrere Wörter für lügen, betrügen und andere negative menschliche Eigenschaften (Faulheit, Misstrauen, Zorn usw.). Die Wortordnung (Zeitwort-Subjekt-Objekt) hingegen ist einfach. Die Zeitformen bezeichnet man mit Vorsilben und ein paar Nachsilben, welche leicht zu lernen sind.

Eifrig notieren wir zunächst einmal die gängigen Redewendungen und sind neugierig, ob uns morgen beim ersten Landgang jemand verstehen wird.

Mit den letzten raren Sonnenstrahlen dieses Tages verlassen wir unseren gemütlichen Platz und treffen beim abendlichen Kaffee zufällig auf Nancy, eine sympathische, zierliche Amerikanerin. Auch sie ist zum zweiten Mal auf dieser Reise. Wir verknüpfen Gedanken, Episoden, Erinnerungen und es scheint, daß auch sie vom Virus der Marquesas befallen ist. Den Reise-Rekord jedoch hält wohl für lange Zeit eine junge Schweizerin, die sieben Mal mit der Aranui unterwegs war. Aber diese Beharrlichkeit galt mehr einem gutaussehenden Matrosen, der sie dann auch zum Traualtar führte.

Die Marquesas

Die Marquesas sind innerhalb der zu Französisch-Polynesien gehö-
renden Archipele, Austral-, Gambier-, Gesellschafts- und Tuamotus-
Inseln, die von allen Kontinenten am weitesten entfernten Eilande.
Im Osten sind es über 6000 km nach Peru,
im Nordosten 4800 km bis zur Bucht von Kalifornien,
im Süden 450 km zu den Atollen Pukapuka und Napuka,
im Südwesten 1400 km bis nach Tahiti,
im Südosten 3000 km zur Osterinsel,
und im Norden 3850 km nach Hawai'i.
Die Gruppe besteht aus einer 350 km langen Kette von 14 vulka-
nischen Inseln und Felsen, die sich abrupt aus der Einöde des Ost-
Pazifiks erheben. Der Archipel teilt sich in eine südöstliche Gruppe,
bestehend aus den Inseln Fatu Iva, Tahuata und Hiva Oa und eine
nodwestliche mit Nuku Hiva, Ua Pou und Ua Huka. Alle sind vul-
kanischen Ursprungs, entstanden aus den ozeanischen Tiefen, mit
Fundamenten, die 4000 m unter dem Meeresspiegel liegen. Ihr Alter
wird zwischen 1,25 Millionen Jahren (südöstliche Gruppe) und 7 Mil-
lionen Jahren (nordwestliche Gruppe) geschätzt.
Die immer wieder zu beobachtende vulkanische Tätigkeit auf den
Inseln läßt vermuten, daß die polynesische Göttin der Vulkane, Pele,
längst noch nicht schlafen gegangen ist. Pele ist eine hawaiische
Göttin, die aber auch in Polynesien und Indonesien bekannt ist.
Überall auf den Inseln trifft man auf heiße Schwefelquellen und
speziell die Riffe neben der Felseninsel Eiao werden immer wieder
von Erdstößen erschüttert.
Mit ihrer Lage zwischen 8° und 11° südlicher Breite sind die
Marquesas die am nächsten beim Äquator gelegenen Inseln Franzö-
sisch-Polynesiens. Die kalte Humboldt-Strömung mit ihrem Ursprung
in der Antarktis, die der Westküste Südamerikas bis zum Äquator
folgt, wo sie dann nach Westen in Richtung der Marquesas dreht,

dürfte zumindest teilweise die Erklärung dafür sein, daß man hier keine Korallenriffe und Lagunen findet. Wenn es Korallen gibt, dann in der Nähe weniger Strände oder allenfalls auf den Riffen einiger Häfen. Rings um die Inseln war das Meer einst reich an Fischen. Es wimmelte von Delphinen und verschiedenen Walarten, bis die Fischfangflotten Japans, Rußlands, Koreas und Chinas sie entdeckten und rücksichtslos ausbeuteten, so lange, bis es in diesen Gewässern nichts mehr zum Fischen gab.

Für die frühen polynesischen Seefahrer war die Abgeschiedenheit der Inseln nie ein Hindernis. Die ersten Inseln wurden ungefähr 300 bis 500 Jahre v. Chr. entdeckt und allmählich besiedelt. Die Entdecker nannten sich „Die Männer" (te énana) und gaben den Inseln den Namen „Das Land der Männer" (te henua énana).

„Die Männer", unstet wie sie waren, zog es bald wieder auf See und sie begannen, das Meer weiter nach Osten, Süden und Norden zu erforschen. Begründet durch linguistische Vergleiche sowie durch Funde sind die Archäologen Polynesiens davon überzeugt, daß von den Marquesas aus die erste Besiedlung Hawaiis (im 1. Jahrhundert n. Chr.) erfolgte. Für die Osterinsel, die Insel Mangareva und einige der Tuamotus werden die Zahlen zwischen 400 und 700 Jahre n. Chr. genannt.

Erhärtet wird diese Theorie durch die große Ähnlichkeit zwischen der marquesanischen, der hawaiischen und der Sprache der Osterinsel. Artefakte (Fischhaken aus Muscheln und Knochen, Steindechseln usw.) von Fundstätten auf Hawai'i sind mit jenen der Marquesas ohne Zweifel identisch. Über die erste Besiedlung der Osterinsel tappt man mehr oder weniger noch im Dunkeln, wohl deshalb, weil sich die Archäologen mehr mit den Moai-Statuen und Tempeln beschäftigten, statt sich gezielt auf die Fundstätten selbst zu konzentrieren.

Während der 1800-jährigen Isolierung wuchs die Bevölkerung der Marquesas auf ca. 100000 Menschen an, bis dann die „zweite Entdeckung" erfolgte. Am 18. Juli 1595 ging die Flotte des Spani-

ers Don Alvaro de Mendaña de Neira in Vaitahu auf der Insel Tahuata vor Anker. Der Seefahrer befand sich auf einer Reise zu den Salomonen, die er bereits früher schon entdeckt hatte. Er führte alles mit, was für eine Kolonialisierung nötig war – seine Frau und deren Familie, eine Abteilung Soldaten, eine Menge Dirnen und einige Priester.

Als er die vulkanischen Gipfel der südöstlichen Inseln der Marquesas sah, wähnte er sich an seinem melanesischen Ziel. Die Navigation war zu jener Zeit zwar etwas ungenauer, gleichwohl scheint ein Fehler von 3000 Meilen auch für anno dazumal ungewöhnlich. Wie üblich benannte er als erstes die entdeckten Inseln nach seinem Schutzherrn, dem Marqués de Cañete Don Andres Garcia de Hurtado de Mendoza, Vizekönig von Peru. So entstand der komplizierte Name: Las islas marquesas de Mendoza y Cañete, oder kurz: Die Marquesas.

1774 tauchten dann die nächsten europäischen Segel am Horizont auf. Es war James Cook, der dem Kielwasser Mendañas folgte und im Hafen von Vaitahu vor Anker ging.

Die nordwestliche Inselgruppe blieb weiterhin unentdeckt. Aber nicht mehr lange, denn 1791 gewahrte Kapitän Ingraham aus Boston die Inseln Nuku Hiva, Ua Pou und Ua Huka und nur einen Monat später landete der französische Kapitän Marchand auf Ua Pou. Später folgten die Walfänger, angelockt durch die ergiebigen Jagdgründe vor den Inseln.

1804 erschienen die Russen mit ihrem berühmten Seefahrer Kapitän Ivan Fedorovich Krusenstern. Kurze Zeit später die amerikanische Kriegsmarine unter Kapitän Porter, der von hier aus den englischen Schiffsverkehr in der Südsee kontrollierte. Kapitän Porter ließ auf Nuku Hiva eine Art Volkszählung durchführen. Es gab zu jener Zeit 19000 Krieger. Aufgrund dieser Zahlen und den vielerorts verstreuten Ruinen, läßt sich wie erwähnt eine Gesamtbevölkerung von ca. 100000 errechnen.

Man darf davon ausgehen, daß am Ende des 18. Jahrhunderts die fruchtbaren Täler der Inseln übervölkert waren und großer Mangel an bebaubaren Flächen herrschte, was unter den marquesanischen Stämmen zu ständigen Kriegshandlungen führte. Diese Dispute forderten ihren Tribut an Opfern sowohl als Folge der Kämpfe, wie der Menschenopfer für die zahlreichen Götter. Der Kannibalismus tat sein übriges. Der aggressivste Stamm war der Taipi-Stamm von Nuku Hiva, der den ganzen Archipel beraubte und den Namen „Taipi kaikai énana" (Taipis Menschenfresser) zu recht verdiente.

Zu jener Zeit desertierten viele europäische Matrosen. Sie brachten ihre Krankheiten mit, wie Kinder- und Geschlechtskrankheiten, was unvorhersehbare Folgen nach sich zog. Daneben vermittelten die „Abgesandten der Zivilisation" den Ahnungslosen, wie man mit Gewehren und Kanonen umgeht und welch berauschende Wirkung Schnaps zu eigen ist. Die Marquesaner waren auf allen Gebieten gelehrige Schüler. Bis zum heutigen Tag ist der Alkohol eines der größten Probleme auf den Inseln geblieben.

Weitere europäische Schiffe folgten in den ersten Jahrzehnten des 19. Jahrhunderts. Darunter 1838 ein Kriegsschiff der französischen Marine unter Admiral DuPetit-Thouars, zu dessen Gefolgschaft Missionare gehörten, die rasch die marquesanische Sprache lernten. Mit großem Eifer trieben sie die Umwandlung der „Heiden" in Christen voran. Sie waren aber nur die Vorhut einer noch viel größeren Okkupation, denn 1842 wurden die Inseln von den Franzosen endgültig in Besitz genommen. Mit Hilfe des Militärs raubte die Kirche den Menschen für immer ihre Kultur, ihre Lebensformen und demgemäß auch ihre Würde.

Die Besetzer verboten mit allen zur Verfügung stehenden Mitteln die Stammeskriege und den Kannibalismus und dennoch wurden die Ureinwohner fast völlig ausgerottet. Schuld war eine verheerende Pockenepidemie. 1882 lebten insgesamt noch 4800 Menschen jener Bevölkerung, die einst 100000 zählte. Während der Epidemie von 1862–64 starben zwei Drittel der Bevölkerung. Die Entvölkerung kam so massiv und abrupt, daß es zu dieser Zeit in vielen Tälern nur noch stille Ruinen von Tempeln, Festplätzen und Hausplattformen gab. Die Stimmen waren verstummt. Ende des 19. Jahrhunderts lebten noch 3200 Menschen. Zwanzig Jahre später waren es nur noch 1900. Nach weiteren 20 Jahren, so wurde prohezeit, würde es keine Marquesaner mehr geben. Entgegen diesen Voraussagen ist die Bevölkerung wieder auf 7000 Menschen angewachsen.

Ende des 19. Jahrhunderts erschienen dann die ersten Wissenschaftler, um die marquesanische Kultur zu studieren und wir alle, auch die Marquesaner, schulden ihnen Dank dafür. Der berühmteste unter ihnen war der Deutsche Karl von den Steinen vom Museum für Völkerkunde in Berlin. Er besuchte jedes bewohnte Tal im Archipel und publizierte eine ausgezeichnete enzyklopädische Studie in drei Bänden: „Die Marquesaner und ihre Kunst" (Berlin 1925, 1928).

Von den Steinen erforschte die Kultur unter dem Gesichtspunkt der Kunst und beschrieb die Tatauierungen und Holzschnitzereien in allen Einzelheiten. Auf diesen Gebieten sind die Marquesaner bis zum heutigen Tag die ungekrönten Meister der Südsee geblieben. Nirgendwo sonst trifft man auf derart kunstvolle Darstellungen. Es ist das große Verdienst von Karl von den Steinen, daß diese Kunst erhalten blieb. Bis heute zirkulieren auf den Inseln die Kopien seiner Studien. Holzschnitzer, Tatau-Meister, Tapa-Maler – alle benutzen sie als Vorlagen.

1859 verboten die Kirche und die koloniale Verwaltung die Tatauierung, die Tänze und die Tapus, weil sie alle mit der heidnischen Religion, den Kriegen und mit den Riten von Fruchtbarkeit und Geschlechtsreife zu tun hatten.

Tapu ist identisch mit dem deutschen Wort Tabu und bedeutet unverletzlich, unantastbar, überirdisch, heilig. Es kann sich sowohl auf eine Person, einen Ort oder eine Tätigkeit beziehen. Me'ae (Tem-

pel) waren tapu, ebenfalls Häuptlinge und Priester. Auf einem be-deutenden Fischfang, auf einem Kriegszug, beim Gestalten eines Tiki oder bei der Tatauierung mußte ebenfalls das Tapu eingehalten wer-den. Dieses bestand aus Verboten wie zum Beispiel des Geschlechts-verkehrs oder verschiedenen Arten von Speisen u.a.m. Zudem hatte jede Sippe ihr spezielles Tapu, das sich auf ihren Pa'io'io (Schutz-geist) bezog. So gibt es z. B. Leute, die keine Haifische essen, weil sie ihre Schutzgeister sind. Diese Verbote existieren noch heute.

Man betrachtete die Tatauierung auch als Gefahr für die Gesund-heit der Bevölkerung. Die Verbote galten mehr als 120 Jahre, bis der ehemalige, noch lebende und hochverehrte Bischof der Marquesas, Mgr. Hervé-Marie Le Cléac'h sie wieder aufheben ließ. Er erlaubte auch die Tatauierungsmotive als Schmuck für die Kirchen und wan-delte das „Atua" Mensch-Motiv (Der „Stehhocker", wie ihn Karl von den Steinen bezeichnet, ist ein Strichmännchen mit gespreizten Beinen, erhobenen Armen und Motiv vieler Petroglyphen) in das „marquesanische Kreuz" um. Auch die alten Tänze, vorab die Haka, tauchten in neuen Varianten wieder auf. Sie waren ebenfalls verbo-ten, wurden aber bei privaten Festen, weit weg vom Auge des Geset-zes und der Kirche, weiterhin getanzt.

Karl von den Steinen war der aktivste Völkerkundler, der die Marquesas besucht hatte, aber nicht der einzige. 1920 startete die Bayard Dominick-Forschungsreise mit Edward und Willowdean Handy und Ralph Linton. Auch die Handys untersuchten zahlrei-che Eigenheiten der marquesanischen Kultur, so die Musik, Puppen-spiele, Tatauierung, Genealogien u.a.m. Linton erstellte als Archäo-loge simplifizierte Skizzen von Ruinen, stieß dafür aber nie einen Spaten in die Erde. Dies sei, wie er schrieb, nicht der Mühe wert gewesen.

Im Jahr 1956 schickte das Amerikanische Museum für Naturge-schichte in New York Robert C. Suggs auf die Marquesas, um die ersten stratigraphischen Ausgrabungen vorzunehmen. Er stellte fest, daß Linton Unrecht hatte. In 18 Monaten Forschungsarbeit auf Nuku Hiva erfuhr er, daß es durchaus der Mühe wert war, unter der Oberfläche zu suchen. Nicht selten traf er 2 Meter unter dem Boden auf reiche Überreste von Artefakten jeder Art. Er entdeckte Fundorte, die bis ins 2. Jahrhundert v. Chr zurückreichten. Robert C. Suggs erlernte die Sprache und wurde zu einem passionierten Mitglied dieser Inseln.

Dies ist die Geschichte der Marquesas. Wir aber sollen uns aufmachen, sie mit eigenen Augen zu entdecken.

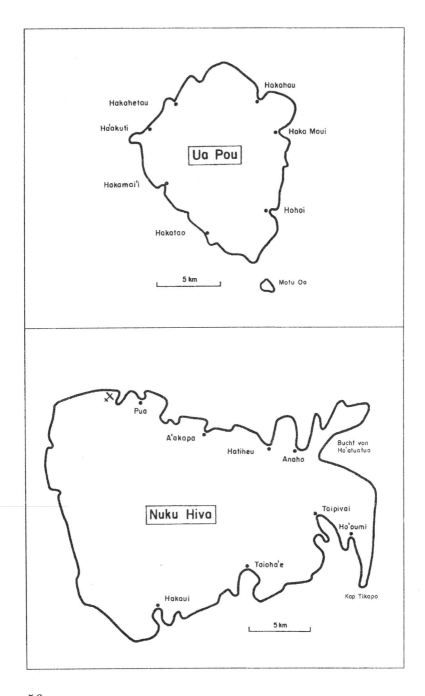

Hakahetau

Hakahau

Ha'akuti

Haka Moui

Ua Pou

Hakamai'i

Hohoi

Hakatao

5 km

Motu Oa

Pua

A'akapa

Hatiheu

Anaho

Bucht von
Ha'atuatua

Nuku Hiva

Taipivai

Ho'oumi

Taioha'e

Hakaui

Kap Tikapo

5 km

56

Ua Pou

An diesem Morgen sind wir die ersten auf Deck, um nicht den Augenblick zu verpassen, wenn sich die Insel Ua Pou mit ihrer dramatischen Silhouette, die Jacques Brel zu seinem Lied „La Cathédrale" inspirierte, geheimnisvoll aus dem morgendlichen Dunst erhebt. Es ist ein wildes Konglomerat bizarrer Berggipfel, deren schwarze Felswände an manchen Stellen senkrecht in die schäumende Gischt stürzen. Obeliskartige Bergpfeiler gaben der Insel ihren Namen. „Ua Pou" – Zwei Säulen.

Durch die Ungewöhnlichkeit des Eruptivgesteins unterscheidet sich die Geologie Ua Pous von der aller anderen Inseln. Die alten Marquesaner schätzten dabei vor allem die Phonoliten Ua Pous, denn sie lieferten ein begehrtes hartes Material für scharfe, widerstandsfähige Steingeräte. Eine weitere Rarität sind die „Blumensteine" mit den flockig-goldenen Kristallen im schwarzen Gestein, die bei den Touristen zu den gefragtesten Souvenirs zählen.

Hinter der Eigenwilligkeit der Insel verbirgt sich eine finstere Vergangenheit, denn die Bewohner Ua Pous zählten zu den gewalttätigsten des gesamten Archipels. Obzwar die ersten europäischen Besucher, die 1791 mit dem französischen Kapitän Etienne Marchand auf Ua Pou landeten, eine freundliche Begrüßung erfuhren, wurde einige Zeit später ein englisches Schiff komplett ausgeraubt und ein Teil der Mannschaft verspeist.

Die Insel galt zur selben Zeit als die Heimat des rätselhaften, lebenden Gottes Te Atua Heato, der der Sage nach nicht tatauiert war und überirdische Kräfte besessen haben soll. Er lag in ständigem Krieg mit anderen Stämmen und vertrieb mit seiner Macht selbst die tahitischen Missionare, was ihm eher zur Ehre gereicht. Bis in diese Tage betrachten die Marquesaner den Begräbnisplatz Heatos, den „Me'ae Menaha Takaoa" in Haka Moui, als das größte Heiligtum der Insel. Sein Sohn Teikitaiuao führte die Stammeskämpfe seines Vaters fort. Dabei gelang es ihm, was auf keiner der anderen Inseln möglich war: Ua Pou unter einer einzigen Herrschaft zu vereinigen. Leider, wie es oft der Fall ist, dauerte die Genugtuung des Siegers nicht lange: Die Pockenepidemie machte den stolzen Häuptling zu einem Herrscher über ein fast leeres Land.

Die Stämme Ua Pous sind eng mit jenen Nuku Hivas verwandt, unterscheiden sich aber deutlich in ihrem Dialekt. Die Verschiedenheit ist so groß, daß Mitte des 19. Jahrhunderts ein französischer Priester von Hiva Oa nach Ua Pou geschickt wurde, um die Ua Pou-Sprache zu lernen und das Evangelium zu übersetzen. Der weiche und wohlklingende Dialekt hat sich bis zur Gegenwart erhalten.

Mit den Walbooten gelangen wir nach Hakahetau, einer winzigen Ortschaft mit einem versteckten Hafen. Oft sind die Landungen wegen der heftigen Brandung knifflig, weil die Boote unkontrolliert gegen Kai und Felsen getrieben werden. Uns schlägt das Glück der Stunde. Wir werden problemlos an Land spediert.

Unter schattenspendenden Pistazienbäumen, die von den Europäern eingeführt wurden, ist ein kleiner Markt mit Kunsthandwerk, getrockneten Früchten und Blumensteinen aufgebaut. Es gehört zum Brauch, von hier getrocknete Bananen mit nach Hause zu nehmen, denn nirgendwo schmecken sie besser. Die Geldbörsen sind ersten Attacken ausgesetzt.

„Ka'oha nui, Robert!" Aus allen Winkeln ertönen Begrüssungsrufe. Es folgen Uarmungen und kräftiges Schulterklopfen, was Bob jedesmal in die Knie zwingt, wenn sich wieder eine Pranke auf seine Schultern schmeißt.

An unserem Weg durch das kleine Dorf liegt die erste Steinkirche der Marquesas, gebaut im Jahre 1859. Gemauerte Tuffsteine und geschnitzte Holzarbeiten sind im Innern geschmackvoll aufeinander abgestimmt. Bekannt ist die Kirche weitum wegen ihrer Kanzel, für die ein Boot Modell stand. Die türkisfarbene Decke ist für meinen Geschmack fast ein Fehlgriff. Dazu muß ich mich belehren lassen: Sie ist die Farbe und das Symbol für Maria, die Königin des Himmels.

Umrankt von blühenden Hecken steht hier auch das Haus des ehemaligen Bischofs der Marquesas, des Mgr. Le Cléac'h. Bob und der Bischof trafen sich vor langer Zeit zufällig am Hafen Hakahau. Jeder wußte zwar vom anderen, aber es war bisher nie zu einer persönlichen Begegnung gekommen. Seit diesem Augenblick verbindet sie eine herzliche Freundschaft, die in der Liebe zu den Inseln und den Menschen wurzelt und bis zum heutigen Tag andauert.

Drei beharrlich über uns kreisende Fregattvögel erregen die Aufmerksamkeit. „Das hat eine Bedeutung, sie teilen etwas mit". Zweifelnd schaue ich mein Vis-à-vis an und will nicht so recht an Mystik und Vorhersagen glauben. „Doch", werde ich belehrt, „die Marquesaner glauben wirklich noch an ihre Schutzgeister. Das können Haifische, Vögel, ein Regenbogen usw. sein. Ich habe hier auf Ua Pou einen guten Freund, er ist Lehrer, der hat einen Fregattvogel als Schutzgeist. Glaube mir".

„OK. Dafür würde ich nun aber gern die Schule besuchen." Jetzt werde ich skeptisch angesehen: „Warum Schule?" „Einfach so." Um den Unterricht nicht zu stören, setze ich mich unauffällig neben die Tür und genieße die erholsame Beschaulichkeit, vermischt mit Kinderstimmen, die aus dem Klassenzimmer dringen. Bob schlendert hinzu, schaut in das Schulzimmer und plötzlich liegen sich zwei Männer in den Armen, das Schulterklopfen nimmt kein Ende, Tränen rinnen beiderseits über die Wangen. Zwei alte Freunde, der Lehrer mit dem Fregattvogel-Schutzgeist und Bob haben sich überraschend getroffen.

Die Kinder genießen unverhohlen die Abwechslung. Ihr Begrüßungslied zu Ehren des Überraschungsgastes schmettern sie mit derartiger Begeisterung los, daß sich immer mehr Leute angelockt fühlen. Es ist die Anrufung des Seegottes, der Heil bringen soll. Bob, der Nichttänzer, tanzt und klatscht begeistert mit. Später stellt ihn Ioteve Kaiha seiner Klasse vor.

Er wird über seine Arbeiten auf den Inseln ausgefragt und über sein Leben in den USA. Das lebhafte Frage- und Antwortspiel begeistert Schüler wie Zuhörer, die immer zahlreicher werden. Am Ende haben sich fast alle Passagiere der Aranui eingefunden, gehen begeistert mit, zwingen den Lehrer, die Fortsetzung des Unterrichts in den Schulhof zu verlegen, der sich nun langsam auch mit Einheimischen füllt. Die Kinder tanzen, singen, explodieren vor Lebensfreude. Der urige Schweinetanz wird von den Buben mit würdigem Ernst getanzt, das Schnaufen und Grunzen der Schweine täuschend imitiert, furchterregend gestampft und mit Drohgebärden untermalt. Die zierlichen Solotänzerinnen des Vogeltanzes „Hakamanu", der einen kreisenden Fregattvogel darstellt, bestechen dafür jetzt schon durch ihre Grazie. Dazwischen purzeln die Kleinkinder herum, die, animiert vom Tanzen und Singen, mit ihren tapsigen Schritten ebenfalls dabei sein möchten. Fröhlich lachende Kinder, stolze Mütter, strahlende Gesichter bei Ioteve Kaiha und Bob. Zusammen erleben wir ein unbeschwertes, aus dem Stegreif geborenes Fest der Fröhlichkeit.

Zum Abschluß wird noch einmal der Seegott angerufen und dann stellen sich alle zur Fotosession auf. Flink werden von eifrigen Müttern die verrutschten Kleider und Frisuren wieder in die richtige Fasson gebracht, bevor das Klicken der Kameras beginnen kann.

Hatten die Fregattvögel etwas damit zu tun? Ich weiß es nicht. Aber es gibt möglicherweise Orte auf dieser Welt, bei denen sich die Grenzen zwischen Überirdischem und Irdischem verwischen und vielleicht haben die Fregattvögel Ua Pous eben doch wundersame Kräfte.

Danach bummle ich allein weiter das Dorf hinauf, vorbei an den in allen Farben blühenden Hibiskus- und Tiarehecken, genieße im Schatten der Brotfrucht-, Pandanus- und Mangobäume die alles überragenden, silbern glänzenden, schiefergrauen Felswände. Die Begegnung mit einem erbost dreinschauenden, wild zerzausten Marquesaner holt mich schnell aus der Schwärmerei zurück. Unter seinem Arm steckt eingeklemmt ein farbenprächtiger Hahn, der, so vermute ich, schon bald den Mittagstisch bereichern wird, obzwar dieser noch sehr selbstbewußt, ja provozierend frech in die Welt gackert.

Mein Ka'oha nui klingt zaghaft, zaubert aber zum Erstaunen ein freundliches Lächeln auf das Gesicht meines Gegenübers. Auf den Hahn deutend erfahre ich, daß er der Grund seines Ärgers war, weil dieser den heimischen Hühnerhof unerlaubt verlassen hatte und sich erst weit oben in den Felsen einfangen ließ. Das bedeutete Bewegung und kostete Schweiß, etwas, was den Marquesanern überhaupt nicht liegt.

Schallend lacht der „Jäger" los, als ich ihm meine Vermutung zu verstehen gebe. Beruhigend winkt er ab: Seine Hühner brauchen ihren Gockel. Eine eindeutige Handbewegung über dessen aktive Tätigkeit im Hühnerhof räumt alle falschen Interpretationen klar und deutlich beiseite.

Im Hafen treffe ich wieder mit den anderen Passagieren zusammen. Die einen suchen am Strand nach Blumensteinen oder schauen den Matrosen bei der Arbeit zu. Uns ziehen die seltsamen Tuffstein-Formationen an, die links und rechts den Hafen begrenzen. Sie fallen durch ihre rotbraune Farbe auf, die aus einer dicken Schicht vulkanischen Schlamms und Asche gebildet wurde. Durch glühende Lavaströme wurden sie wie Backsteine in eine harte Form gebrannt.

Es gibt auf den Marquesas Tuffsteine verschiedener Arten, und weil man diese Steine zu Steindechseln formen konnte, waren sie äußerst begehrt. Die rote Art des Tuffsteins galt als als tapu. Er lieferte das Material für die Tiki-Figuren, aber auch für Tempel und Häuser der Häuptlinge. Man glaubte fest daran, daß der Stein immer wieder nachwachsen würde. Die seltene weiße Art des Tuffsteines fand nur beim Tempelbau Verwendung. Bei näherem Betrachten entdecken wir kleine glänzende Kristalle in den Steinen, die auf den Inseln Hawaiis als die Tränen Peles, der Vulkan-Göttin, gelten.

Die Fahrt nach Hakahau, wo die Aranui am Pier anlegt, dauert eine Stunde. Mit Blumenkränzen empfangen und geschmückt, wandern wir zu Fuß zu einem Willkommens-Paepae (Versammlungsort) in einem restaurierten Tempel der alten marquesanischen Religion. Auf der einen Seite des imponierenden Baues sind Tische aufgestellt, auf denen liebevoll hergerichtete Spezialitäten zur Begrüßung warten. Darunter Ka'aku (eine Teigmasse aus Taro und Maniok), roher Fisch in einer Sauce aus Kokosmilch, Zitronensaft und Meerwasser, sowie Guaven und Pampelmusen, die hier vortrefflich gedeihen.

Obwohl die Speisen appetitlich munden, sind wegen der Hitze die schattigen Bäume am meisten gefragt, dort wo begehrte Wasserflaschen die Runde machen. Nur Lanzelot scheint unbeeindruckt. Im unvermeidlichen Rollkragenshirt, mit Schmuck und Krokotasche trotzt sie mannhaft allen Hitzeeinwirkungen. Ihre kleine mondäne Prinzessin hat sich dafür schon längst im tiefsten Schatten vergraben und fächelt sich fatalistisch kühle Luft zu.

In der Zwischenzeit formiert sich eine Musik- und Tanzgruppe. Gestenreich vom temperamentvollen, schwergewichtigen Bürgermeister durch die Geschichte des Dorfes und dessen Musik geleitet, begeistern in erster Linie die Tänzerinnen mit ihren hüftlangen, schwarzen Haaren, den knappen roten Oberteilen und kurzen Pareus. Ihre Darbietungen werden mit großem Applaus bedacht, aber es ist nicht nur uns Passagieren sondern auch den Akteuren anzusehen, daß sich alle nach dem kühlen Schatten sehnen. Außer dem Bürgermeister, der mit seiner Rede kein Ende findet.

Der Drang zum Restaurant „Chez Tata Rosalie" ist unverkennbar. Die meisten lernen hier zum ersten Mal die viel gerühmte marquesanische Küche kennen. Zartes Rindfleisch und roher Fisch in Kokosmilch eingelegt, verdienen besondere Erwähnung. Dabei erinnere ich mich wieder an „Mata Hari", die vor zwei Jahren neben mir Platz genommen hatte. Ich schaute ihr einmal in die Augen, ein zweites Mal, es stimmte auch beim dritten. Die etwas blasierte Dame hatte ohne Zweifel zweierlei Augen. Eines algengrün, das andere wässerig blau. Um Margittas Mund zuckte es verräterisch, als ich sie nach dem Grund fragte. „Ja, sieht man das so gut?", meinte die Dame daraufhin leicht pikiert und blickte weiterhin mit einer Kontaklinse zweifarbig in die Welt.

Bayerische Seelen müssen intuitiv auf Bier reagieren. Anders läßt sich nicht erklären, daß ein Münchner Paar schon beim zweiten Bier sitzt, als noch nicht einmal alle Platz genommen haben. „Woher die Köstlichkeit? Zwei Häuser weiter". In einem gähnend leeren „Einkaufscenter" mit vier freundlichen Verkäuferinnen ergattere ich die letzte Dose Bier. Danach besteht das Inventar nur noch aus vereinzelten Keks- und Teepackungen, Papierwindeln und verschiedenen Limonadendosen. Daß die vollelektronische Kasse mit viel Papierverbrauch Minuten benötigt, um meinen „Großeinkauf" zu verrechnen, wird durch das vom Erfolgserlebnis strahlende Gesicht der Kassiererin wett gemacht. Und wegen der gähnenden Leere in den Regalen keine Sorge – die Aranui ist eingetroffen und einer der vielen Container wird auch diesen Laden wieder füllen, bis er in vier Wochen genauso leer auf die neue Lieferung wartet. C'est la vie.

Daß sich der Heimweg in der brütenden Hitze noch schwieriger gestaltet als er schon ist, dürfte unschwer auf das reichliche Mittagessen zurückzuführen sein. So trotte ich nicht unbedingt motiviert hinter meinem Begleiter her, der eilends in der Schule verschwindet, um seinen Freund, den Lehrer Jean-Louis Candelot zu treffen. Candelot ist gleichzeitig ein bekannter marquesanischer Autor vorwiegend lyrischer Gedichte, verfaßte aber auch schon Artikel über die Geologie und gab Erzählungen über die Inseln heraus. Sein Erstlingsroman wird demnächst veröffentlicht.

Leider hat Jean-Louis, ein großer, blasser, etwas zur Fülle neigender Franzose, nur wenig Zeit für uns, denn die Elderlys haben sich zum Schulbesuch angesagt. Die Bildungsmöglichkeiten Ua Pous scheinen für sie von größtem Interesse und es gehört wohl zu ihren häufig etwas absonderlichen Ideen, ausgerechnet auf den Marquesas das französische Schulsystem kennenzulernen. Die Begeisterung der Lehrer hält sich in auffallend trägen Grenzen.

Bevor die schnatternde Prozession um die Ecke biegt, kehren wir der Schule dankbar den Rücken, denn nichts hält jetzt noch davon ab, sich endlich am Strand unter einem schattigen Baum der wohlverdienten Mittagsruhe hinzugeben. Ein Bad in den verlockenden Wellen ist wenig ratsam, weil die Aranui altershalber öfter Öl verliert und auch sonst einige Sachen ins Meer gepumpt werden, die wenig reizen, sich mit Genuß darin zu tummeln.

Die Kräne laufen auf Hochtouren. Die Matrosen stehen seit der Ankunft im pausenlosen Einsatz und es scheint kein Ende abzusehen. Viele Einheimische haben sich zu einem Tratsch eingefunden. Ein reges Kommen und Gehen belebt das Schiff. Um 16 Uhr mahnt die Aranui dann aber endgültig zum Aufbruch und die letzte Besucherin kann sich nur noch mit einem kühnen Sprung vom Heck ins Wasser retten.

Langsam entzieht sich Ua Pou mit den dunklen Uferpartien den Blicken. Die vom Abendlicht angestrahlten Bergspitzen erscheinen darin wie tanzende Kobolde.

Tiki

Das marquesanische Wort für eine Figur, eine Statue heißt Tiki (auf tahitisch ti'i, auf hawaianisch ki'i). Tiki ist auf den Marquesas auch der Name des polynesischen Gottes, der mit einem Sandhaufen kopulierte, um den ersten Menschen zu erschaffen. Gleichzeitig ist er der Gott der Holzschnitzer und Steinmetze.

Auf Grund der engen Verbindung des Tiki-Gottes zur Kunst wird das Wort Tiki auch als Zeitwort benutzt: tiki-machen" bedeutet zum Beispiel schnitzen und tiki-schreiben" tatauieren. In der alten marquesanischen Kultur stellte jede Tiki-Figur eine bestimmte Gottheit dar, war aber gleichzeitig auch immer der „Urvater", der den ersten Menschen erschaffen hatte. Alle Tiki-Figuren sind Phallus-Symbole, bezugnehmend auf die Rolle, die der Gott Tiki als Urvater oder Ur-Phallus spielte.

Die Marquesaner kannten eine lange Liste von Göttern und verehrten auch solche der Polynesier wie zum Beispiel Atea, Taka'oa, Maui usw. Wichtiger aber als die großen Götter waren für die Menschen lebende Gottheiten wie Priester (beiderlei Geschlechts) oder Häuptlinge, die wegen ihrer „Mana", ihrer im Leben demonstrierten überirdischen Kräfte, verehrt und nach dem Tod deifiziert wurden. Ihnen zu Ehren schufen sie ebenfalls Tiki.

Die Gesichtszüge der alten marquesanischen Tiki sind höchst eigenartig und für Fremde unverständlich. Einerseits verkörpern diese Figuren den Ur-Phallus, sind aber, wie Karl von den Steinen längst festgestellt hatte, auch Abbildungen geopferter Menschen. Die großen Augen sind halb geschlossen, die Zunge stößt aus dem Mund, der Bauch ist aufgeschwollen, Arme und Beine sind zusammengezogen – genau wie die Opfer ausgesehen haben müssen, wenn man sie tot auf einer Stange aufgespießt zum Altar brachte. Es gibt Tiki beiderlei Geschlechts, auch zweiköpfige und kleine Doppeltiki, aber alle haben die gleichen Gesichtszüge.

*Die Vorstellung des Gottvaters als Phallus und zugleich Leich-
nam ist schwer zu verstehen. Für die Marquesaner ist sie selbstverständlich. Das Geschlechtliche und die Menschenopfer spielten seit
Urzeiten eine wichtige Rolle in ihrer Religion. Beides sollte die Gottheiten erfreuen und die Fruchtbarkeit der Inseln vergrößern. Für
Marquesaner passen Tod und Geschlechtstrieb, Fruchtbarkeit und
Opfer seit jeher gut zusammen.*

*Das Wort Tiki gilt auch für die Bezeichnung von Statuen, die in
der katholischen Kirche verehrt werden, wie die Madonna oder andere
Heilige.*

*Die Tiki gelten allgemein als die bedeutungsvollsten archäologi-
schen Reste der marquesanischen Geschichte. In der Tat boten sie
reichlich Material für viele, zum Teil gehaltlose, sensationslüsterne
Theorien. Sie werden der peruanischen Kultur zugeordnet, sie sind
Überreste des versunkenen Kontinents Mu oder kommen gar aus
dem althebräisch-ägyptischen Raum. Schon allein deshalb lohnte es
sich, die Ergebnisse von Ausgrabungen zu analysieren und zu erklären.*

*Karl von den Steinens Berichte geben genaue Auskunft über das
Alter dieser Steinfiguren. Die zwei größten Fundstätten des Archipels
sind der Paʻeke Tempel in Taipivai auf Nuku Hiva und der Tempel
Te ʻi pona im Puamaʻu Tal auf Hiva Oa. Paʻeke in Taipi war mit
11 Tiki-Figuren auf drei großen Plattformen eine Art Pantheon für
die Götter der Taipi-Stämme. Te ʻi pona in Puamaʻu ist wegen seiner großflächigen Ausdehnung und den 11 Tiki, darunter der größte der ganzen Marquesas, wohl die meist besuchte Fundstätte der
gesamten Inseln. Karl von den Steinen hat 1896, lange bevor die
Radiokarbonmethode entwickelt wurde, den Tempel recht exakt datiert.*

*Mit den fünf von ihm gesammelten Genealogien der Nachkom-
men der Erbauer ließ sich der Tempelbau eindeutig auf 1700 und
1750 n. Chr. datieren. Genealogien waren in Polynesien von größter*

Bedeutung. Sie begründeten die Stellung in der Gesellschaft, die Mana (überidische Kraft), Rechte und Vorrechte und die Beziehungen zu allen anderen Mitgliedern in der Gemeinde. Jede von ihnen begann mit Gott, dem Urahn. Von da an zählte man mit dem erstgeborenen Sohn und seiner Frau weiter. Diese oft extrem langen Genealogien (z. B. 80 Generationen in Taipi Tal) wurden auswendig gelernt und bei Zeremonien rezitiert, um daran zu erinnern, daß der Häuptling des jeweiligen Stammes eine direkte Beziehung zu den Göttern hatte. Auf den Marquesas beginnen die Genealogien mit dem Gott Atea und seiner Frau Atanua.

Die Radiokarbonmethode bestätigte beinahe das selbe Alter wie die Datierungen von Karl von den Steinen. Die Tiki galten deshalb als interessant, weil man annahm, sie könnten etwas über den Ursprung der Marquesaner erzählen. In Wirklichkeit jedoch entstanden alle Tiki relativ spät – ungefähr ab dem 17. Jahrhundert – und verraten folglich auch nichts über die Wurzel dieser polynesischen Kultur.

Auch der Norweger Thor Heyerdahl befaßte sich ausführlich mit den Tiki-Stätten. Die Vermutung liegt nahe, daß seine Forschungsreise 1956 zu den Ausgrabungsstätten auf Pa'eke und Te l'i Pona seine Theorie stützen sollte. Nach der von ihm vertretenen Ansicht sind die Polynesier Abkömmlinge peruanischer Indianer aus der Tiahuanaco-Zeit (um 900 n. Chr.). Heyerdahl wußte von der Arbeit Robert C. Suggs auf den Marquesas und mußte befürchten, daß diese Behauptungen nicht mehr lange standhalten würden.

Das Interesse der norwegischen Archäologen bezog sich vorwiegend auf Untersuchungen von Holzkohle, die die Datierung beider Fundstätten auf das späte 16. Jahrhundert festlegte und damit im Widerspruch zur Tiahuanaco Zeit (900 n. Chr.) steht. Schwerlich kann überdeckte Holzkohle Auskunft über die Tiki an der Oberfläche vermitteln, sie bestätigt höchstens, daß im 16. Jahrhundert von Marquesanern ein Feuer an jenen Orten angezündet wurde, was wohl unabhängig von den Tiki geschah. Folglich muß nicht immer das über der Erde mit dem unter der Erde chronologisch identisch sein.

Nach umfassenden Ausgrabungen an den Fundstätten weiß man, daß die Tiki und die monumentalen Steingebäude, in denen sie stehen, aus der Zeit nach dem 15. Jahrhundert stammen und viele erst in der Epoche der frühen Europäer entstanden sind. Man fand unter den Plattformen Artefakte wie Gewehrteile, Musketen, Weinflaschen und Pfeifen, die nur diese Folgerungen zulassen.

Um alles zusammenzufassen, sind sowohl die Tiki wie die Ruinen auf den Marquesas polynesischen Ursprungs. Es gab weder Althebräer, noch Altaegypter und übrigens auch keine peruanischen Hirten.

Mit dem Schluß des Vortrages erreichen wir nach einer ruhigen Fahrt die Insel Nuku Hiva. Im Hafen von Taioha'e wird die Aranui am Kai festgemacht.

Der eine oder andere benutzt die Gelegenheit an Land spazierenzugehen oder von dort, mit vielen anderen Neugierigen, dem Ausladen des „Problem-Baggers", der endlich seinen Bestimmungsort erreicht hat, beizuwohnen. Als der Koloß, nach langem Hin und Her, endlich auf festem Boden steht, ist das große Aufatmen fast körperlich zu spüren. Kranführer und Matrosen sind erneut die Helden des Abends. Höchstpersönlich fährt Kapitän Taputu den Bagger auf den vorgesehenen Platz. Ich könnte mir vorstellen, daß auch er froh ist, diese Last endlich los zu sein. Ganz zu schweigen von unserer alten Aranui, die das Schwergewicht während so vieler Stunden getragen hat.

Die Nacht ist warm. Noch lange bleiben wir in der Dunkelheit an Deck sitzen, überstrahlt von einem funkelnden Sternenzelt. Wir fühlen uns glücklich, dankbar und zufrieden.

Nuku Hiva

Wie ein massiges prähistorisches Ungeheuer lag die Insel vor uns, als wir gestern abend Ua Pou verließen. Der westliche Kamm und Abhang des Henua Atahas (die Wüste) glich einem liegenden Kopf, die Spitzen der Berge erschienen wie die Rückenstacheln eines Reptils, dessen langer Schwanz am Kap Tikapo auslief.

Hinter diesem „Ungeheuer" verbirgt sich Nuku Hiva, die administrative Hauptinsel des Archipels mit den größten Häfen (Taioha'e, Hanga ha'a/Taipi und Anaho), Sitz der alles dominierenden katholischen Kirche und der französischen Verwaltung. Vom Flugplatz Nuku Ataha besteht mit der Air Tahiti eine direkte Verbindung mit Pape'ete. Mit 340 km² ist sie die größte Insel der Marquesas. Nuku Hiva entstand aus den Überresten eines vor Jahrmillionen explodierten Vulkans. An den westlichen und nördlichen Küsten lassen sich heute noch die Hänge seines Kegels erkennen. Die zentrale Hochebene von To'ovi'i ist der Boden des Kegels. Infolge der gewaltigen Explosion sind die östlichen und südlichen Teile des Vulkans gänzlich verschwunden. Von der Hochebene fließen Flüsse zum Hakaui Tal im Westen und ins Taipi Tal im Osten, die diesen Tälern besondere Fruchtbarkeit bringen. Nuku Hiva spielte schon in vorgeschichtlicher Zeit eine wichtige Rolle und war noch bis ins 19. Jahrhundert dicht besiedelt. Zur Zeit konzentriert sich die Besiedlung auf sechs Täler, während die anderen Täler verlassen sind.

Mit der Geschichte der Insel ist auch der amerikanische Kapitän David Porter verbunden. Die terrassierten Hügel von Tu Hiva, vom Bug des Schiffes aus gut zu erkennen, wurden durch amerikanische Matrosen und Soldaten der Infanterie der Kriegsmarine angelegt. 1813 erhielt Kapitän David Porter vom Oberhäuptling Taiohaes den Hügel und das Land geschenkt. Porter befestigte ihn mit Terrassen und einem Rondell aus erdgefüllten Fässern, hinter denen er seine Kanonen plazierte. Die Festung nannte er Fort Madison – zu Ehren des damaligen amerikanischen Präsidenten James Madison. Diese Kanonen spielten unter anderem im Krieg gegen die Ha'apa'a-Stämme eine wichtige Rolle. Eine der Kanonen wurde im Taipi Tal aufgehoben und kann dort besichtigt werden.

Das letzte Kommando Porters verließ Nuku Hiva 1814. Wenig später kamen die Engländer und nahmen die Insel ebenfalls in Besitz. Porter hatte auf Tu Hiva eine Flasche vergraben mit einem „Dokument der Besetzung durch die USA". Dies konnten die Engländer natürlich nicht akzeptieren. Sie gruben die Flasche aus und benutzten sie für ihre Besitzansprüche im Namen der englischen Krone. Später, im Jahre 1842, übernahmen die französischen Eroberer den Hügel Tu Hiva ohne Gegenwehr. Tu Hiva wurde zum „Fort Collet" umbenannt. Von der Festung selbst ist nicht mehr viel zu sehen, aber als Ausflugsort ist Fort Collet nach wie vor beliebt.

Inzwischen hat sich der Kai mit immer mehr Autos, Containern und rollenden Snackbars gefüllt. Dazwischen kurven die Gabelstapler der Aranui umher. Der Ausdruck „organisiertes Chaos" macht die Runde. Es ist jedenfalls ein Spektakel, das bei einigen Passagieren auf so großes Interesse stößt, daß sie dafür auf den Landgang verzichten.

Aber Bob drängt es, endlich Fuß auf „seine" Insel zu setzen, auf der er während Monaten gelebt hat, wo er seine vielbeachteten Forschungen betrieb und seine ältesten Freunde zu Hause sind, deren Dialekt er spricht. Weil es aber ein langer Tag werden wird, heißt es, an alles zu denken. Das ist

Trinkwasser, Insektenschutz, Sonnencreme, Kopfbedeckung, bequeme Kleidung, gutes Schuhwerk. Auch ein wacher Geist ist von Vorteil, um all die kommenden Informationen aufzunehmen.

Inmitten des Getümmels entdecken wir den weißen Landcruiser von Rose Corser, die seit Jahren auf Nuku Hiva lebt. Bis vor kurzem noch war sie Managerin des Hotels Keikahanui, welches nach einer gründlichen Renovierung in den Besitz der Air Tahiti überging. Vor vielen Jahren besuchte sie mit ihrem Mann, der 1992 verstarb, die Insel und konnte sich nie mehr von deren Zauber befreien. Inzwischen ist Rose zu einer festen Institution geworden. Sie hat viele Freunde und ist häufig Anlaufstelle für jene, die auf eigene Faust Nuku Hiva kennenlernen und die Besonderheiten der Insel entdecken wollen.

Mit ihr fahren wir zum Haus des Holzschnitzers Teikivahiani (der Prinz, der den Himmel spaltet) Puhetini, einem begnadeten Künstler, aber auch alten Weggefährten Bobs. Erfolgreich führten sie im Windward College auf Hawai'i eine Klasse, in der sie die Schülerinnen und Schüler in die marquesanische Kultur und Geschichte einführten.

Seit langem ist es mein Wunsch, einen geschnitzten Tiki von Meister Teiki Puhetini zu bekommen. Jetzt ist es soweit. Statt des einen erwarteten mich derer zwei. Die Qual der Wahl zwischen diesen aus Sandelholz geschnitzten Kunstwerken ist groß. Ich entscheide mich für beide. Auch den reich verzierten, kunstvoll geschnitzten Armreifen aus Rosenholz kann nicht widerstanden werden.

Madame Marie-Antoinette Puhetini, die Frau des Holzschnitzers, die uns empfängt, ist eine quirlige Marquesanerin mit einer derart ausgeprägt gestenreichen Sprache und Mimik, daß ich fasziniert an ihren Lippen hänge und mir alle

Mühe geben muß, sie nicht nachzuahmen. Beständig ertappe ich mich dabei, wie mein Mund ihre Worte mitformt. Deshalb ist es nicht schwer herauszuhören, daß Teiki, ihr Mann, krank im Spital liegt und ich wahrscheinlich die letzten Arbeiten von ihm bekommen habe. Rose und Bob macht diese Mitteilung betroffen. Es ist ihnen anzumerken, wieviel Hochachtung sie dem Freund entgegenbringen. Fast andächtig packe ich meine Kostbarkeiten in den Rucksack und möchte dieser liebenswerten Frau viel, viel mehr sagen als nur „a pae" (Auf Wiedersehen).

Gerne folgen wir danach dem Vorschlag von Rose, das renovierte Hotel Keikahanui zu besuchen. Keikahanui war ein sagenumwobener marquesanischer Häuptling und Krieger, der dem Hotel den Namen gab. Während der Fahrt wird mir das Haus der letzten Königin Vaekehu, das auf einer großen „Pa pae-Plattform" in der Mitte eines langen Festplatzes steht, gezeigt. Die Geschichte dieser Königin, ihres Mannes, König Te Moana und ihrer Familie ist höchst interessant und soll nicht vorenthalten werden. Te Moana, geboren 1821, war der Häuptling eines Unterstammes der Te I'i von Taioha'e. Während eines Stammeskrieges mußte er fluchtartig die Insel verlassen, verbrachte danach eine kurze Zeit in England und verdingte sich später als Matrose auf einem Walfänger. In der Gefolgschaft eines protestantischen Missionars kehrte er nach Nuku Hiva zurück. Bald aber konvertierte er zum Katholizismus, um die Sympathie der Franzosen zu gewinnen, die einen König für die ganze Insel einsetzen wollten. Moana sah sich als die geeignete Person an.

Es war keine gute Wahl, obwohl er eine glänzende Ahnentafel vorweisen konnte – die wichtigste Voraussetzung in Polynesien zur Wahl eines Königs oder Häuptlings. Moana galt als feige und rachsüchtig, mit einem Charakter, der weder

Achtung noch Verehrung verdiente, wie ein englischer Kapitän ihn charakterisierte. Auch war er dem Alkohol treu ergeben. Er starb 1853 nach einem ruhmlosen Leben. Man munkelt, wahrscheinlich nicht zu unrecht, daß er einem Giftanschlag seiner Feinde im Hakaui-Tal zum Opfer fiel.

Seine Frau, die Königin Vaekehu, war, wie Karl von den Steinen bemerkte, zweifellos die „bessere Hälfte". Sie lebte bis 1903 und hatte dank ihrer Friedensbemühungen einen großen, positiven Einfluß im ganzen Archipel. Das Paar selbst hatte keine Kinder. Deshalb adoptierte Vaekehu mehrere aus der Familie des Häuptlings von Hakaui. Zwei dieser Adoptivkinder lernte Bob kennen: Taniha Taupotini, ehemaliger Häuptling und Te Ui'a (Blitz), eine ausgesprochen egozentrische Frau. Sie war von stattlicher Größe, spindeldürr, aber mit aristokratischer Haltung und hatte einen furchteinflößend durchdringenden Blick. Berühmt war sie jedoch wegen ihrer „Pekios". Das sind untergeordnete Männer, von denen sie sieben besaß. Diese gehorchten ihr mit Hingabe. Sie wohnten weit entfernt voneinander in den nordwestlichen Tälern Nuku Hivas, aber jeder in einem eigenen Haus.

Jedes dieser Häuser bestand aus einem Wohnhaus und einem Küchenhaus. Der Pekio diente als Wachmann, wenn die Edelfrau abwesend war. Das Wohnhaus selbst durfte er allein nicht betreten – die Schlüsselgewalt hatte nur die Frau. Kam die Herrin auf ihrer Tour bei ihm vorbei, betraten sie gemeinsam die Räumlichkeiten. Er bescherte ihr mit Stolz die erwartete Liebeslust, bis sie ihn wieder verließ und die Türe schloß. Währenddessen sie ihren Weg durch die sieben Häuser zu den anderen Pekios fortsetzte, kehrte er ins Küchenhaus zurück. Die Herren waren stolz auf ihre Position und zufrieden, einer so edlen Dame zu dienen.

Pekio-Beziehungen oder untergeordnete Gattinnen und Gatten waren eine Selbstverständlichkeit, die allen offen stand. Diese Verhältnisse hatten auch einen stammespolitisch positiven Effekt: Die hin- und herziehenden Pekios, Frauen wie Männer, dienten nicht selten als Alternative zu den „Dienstwegen", denn mit den wechselseitigen Besuchen kamen auch die Informationen auf einem zwar krummen, dafür aber umso effizienteren Weg in Umlauf.

Eine andere Spielart im zwischenmenschlichen Beziehungsgeflecht auf marquesianisch war der Partnertausch oder das „Ikoa" (was soviel wie Name heißt). Ein Beispiel: Zwei Männer, gute Freunde, tauschen ihre Namen und damit auch ihre Identität, übernehmen alle Rechte, natürlich auch die Frauen, sowie die Verantwortung für die Kinder und wenn nötig auch für die gesamte Familie. Aus Herrn Müller würde also demgemäß Herr Meier und aus Herrn Meier Herr Müller, gegebenenfalls auch Herr Kunz oder Schmidt. Der Kreislauf war endlos und es ist verbrieft, daß Standesämter auf den Marquesas unbekannt waren.

Inzwischen haben wir die andere Seite der Bucht erreicht und steuern hinauf zum Hotel, das sich mit seinen malerischen Bungalows stilvoll in die Landschaft einschmiegt. Vor dem Zentralgebäude mit Rezeption, Speisesaal und Bar liegt ein wahrhaft extravaganter Swimming-Pool, der in die unterhalb liegende Bucht fließend überzugehen scheint. Kunstvoll geschnitzte Tiki und Motive der alten Kultur schmücken die Räume, die allesamt aus edlem Rosenholz gestaltet sind.

Kleine, gepflegte Wege verbinden die einzelnen Häuser, die ohne Ausnahme eine überwältigende Aussicht auf den Hafen, die umliegenden, dicht bewaldeten Anhöhen mit den tief eingeschnittenen Tälern bieten. Mit dem Aranui-Kolorit behaftet kommt es uns vor, als wären wir in eine andere Welt geraten. Dieses Gefühl verstärkt sich, als sich die Türen zu einem der Bungalows öffnen, in dem sich stilvolles, französisches Ambiente mit einheimischer Wohnkultur apart verbindet. Das breite, mit einer geschmackvollen Tapa dekorierte Bett, das Badezimmer, hygienisch, strahlend weiß, lassen minutenlange Sehnsucht aufkommen. Aber dann denke ich an meine Kakerlaken-Freunde, mit denen mich mittlerweile eine unkomplizierte Wohngemeinschaft verbindet, und kehre gerne und zufrieden zur Aranui zurück, die auf ihre Art genau so einmalig ist.

Im Fare Mama, dem „Haus der Mütter", einem offenen Pavillon am Strand in der Nähe des Kais von Taiohae, treffen wir wieder mit dem Rest der Gruppe zusammen. Das Haus bekam den Namen, weil es von einer älteren, emanzipierten Frauengruppe „regiert" wird. Ihre mit Ernst vorgetragenen Tänze an bestimmten Feiertagen finden stets zum großen Jux der Zuschauer statt.

Kunsthandwerk und einheimische Erzeugnisse ziehen auch hier wieder die Schaulustigen an, was den Aufbruch und die Verteilung auf die einzelnen Geländewagen stark verzögert. Wir steigen beim längst ausgesuchten Toma zu, ein schlanker, junger Mann, eher Latino als Marquesaner und dem Vernehmen nach ein talentierter Musiker, Fotograf und Snack-House-Besitzer. Margitta, Uschi und Karl nehmen im Führerhaus Platz, Dagmar, Bob und ich geben der Ladebrücke den Vorzug.

Die Rüttelfahrt kann beginnen – ein besonderes Vergnügen, das sich im Laufe des Tages zum Crescendo steigern wird. Gewissermaßen zur Einstimmung dauert die erste Etappe nur wenige Minuten, dann ist die Kathedrale Peter und Paul erreicht, die, darin sind sich alle einig, die eindrücklichste Kirche auf dem ganzen Archipel ist.

Durch ein großes Steintor betritt man die Anlage. Dieses Tor war die Vorderfront der alten Kirche, die im Jahre 1843 auf den Ruinen des alten Festplatzes, Mauia, erbaut wurde, auf dem auch Menschenopfer stattfanden. Beim Bau der Kathedrale 1973–77, unter dem früheren Bischof Mgr. H.M. Le Cléac'h, wurde die alte Kirche zerstört. Nur die Vorderfront blieb zum Gedenken an die ersten Missionare erhalten.

Meterhohe Pandanus- und Brotfruchbäume begrenzen den gepflasterten Platz. Gegenüber dem Eingang trifft man auf eine Reihe geschnitzter marquesanischer Figuren in konventioneller Kleidung. In Wirklichkeit sind es die Propheten David, Salomon, Isaak und Moses.

Die Außenwände der Kathedrale bestehen aus grob behauenen Steinquadern, in denen auffällige Steine mit parallelen Rillen die Blicke auf sich ziehen. Es sind Schleifsteine auf denen früher die Steinklingen geschärft wurden. Sie gelten als tapu, aber zur Ehre der Kirche wurden sie von allen Inseln zusammengetragen.

Das Eingangstor aus Temanu-Holz wird von Petrus und Paulus flankiert, denen das Gotteshaus geweiht ist. Auch sie sind wie Einheimische dargestellt, mit Schürzen aus „Ti-Blättern". Petrus rechts hält ein Netz mit Fischen, Paulus links trägt einen Speer.

Wahre Wunder an marquesanischer Schnitzkunst, von den besten Holzschnitzern der Inseln vollbracht, erwarten uns im Innern der Kirche. In seltener Übereinstimmung schufen sie einzigartige Kunstwerke, die die marquesanische Kultur mit Figuren aus der Bibel beeindruckend verbinden. Hervorzuheben ist dabei die Kanzel mit den vier Evangelisten Johannes, Matthäus, Lukas und Markus, dargestellt als Adler, Engel, Stier und Löwe. Auch die Taufkapelle mit dem Motiv der Taufe Jesu (als Marquesaner) im Jordan, oder der Tabernakel in

Form einer reich geschnitzten Koka'a (Holzschüssel), die soviel wie „Komm, um zu essen ..." bedeutet, lassen ergriffen staunen. Für die Schnitzereien wurde vorwiegend Temanu-Holz verwendet, welches mit seinem goldbraunen Ton eine warme, tief berührende Atmosphäre schafft.

Die Statue mit Bischofsmütze und Stab auf einem kleinen Hügel am Ende des Platzes erinnert an Bischof R. I. Dordillon, der in den letzten Jahren des 19. Jahrhunderts das erste marquesanische Wörterbuch und eine Grammatik verfaßte.

Langsam schlendern wir zu den Autos zurück. Trotz schattiger Bäume, die zum Verweilen einladen, und Musikanten, die ohne Unterlaß ihr Bestes geben, entwickelt sich das nahe gelegene WC zum Haupt-Anziehungspunkt. Die Elderlys, einmal mehr in geschlossener Gesellschaft, ordnen sich zum kollektiven Wasserlassen, wecken andernorts gleiche Triebe. Bis zur Straße reicht die Warteschlange. Die wenigen, die nicht müssen, formieren sich zur Protestbewegung. „Ja, verflixt Halleluja, jetzt fängt die erste wieder an, wenn die letzte fertig ist, und der Franzose – braucht der auch noch ein Damenklo, reicht dem kein Baum?" Diese bayerischen Urtöne erreichen endlich das Ohr einer Reiseleiterin, die nun doch entschlossener zum Aufbruch mahnt. Trotz verklemmter Reißverschlüsse und noch offener Hosentürchen gibt es kein Pardon mehr. Der verspätete Ausflug zum Muake Paß kann endlich beginnen.

Nach ungefähr einem Kilometer auf der Hauptstraße biegen die Autos auf einen holprigen Weg ein, der zum Taipi-Tal hinauf führt. Steile Serpentinen winden sich durch den dichten Dschungel. Den Asphaltbelag haben wir hinter uns gelassen. Der Staub hüllt alles gleichermaßen gnädig ein. Kleine Bäche die ihren Weg über die Straße nehmen, vermitteln jenen auf der Ladebrücke ein zusätzliches Fahrvergnügen.

Große paddelförmige Blätter der Kape-Pflanzen spenden dafür wohltuenden Schatten. Hin und wieder erhaschen wir einen Blick auf den Muake-Paß über dem Taipi-Tal. Auf ihm hatte der Taiohae-Stamm ungefähr im 13. Jahrhundert eine schier uneinnehmbare Festung errichtet, von der leider nichts mehr zu erkennen ist. Dafür „verschönert" jetzt eine weitherum sichtbare Fernseh- und Rundfunkantenne den Gipfel des Passes.

Etwa auf halber Strecke haben wir den Picknick-Platz erreicht. Die arg strapazierten Rücken und Sitzflächen genießen wohlverdiente Erholung. Ich habe genug vom Autolärm, Staub und Menschengewühl und entferne mich rasch von der Gruppe, folge dem Pfad hinunter zu einer Plattform, die den Blick freigibt auf das „Tal der Tränen", wo sich zu früheren Zeiten die Häuptlinge trafen, um über Krieg und Frieden zu beraten. Das Gewirr aus Buschwerk, stachligen Laubbäumen und Farnen, das sich den Berg hinauf windet, reicht vom Dunkeloliv bis zu lichtem Hellgrün. Verfangen sich darin die Sonnenstrahlen, entsteht eine wundersame Fülle aus Farben. Der laue Wind und die Stille tragen das ihre dazu bei, daß ein freies, glückliches Gefühl von uns Besitz ergreift.

Demgegenüber scheint mir das überbordende kalte Buffet, das Jo Jo mit dem Servierpersonal inmitten dieser Weltabgeschiedenheit aufgebaut hat, eher deplaziert. Doch wenn ich in die wollüstig kauenden Gesichter sehe, scheine ich mit meiner Meinung allein zu sein. Es bleibt also eine Ermessensfrage.

Es liegt den Marquesanern offenbar im Blut, daß sie, wo immer sie sich niederlassen, musizieren müssen. So auch jetzt. Auf das unerschöpfliche Repertoire der Musikanten und Sänger angesprochen, wird mir erklärt: „Die singen über alles, über Sex, lachen über die Touristen oder erzählen sonst irgendwelche Geschichten." Ein gewaltig beleibter Chauffeur, dessen Bauch die Dimension eines Prachtkürbises besitzt, ist der Lokalmatador der heutigen Szene. Er animiert zum Tanz, läßt die Hüften der Damen kreisen und packt selbst herzhaft zu, wo die Hüftgelenke etwas steif sind. Daß er der Sohn des allseits verehrten Holzschnitzers Teiki Puhetini ist, läßt Bob tief aufseufzen: „Mein Gott, was ist da nur passiert? Dieser Apfel ist weit vom Stamm gefallen".

Wir entfernen uns und betrachten das unter uns liegende Taipi-Tal, das durch Hermann Melvilles Roman „Typee" weltweite Publizität erfuhr. Auf Melville angesprochen, bekomme ich die realistische Fassung von dessen Besuch in diesem Tal zu hören.

Melville lebte tatsächlich im Taipi-Tal, aber nicht sechs Monate lang, wie er in seinem Buch schreibt, sondern nur für ungefähr 6 Wochen. Er übernahm in seinen Roman zusätzliche Beschreibungen anderer Besucher wie Krusenstern oder David Porter. „Typee" ist also weder ein geschichtliches Dokument noch ein völkerkundlicher Bericht. Es ist, wie Melville selbst formulierte, ein Roman.

Wenn man das Buch liest und den Beschreibungen von Melvilles Wanderung in den Bergen Nuku Hivas folgen will, stellt man recht schnell fest, daß es sich um reine Fiktion handelt. Der Kamm, auf dem Melville angeblich das Taiohae Tal erreicht hat, ist unbegehbar. Und wenn er schreibt, er sei auf dem Muake Massiv gewesen, dann hätte er mitten in der Festung gestanden, das heißt er wäre entweder schnurstracks in den Erdofen gewandert oder an den Kapitän gegen Gewehre, Patronen und Schnaps verkauft worden. Das Terrain, das er auf seinen Wanderungen mit Freund Toby beschreibt, ist völlig imaginär und entspricht keineswegs den Gegebenheiten.

Daß Melville in Taipi gewohnt hat, ist ziemlich sicher. Untergekommen war er bei der Sippe von Hou auf deren Stammplatz Te Ivi o hou. Diese Aussage deckt sich mit den Überlieferungen, die Bob 1957 gehört hatte, als er bei der Familie Clark lebte. Frau Heiku'a Clark war eine Nachkommin der schönen Freundin Melvilles Peue (im Buch Fayoway). Von ihrem Großvater hatte Heiku'a viel von Melville gehört, der wegen seiner weißen Haut, seiner roten Haare und der Farbe seiner Augen (ein bißchen golden wie eine Katze, so sagten sie) Aufsehen erregte. Seine Freundin Peue liebte ihn deswegen sehr und verteidigte ihn mit Vehemenz gegen ihre Mitkonkurrentinnen. Bei den archäologischen Ausgrabungen entdeckte die Mannschaft auf dem Stammplatz Te Ivi o hou zwar nichts von Hermann Melville, aber sie fanden Beweise, daß der Platz nach Ankunft der Europäer gebaut worden war – eine Tabakpfeife aus Walfischbein und auch eine Glasschüssel aus Pennsylvania.

In unserer schattigen, windgeschützten Mulde gleiten aber auch die Gedanken hinauf zur Paßhöhe, auf die wir wegen der fortgeschrittenen Zeit leider verzichten müssen. Deshalb kramen wir ein bißchen in den Erinnerungen der Reise von 1997.

Eine warme sanfte Brise und eine phantastische Aussicht belohnten das weitere Ausharren auf den harten Autobänken. Unter uns lag die Aranui, geschützt im Hafen Taiohaes, die kahlen Höhenzüge, die den Hafen links und rechts flankierten, waren braun und ohne Vegetation. Das tiefblaue Meer, das weiße Schiff, die braunen Felsen mit dem Grün des Vordergrundes ergänzten sich zu einem effektvollen Farbenspiel.

Aber nicht das war die Sensation, sondern ein reich geschnitzter, überdimensionaler Penis von 2 Metern Länge, der malerisch im Gras lag. Dieses Denkmal des „David von Muake" aus weißem, hartem vulkanischem Gestein war mit Te Kohu bezeichnet. „Hast Du nicht gesagt, daß Brutus auf marquesanisch Te Kohu heißt? Könnte er eventuell ...?" „Kann sein". „Donnerwetter ..."

Man wußte, daß die Passhöhe ein beliebter Platz für Touristen ist und entschied sich für eine typische, marquesanische Reklame. Die Einheimischen sind begeistert davon. „Was das Wichtigste ist, soll immer das Erste bleiben", heißt in diesem Falle ihre Losung. Da der Tiki ein Phallus-Symbol ist, ziert auch ein solcher ihre Flagge. Nun, die Deutschen haben ihren Adler, die Japaner die Sonne, die Marquesaner ihren Phallus.

Daß die Menschen hier ein freizügiges Verhältnis zur Sexualität haben, ist gewiß keine Übertreibung. Bevor die Europäer und mit ihnen die alles verbietenden Missionare kamen, zählten die Inseln sicherlich zu den erotischsten Kulturen der Welt. Man ging oft nackt, die Männer nur mit einer Schnur um die Vorhaut. Öffentlicher Geschlechtsverkehr während der Zeremonien war die Regel. Die Phallussymbole dienen weiterhin der Verschönerung. So sind sie allerorts anzutreffen, selbst die Pfähle an den Fundstätten waren danach geschnitten, auch Werkzeuge, Griffe und Speere haben in der Regel diesen Schmuck.

„Dazu muß ich Dir eine Geschichte erzählen": Mein damaliger Leiter, zu dieser Zeit 58 Jahre alt, bat mich einmal um ein vertrauliches Gespräch, das Gesicht gezeichnet von ernsthaftem Leiden und Gram. „Robert, ich habe große Probleme. Ich schaffe es keine 10 Mal mehr pro Nacht." Ich antwortete: „Ach ja? Das ist wirklich schade und gewiß nicht normal, aber versuch es immer wieder. Du bist nur müde von der Arbeit", und dabei dachte ich: „Mein Gott, wenn ich 58 Jahre alt bin ..."

Auch vor zwei Jahren sorgte das Denkmal für kribblige Aufregung. Einer der unermüdlichen, fidelen Franzosen hielt sich mit dem voluminösen Statussymbol zwischen den gespreizten Beinen für derart witzig, daß er kaum mehr davon wegzubringen war und jeden aufforderte, ihn zu fotografieren. Die Frauen hielten sich in ihrer Begeisterung eher bedeckt. Marie-Claire, eine etwas puritanische Amerikanerin, ließ den bereits gezückten Fotoapparat konsterniert sinken, als sie sah, welcher Art das umschwärmte Fotomotiv war. Hastig wandte sie sich wieder dem unverfänglicheren Anblick der unter uns dümpelnden Aranui zu, den Blickkontakt mit dem im Gras liegenden Unhold mit Bedacht vermeidend.

Wir befinden uns wieder auf der Ladebrücke und auf dem Rückweg nach Taipivai. Die in den Wald geschlagene Straße in der Breite bei uns üblicher Hauptstraßen tut weh und scheint einmal mehr eine sinnlose Schändung der Natur. Dabei müßten die Franzosen mit unserem stolzen europäischen Umweltbewußtsein doch wissen, wie unbesonnen solche Projekte sind. Es ist nur zu hoffen, daß die Natur wieder zuwachsen läßt, was der Mensch geschlagen hat.

Hitze, Staub und die durchgerüttelten Körperteile machen immer mehr zu schaffen. Verschiedene Fotohalte geben wenigstens die Möglichkeit, sich aus dem Getränkewagen ein kühles Bier zu gönnen. Die Betonbrücke über den Taipi-Fluß ist für unsere arg strapazierten Hinterteile zweifellos erholsam. Gleichzeitig ist sie aber auch Teil eines staatlichen Projekts und sieht dementsprechend unerfreulich aus.

Der Fluß – der größte und längste des Archipels – bezog ursprünglich sein Wasser von mehreren Wasserfällen am westlichen Ende des Tals. Vor einigen Jahren wurde einer dieser Wasserfälle in ein Kraftwerk umgeleitet, welches das Tal mit Strom versorgt. Selbstverständlich hat der Fluß darauf reagiert. Der Wasserstand ging zurück, an einigen Orten trocknete er gänzlich aus und sein Flußbett verschmutzt von Tag zu Tag mehr. Die Zeiten sind endgültig vorbei, in denen sich Schwärme von Fischen und Aalen im Fluß tummelten und das Schwimmen ein Vergnügen war.

Im Dorf teilt sich die Gruppe. Die einen formieren sich zur Besichtigung des Pa'eke, einer alten Tempelanlage an einem abschüssigen Bergkamm. Der Rest zieht es vor, mit dem Walboot zur Aranui zurückzukehren. Dabei denke ich an jene deutsche Touristin mit den zweierlei Augen, die süffisant mit „Ach Gott, das hat man ja alles schon gesehen" die Frage beantwortete, warum sie auf so vieles verzichte. Kreuz und quer war sie auf dem Globus herumgereist und selbst die Marquesas konnten ihr Herz nicht mehr berühren.

Mit Toma fahren wir weiter das Tal hinauf. Am Wegrand werde ich auf einen leeren Platz hingewiesen, auf dem noch die Fundamente eines Hauses zu erkennen sind. Es war das Haus der erwähnten Familie Clark. Neunzehn Personen zählte sie, zu denen noch einige adoptierte Kinder gehörten. Das war in den Familien selbstverständlich, denn wurde ein Mädchen schwanger und konnte das Kind nicht selbst ernähren, sprang die Familie ein. Diese Beziehungen hielten ein Leben lang. Auch Kasimir, der Super-Cargo der Aranui, war ein Adoptivsohn der Familie Clark und blieb mit deren Nachkommen bis zum heutigen Tag aufs Engste verbunden.

Heiku'á, die Hausfrau, bestimmte den Rhythmus der Familie. Das hieß, um 5.30 Uhr den Tag mit einem Gebet zu beginnen. Das Frühstück danach bestand aus Fisch, Fleisch, Früchten, Brot und marquesanischem Kaffee, der in einen Stoffsack gefüllt und mit heißem Wasser übergossen wurde, bis er schwarz wie Tinte in die Tasse tropfte. Eine Tasse des Gebräus reichte dann aus, um bis zum Mittag durchzuarbeiten, denn das Herz klopfte derart auf Hochtouren, daß an Müdigkeit nicht zu denken war. Bis zum kleinsten Kind bekam jedes Familienmitglied seine Aufgaben zugeteilt, außer Charley, dem Ehemann. Er saß in seiner königlichen Herrlichkeit vor dem Haus. Seine Aufgabe bestand einzig darin, Mann des Hauses zu sein. Einmal fragte ein Tourist, ob dies ein Häuptling sei. „Nein, kein Häuptling, Eigentümer."

Wir verlassen die Autos. Die kurze Wanderung auf steilem Zickzackweg führt durch einen dichten Palmenwald zum Pa'eke. Bewußt legen wir ein strenges Tempo vor, um die Ersten zu sein, die die Tiki ohne Touristen fotografieren können. Schnaubend stampft der Rest der Gruppe hinterher. Bob und Sylvie beginnen mit ihren Erläuterungen, die er auf Englisch abgibt und die Sylvie auf Französisch und Deutsch übersetzt. Es ist angenehm, den beiden zuzuhören und die Übereinstimmung zu spüren, die es zwischen ihnen gibt. Versunken lauschen wir ihren Stimmen, währenddessen die tiefe Nachmittagssonne mit ihren letzten Strahlen das Pa'eke in ein diffuses Licht hüllt und es noch geheimnisvoller erscheinen läßt.

Dieser Tempel war eine Art Pantheon für die Gottheiten aller Unterstämme des Taipi-Clans. Er galt bis ins 20. Jahrhundert hinein als tapu. In Taipi lebten um 1813 etwa 3500 Krieger, Männer im Alter zwischen 15 und 40 Jahren. Damit dürften die Legenden, die von 10000 Einwohnern sprechen, halbwegs stimmen. Jetzt leben hier noch ungefähr 200 Menschen, über die die Tiki für die Ewigkeit Wache halten.

Es ist jedes Mal ein unergründliches, merkwürdiges Gefühl, wenn man diesen Ort betritt. Die Marquesaner sagen dazu „Vahi mana" – ein Ort mit überirdischer Kraft. Wir befinden uns zwischen Reihen von zum Teil moosbedeckten Tiki, deren ausdruckslose Gesichter über das weite Tal hinausschauen.

Eidechsen huschen hie und da über sie. Lautlos schweben die Vögel über dem Tal. Waren die Tiki immer hier? Das kann mit letzter Gewißheit niemand mehr sagen. Möglich, daß man sie in der Zeit des Niedergangs der alten Kultur hierher brachte, um sie zu schützen, oder ist es ein Kultort, der erst im 18. Jahrhundert gebaut wurde? Auf alten Fotografien ist jedenfalls zu erkennen, daß der Ort einige Male restauriert wurde. Die Namen einiger Tiki wie: „Schattengott der Menschen" (ein zweiköpfiger Tiki), „das Haus der Pandanus-Bäume", „das Haus der Ti-Pflanzen", scheinen auf verschiedene Stämme zu deuten. Andere Namen hingegen, wie „die Leere" oder „der rote Sand" sind schwer zu erklären. Wir besichtigen den doppelköpfigen Tiki, der tatsächlich weiblich ist. Er gehörte zu jenem Stamm, der neben dem Strand ansässig war, denn dort hatten Offiziere der amerikanischen Kriegsmarine 1825 einen zweiköpfigen Tiki ausgemacht. Man stellt sich auch die Frage, ob ein Zusammenhang besteht zwischen doppelköpfigen Tiki und doppelköpfigen Poi-Stößeln Dies bleibt für die Archäologen nach wie vor ein Rätsel.

Soweit die Ausführungen, die gegen Ende unüberhörbar vom Surren der Videokameras begleitet werden, denn die Fotografenseele drängt nun mit Allgewalt an die Oberfläche. Daß Evelyn selbstvergessen vor dem Me'ae (Tempel) steht und keine Anstalten macht, von da zu verschwinden, bringt Mr. Bean zur Verzweiflung. Sein gezischtes „allez, vas t'en, tire toi" verhallt ungehört, so daß er unverrichteter Dinge seinen mühsam erkletterten Fotostandplatz wieder verlassen muß. Daß er dabei nur mit akrobatischer Einlage einen Sturz vermeiden kann, läßt ihm die ahnungslose Evelyn sicher nicht sympathischer werden.

Die mystische Stimmung begleitet uns noch lange auf dem Rückweg zu den Autos. Wir verbummeln ihn buchstäblich, so daß uns nur noch der Platz auf dem Rand der Ladebrücke bleibt. Zum Glück hält Toma auf halbem Weg an, um uns in seine Snack-Bar zu entführen, die er selbst gebaut hat, wie er stolz erklärt. Die bescheidene Auswahl an wenigen Dosen Coca Cola und Seven Up, macht seine grazile Frau mit ihrem warmherzigen Lächeln wieder wett. Beim Verlassen ist Tomas Snack-Bar total ausverkauft.

Zum letzten Mal Staub, zum letzten Mal holprige Wege, die uns ein ums andere Mal in die Luft katapultieren. Alle haben genug. Der Anblick des bereitstehenden Walbootes ist tröstlich, der Schlamm durch den wir waten müssen weniger. Weil es das letzte Boot ist, packen die Matrosen alle ohne viel Federlesens hinein. Bob wird als letzter von Tino auf den Rand des Bootes verfrachtet, wo er, ein Bein nach sich ziehend und mit verrenkten Gliedern einen bemitleidenswerten Anblick abgibt. Nur weil die Fahrt von kurzer Dauer ist und die in der Bucht beheimateten Haifische anderes zu tun haben, werden bleibende Schäden vermieden.

Am Ende sehnt sich wohl jeder nur noch nach dem erfrischenden Strahl der Dusche, denn der Staub hat ausnahmslos alles mit einer braunen Schicht überzogen.

An diesem Abend herrscht am Tisch ein buntes Sprachgemisch, wobei sich eine kleine Französin mit Frau Helvetia ein Duell um die Lautstärke liefern. Müde vom Lärm schleichen wir uns in den Salon und dann auf die Leeseite, wo in einer etwas ruhigeren Atmosphäre die Abfahrt der Aranui nach Hiva Oa verfolgt werden kann.

Hiva Oa

An diesem Morgen ist die Gymnastik auf dem Deck, dank eines phantastischen Sonnenaufganges, ein absolutes Vergnügen. Die Entscheidung, früh damit zu beginnen schien vernünftig, denn die Fotografen bevölkern bereits das Schiff, um die Einfahrt in die Traitor's Bay nicht zu verpassen. Um 7 Uhr legt die Aranui am Pier von Taha'uku, dem Hafen Atuonas, an. Jenseits der Bucht ist Tahuata, die Insel der spanischen Entdeckung, schemenhaft in der Morgensonne zu erkennen. Backbord voraus erhebt sich das Massiv des Te Metiu, 1276 m hoch, mit seinem berühmten Wolkenkranz.

Hiva Oa ist eine der jüngeren Inseln der Kette. Ihre Form gleicht etwa einem Seepferd, dessen Kopf in Richtung Sonnenuntergang orientiert ist. Geologisch besteht Hiva Oa aus drei Vulkanen. Die von Südwesten nach Nordosten verlaufenden Berge erreichen Höhen von 800 bis 900 Metern, mit drei Spitzen über 1100 m.ü.M. Gegen Osten senkt sich der Kamm leicht ab und taucht am Kap Matafenua ins Meer. Zusammen mit Nuku Hiva ist Hiva Oa die einzige Insel mit Hochplateaus im Inselinnern. Die über den höchsten Gipfeln hängenden Wolken versorgen die Bäche mit genügend Wasser, die dieser Insel zu einer blühenden Oase verhelfen.

Nach dem Frühstück erwartet uns Te Ui'a, der Sohn der kranken Mme. Pélagie Clark, er wird uns zu ihr bringen. Mme. Clark leidet an den Folgen eines Schlaganfalls, der sie halbseitig lähmte und für immer ans Bett fessel. Einst wegen ihrem Liebreiz verehrt, bewundert als Tänzerin und Lehrerin der marquesanischen Traditionen, war sie auch als Medizinfrau eine Berühmtheit. Ihre geistigen Kräfte verhalfen ihr auf den ganzen Inseln zu großem Ansehen. Geliebt von vielen Menschen blieb sie von der Kirche gebrandmarkt, die in ihrer Krankheit die gerechte Strafe für ihr ketzerisches Tun erkennen will.

Nach 10-minütiger, holpriger Fahrt erreichen wir das Haus der Familie Clark. Es steht inmitten einer wild wuchernden Pflanzenwelt. In seltener Eintracht tummeln sich dazwischen Hunde, Katzen und Hühner.

Über eine Veranda betreten wir einen luftigen Raum. Weiße Wolkenvorhänge bewegen sich leise im Wind. Das Zimmer ist liebevoll eingerichtet. Auf Wandregalen stehen Nippsachen, Bilder und Fotografien zieren die Wände. Ein stabiler Schrank aus Temanu-Holz mit geschnitzten Türen dominiert den hinteren Teil des Zimmers. Es ist das Werk von Monsieur Clark, der damit in einer Möbelausstellung einen Preis gewann. Zwei bequeme Rattansessel und ein kleiner dazu passender Tisch vervollständigen die Einrichtung. Der Boden ist mit hellbeigebraun gesprenkelten Kacheln belegt, was dem Zimmer eine zusätzliche behagliche Kühle und Sauberkeit verleiht.

Pélagie liegt auf einem Klinikbett, unter schneeweißen Tüchern, die an Tapas erinnern. Ihre Augen sind geschlossen, das Gesicht ist eingefallen. Die einst dicken lockigen Haare sind dünn und strähnig geworden. Wie ein Beschützer sitzt ihr großer, sanfter Mann ruhig, fast bewegungslos am Fußende des Bettes. Als er uns sieht steht er auf, sagt kein Wort, streckt uns nur die Hände entgegen, aber seine braunen gütigen Augen sprechen mehr als sein Mund und sie sagen uns, daß wir willkommen sind und er sich über den Besuch freut.

„Robert, Robert" – Pélagies weit geöffnete magere Arme strecken sich Bob entgegen. Tränen rinnen ohne Unterlaß über ihre faltigen Wangen. Er neigt sich zu ihr und umarmt sie mit großer Innigkeit. Die Worte, die dabei gewechselt werden, verstehen nur die beiden, aber wir alle fühlen, welch tiefe Freundschaft diese zwei Menschen verbindet.

Dankend nehme ich den angebotenen Stuhl an und setze mich an die Seite des Bettes. Pélagie hat sich beruhigt, hält nur noch Bobs Hände. Sie erkundigt sich nach unserer Reise, ist begierig Einzelheiten zu erfahren. Nach einer Weile verabschiedet sich Te Ui'a. Wir bleiben zurück.

Die leisen Stimmen, der feine Duft der Tiare, der durch den Raum streicht und die wohltuende Ruhe, lullen immer mehr ein. Am liebsten würde ich die Augen schließen, um mich in diesem Seelenfrieden aufzulösen. Wieviel Zeit ich so verbracht habe, weiß ich nicht. Ich spüre nur, wie schwer es fällt, wieder in die Gegenwart zurückzukommen und sich an unser Tagesprogramm zu erinnern.

Der Abschied ist schmerzhaft tief, aber ich empfinde auch Dankbarkeit, dieser außergewöhnlichen Frau begegnet zu sein. Lange Zeit gehen wir wortlos nebeneinander her, bis Bob zu erzählen beginnt, wie Pélagie ihm einst mit ihren hellseherischen Kräften geholfen hat.

Er lag mit einer gefährlichen Darmerkrankung und hohem Fieber in Taioha'e und ihm fehlte die nötige Medizin. Am Abend klingelte das Telefon – Kasimir aus Tahiti war am Apparat: „Ropea, die Alte, hat mich angerufen und mir erzählt, daß Du krank bist und eine bestimmte Medizin brauchst." „Welche Alte?" „Du weißt schon, die Alte auf Hiva Oa. Du mußt die Medizin so nehmen, wie ich sie dir jetzt beschreibe und du darfst dabei keinen Fehler machen. Hörst Du?" In diesem Ton hatte Kasimir noch nie mit ihm gesprochen. Er erklärte, wie er die Medizin zu benutzen hatte und sagte, daß seine Tochter sie pünktlich um 17.30 Uhr bringen würde. Und die junge Frau war tatsächlich zur festgelegten Zeit zur Stelle. Dies war die größte Überraschung, denn Pünkt-

lichkeit ist in Polynesien ein dehnbarer Begriff. „Pünktlich"
kann sich auf Stunden, Tage, Wochen oder gar Monate beziehen.

Gehorsam ließ er sich die nächsten zwei Abende mit der
Medizin behandeln, die ihm jedes Mal von Kasimirs Tochter
verabreicht wurde. Sein Zustand besserte sich zusehends und
wenige Tage später konnte er die Weiterreise nach Tahiti antreten, wo er wieder bei Kasimir wohnte. „Kasimir, wie hat
die alte Pélagie gewußt, welche Krankheit ich hatte?" „Sie sah
es." „Was meinst Du mit ‚sah'?" Kasimir sah ihn an, als sei er
mehr als nur schwerfällig: „Sie sieht, sie sieht für alle Leute
und wenn sie den Leuten nicht selbst helfen kann, dann be-
auftragt sie jemanden damit." „Ah, ua hei, ua hei" – OK, OK.
Jetzt verstand er, daß Pélagie die Behandlung per Telefon
organisiert hatte. Als er später seinem Arzt von der Krankheit und der Medizin erzählte, mußte dieser neidlos aner-
kennen, daß Pélagie das Klügste und Wirksamste getan hatte, um dieser Krankheit Herr zu werden.

Paul Gauguin

Hiva Oa hat in erster Linie Berühmtheit erlangt, weil sie Paul Gauguins letzte Insel war. Seine Südsee-Impressionen zählen zu den Klassikern der expressiven Kunst und finden sich in den berühmtesten Kunstgalerien der Welt. Als Mensch jedoch war er mit Sicherheit kein beliebter Zeitgenosse, sondern eher ein Blender und Opportunist mit einem Hang zur Provokation und Polemik. „Er buhlte um Lob und tat alles, um der Löwe des Tages zu sein", meinten die amerikanischen Kunsthistoriker Upjohn, Wingert und Mahler zum Betragen Gauguins auf Tahiti und den Marquesas. Nach der Lektüre seiner Bücher „Noa Noa", „Avant et Après" und der Briefe ist dies nur zu bestätigen.

Die meisten seiner berühmten Südsee-Bilder entstanden während zweier langer Aufenthalte auf Tahiti. Viele seiner Bildmotive waren nicht aus dem Leben gegriffen – oft dienten Postkarten als Vorlagen. Sein Buch „Noa Noa", die Autobiographie seines Lebens auf Tahiti, enthält u.a. einen langen Text, den Gauguin als „alte Handschrift" der Familie seiner Freundin ausgibt. In Wirklichkeit kopierte er den Text aus einem Buch über Tahiti, herausgegeben 1837 von J. A Moerenhout, dem damaligen niederländischen Konsul.

Gauguin bezeichnete sich in seinem Briefen und Büchern gern als „Wilder", der die Gesellschaft von „Wilden" suchte, blieb aber Zeit seines Lebens in engem Kontakt mit Europa, verfolgte die aktuellen Diskussionen um Fragen der Kunst, um Theorien und Techniken und am meisten sorgte er sich ums Geld. Der „kleinbürgerliche Wilde" beherrschte weder die tahitische noch die marquesanische Sprache und interessierte sich herzlich wenig für die Kultur der Inseln, wie auch seine Bilder keineswegs den Formen einheimischer Kunst entsprechen.

1901, am Ende seines zweiten Aufenthalts in Tahiti, entschloß sich Gauguin auf die Marquesas überzusiedeln. Zuerst wollte er „als

Wilder" nach Fatu Iva reisen, weil es hieß, es gäbe dort noch Men-
schenfresser, was aber keineswegs mehr der Wahrheit entsprach. Dann
aber fiel seine Wahl auf Hiva Oa, wo ihm Atuona mit seiner kirchli-
chen und kolonialen Verwaltung ein bequemes Leben versprach.

Zunächst versuchte er, sich beim Bischof und den Beamten beliebt
zu machen, war höflich und gab sich als konservativer Franzose aus.
Denn nur die Mission verfügte über billiges Bauland. Seine Rech-
nung ging auf. Die katholische Missionsstation vermietete ihm ein
Grundstück für den Bau eines Wohnhauses. Im kleinen Atuona, unter
dem großen grünen „Matterhorn" Te Metiu, baute er sich ein schö-
nes zweistöckiges Haus – sein „Haus der Freuden", in dem er mit
verschiedenen Geliebten und am Ende mit der vierzehnjährigen
Vaeoho seine letzten Lebensjahre verbrachte.

Kaum aber war das Haus fertig, machte Gauguin gegen die Kir-
che Front. Und nicht nur gegen sie, sondern auch gegen die Kolonial-
verwaltung und die Polizei. Er spielte sich als Anarchist und tapferer
Verteidiger der Marquesaner auf – furchtloser Held im Dauerstreit
mit den Verwaltungsbeamten, dem Bischof und der Polizei. Einmal
mehr wollte Gauguin der „Löwe des Tages" sein, was ihm gründlich
mißlang. Die französischen Kolonisten empfanden ihn höchstens als
Plage und für die Marquesaner war „Koke" (sein Name auf
marquesanisch) nur ein weiterer verrückter Weißer.

Er hörte fast gänzlich auf zu malen, führte ein immer zügelloseres
Leben und verfiel zunehmend dem Alkohol. (Ausgrabungen in un-
mittelbarer Nähe seines Hauses förderten kürzlich zerbrochene Wein-
Schnaps- und Drogen-Flaschen zu Tage.) An vielen Abenden trank
und tanzte er in seinem „Haus der Freuden" mit seinen Freunden.
„Ich brauche alles. Ich kann es nicht zwingen, aber ich will es. Laß
mich Atem schöpfen und erholt rufen: Schenk ein, schenk von neuem
ein! Laufen, außer Atem kommen und toll sterben. Weisheit ... du
langweilst mich und gähnst ohne Unterlaß." So sprach „Koke" und

die Weisheit hatte wirklich einer überdrüssigen Langeweile Platz gemacht.

Während seines Aufenthalts 1956 erfuhr Bob einiges über das Leben Gauguins in Atuona. Eine Tochter lebte noch und er sprach auch mit einigen älteren Leuten, die Gauguin als Kinder gekannt und erlebt hatten. Ein älterer Mann erinnerte sich daran, daß der Maler während der Messe am Sonntagmorgen gern mit Freundinnen in einem Wagen vor der Kirche vorgefahren sei. Sie warteten, bis die Leute aus der Messe strömten, und provozierten sie dann mit freizügigen Liebesspielen.

Am 8. Mai 1903 starb Paul Gauguin einsam und krank in seinem Haus der Freuden. Es heißt, er habe dabei mit Drogen und Alkohol nachgeholfen. Die Verwaltung beeilte sich, den unliebsamen Rebell so rasch wie möglich und für immer unter die Erde zu bringen. Nach seinem Tod ging das Haus wieder an die Kirche zurück. Die Kirchenoberen stießen darin auf ein Wandgemälde, das Gauguins Feind, den Bischof, im Liebesspiel mit dem Hausmädchen der Residenz zeigte. Mgr. Tirilly, 1956 Bischof in Atuona, meinte, die Ähnlichkeit sei verblüffend gewesen, obwohl Gauguin nicht oft Portraits gemalt habe. „Hätte man", so Tirilly, „nur die Malerei verkaufen können, es wäre viel Geld in die Missionskasse geflossen. Aber", sagte er, und hob lächelnd die Hände, „Was sollten wir tun? Wir mußten das Haus verbrennen".

Auch ein Stuhl Gauguins aus seinem Haus der Freuden landete hinterher in der Missionsstation. Dieser wurde dann irgendwo abgestellt und später wußte niemand mehr, um welchen es sich handelte. Leider, denn auch er wäre zu versilbern gewesen. Sic transit gloria mundi.

Gauguin liegt auf dem Friedhof hoch oben an einem Hang über dem Dorf begraben. Seine Grabstätte ist mit pockennarbigen Vulkanbrocken bedeckt. Daneben steht die Statue der Oviri, die fälschlich als eine polynesische Todesgöttin bezeichnet wird. Die polynesische

Kultur kennt keine Todesgöttinnen und Oviri ist ein tahitischer Name. Er bedeutet „die Wilde" und kommt damit zweifellos Gauguins Vorstellung ziemlich nahe: „Ich liebe die Frauen, wenn sie rund und lasterhaft sind", schrieb er, „mich stört es, wenn sie Geist haben, diesen Geist, der mir zu geistreich ist. Ich habe mir immer eine dicke Mätresse gewünscht und nie eine gefunden. Mir zum Schabernack sind alle zu flach."

Das Grab wird von einem großen Busch weißer Tipanien beschattet, die auf der Insel als Blume des Todes gilt. An diesem Morgen ziert ein frischer Zweig roter Bougainvilleas das Grab. Ungeklärt ist, ob Gauguin tatsächlich hier begraben liegt. Da der Maler den „Schoß der Kirche" verlassen hatte, wurde er außerhalb der Friedhofsmauern bestattet. Erst 1920 begann der französische Verwalter und Arzt Dr. Louis Rollin, danach zu suchen. Rollin beschrieb, wie er das Grab außerhalb des katholischen Friedhofs gefunden habe. Aber wie er das Skelett identifizieren konnte, bleibt unklar. Viele andere – Protestanten, Matrosen und Fremde – wurden ebenfalls außerhalb des Friedhofs begraben, man hatte keine Informationen über das Gebiß des Malers und die DNA-Analyse war zu jener Zeit noch unbekannt. So streiten sich die Kirchen bis zum heutigen Tag um die Frage, ob Gauguin nun als Katholik oder als Protestant in der Erde Atuonas ruht.

In nächster Nachbarschaft zu Gauguins Grab liegt auch der belgische Chansonnier Jacques Brel begraben. Den Grabstein ziert ein Portrait des Sängers und seiner Geliebten. Eine von Brels letzten Kompositionen trägt den Titel „Les Marquises". Brel war berühmt und beliebt, ein echter Querdenker mit viel Geld. Er besaß große Sympathien auf der Insel, weil er mit seinem Privatflugzeug den Menschen das Leben oft erleichterte und sich ihrer gerne annahm.

Zwei begabte Europäer haben hier ihre letzte Vollendung gefunden. Oder ist ihr Leben auf den Marquesas einfach ausgebrannt? Für Gauguin dürften die Inseln eher die letzte Haltestelle auf einer

trauigen Lebensreise gewesen sein. In Briefen äußerte er den Wunsch,
ein Paradies zu finden mit Frauen und kostenlosem Essen. Dort wollte
er als weißer „Edelmann" leben, ohne die Verpflichtungen des euro-
päischen Lebens, aber immer in Kontakt damit. Er hat sein Paradies
wohl nie gefunden.

Vor Gauguins nachgebautem „Freudenhaus", nicht weit davon, wo das Originalhaus einst stand, rostet auch „Jojo"-Brels Flugzeug. Daß sich in der angebauten Museums-Galerie kein einziges Original Gauguins findet, ist bedauerlich. Es gibt nur Kopien, angefertigt von einem Franzosen, der in Frankreich für seine Gauguin-Fälschungen einige Zeit im Gefängnis saß. Inzwischen sind die Plagiate für ihn zu einem lukrativen Geschäft geworden.

Wir sind vor der Gruppe auf dem „Museumsplatz" eingetroffen und begegnen dort einheimischen Frauen, die unter schattigen Bäumen ihre Souvenire wie Pareus, Strohhüte, Schmuck aus Muscheln und Blumenkränze ausbreiten. Bob verwickelt sie in ein Gespräch. Die anfängliche Distanz schwindet, sie kichern und scherzen mit ihm. Nachher erfahre ich, daß sie sich über die Touristen lustig machten und deren Gehabe imitierten. Nur wenig später treffen die ersten ein: Eine Verwandlung geht durch die Damengesellschaft. Professioneller Charme gewinnt Oberhand, die weißen Zähne blitzen aus untertänigst lachenden Gesichtern, die Pareus sitzen gekonnt knapp, das Business nimmt seinen Lauf.

Im Museum, neben Gauguins nachgebautem Haus, befindet sich unter anderem eine interessante Ausstellung mit verschiedenen Artefakten wie Steinklingen, Poi-Stößel für die Zubereitung des Brotfruchtbreis und Perlmutthaken für den Fischfang. Leider sind sie nicht bezeichnet, so daß sich nicht feststellen läßt, wann und wo sie gefunden wurden und wie alt sie sind. Es gibt verschiedene Formen dieser Steinbeile, die je nachdem für Holzschnitzereien oder für Steinarbeiten gebraucht wurden. Eine nur einseitig behauene Klingenform weckt die Neugier. Ich erfahre, daß diese Steinklingen von Ausgrabungen auf der Insel Pitcairn bekannt sind, was die Frage nach den Zusammenhängen aufwirft. Wurde die Insel von Hiva Oa aus besiedelt und gab es einen Warenaustausch zwischen den beiden Inseln?

Atuona ist ein südpazifischer Garten Eden. Brotfrucht, Mango, Hibiskus, Bouganvillea, duftende Rosen entlang den Straßen und in den Gärten gehören zum Schönsten, was die Natur bieten kann. Die in feuerroten Flammen stehenden Flamboyant-Bäume setzten das Tüpfelchen auf's I. Der Wunsch, diese Farbenpracht mit weit ausgebreiteten Armen zu empfangen, um sie gebündelt mit nach Hause zu nehmen, wird übermächtig.

Auch hier treffen wir wieder auf Menschen, die Bob freudig begrüßen. Dazwischen zeigt er mir das Haus in dem er 1956 wohnte. Nicht weit davon, in der gegenüberliegenden Straße, findet sich ein leerer Platz. Es ist jenes Grundstück auf dem einst das viel zitierte „Haus der Freuden" stand. Anekdoten und Geschichten aus früheren Zeiten reihen sich übergangslos aneinander.

Indessen hat die Hitze ihren Zenit erreicht und das Reklameschild einer Snackbar erscheint wie ein Zeichen des Himmels. Aber wie immer, wo viel Licht ist, ist viel Schatten. Obwohl die eisgekühlte Limonade an Köstlichkeit nicht zu überbieten ist, treibt uns die unerträglich laute Rockmusik rasch wieder aus dem schattigen Hinterhof hinaus in die mittägliche Bruthitze.

„Gibt es auf den Marquesas Honig?" „Oh ja, einen sehr köstlichen". „Laß uns bitte Honig kaufen gehen, dann haben wir wieder ein Dach über dem Kopf." In der Einkaufsstraße von Hiva Oa treffen wir nicht nur auf Kasimir, sondern auch auf den gesuchten schwarz-braunen, wilden Honig der Insel. Er befindet sich in Gesellschaft von TV-Geräten, WC-Brillen, Gummiabsaugern, Unterwäsche, sanitären Ersatzteilen, Glühbirnen, Haushaltartikeln, Kleidern, Hygieneartikeln, Kühlschränken, Brillen, Kosmetika und Lebensmitteln. Dem verlockend duftenden, ofenwarmen Gebäck an der Kasse ist nicht zu widerstehen. Mit Genuß und klebrigen Fingern wird es direkt am Ort verspeist.

Um 12 Uhr ist Treffpunkt im Restaurant „Hoa Nui". Mit einem zerknitterten Plan machen wir uns auf die Suche, werden aber unversehens von einem Haus abgelenkt, das mit seiner nonkonformistischen Bauweise in einem erstaunlichen Kontrast zu den übrigen Häusern steht. Die üppige Vegetation ringsum verleiht ihm zusätzlich etwas Märchenhaftes. „Wer ist wohl der Besitzer dieses Juwels?" „Oh, das gehört Te Ui'a, dem Sohn Pélagies". Er ist der Straßenbauer von Hiva Oa". Bei genauerem Hinsehen erblicke ich versteckt zwei Bagger und andere Bauutensilien. „Kam das alles einmal mit der Aranui hierher?" „Alles, alles was Du hier siehst, die Maschinen, jeder Teil des Hauses. Nur die Blumen nicht."

Im „Hoa Nui" angekommen, winken uns Uschi und Karl zu sich. Die Kühle der Veranda wirkt wie prickelnder Champagner. Die lebhaften Diskussionen mit dem Ehepaar sind ein wahres Vergnügen.

Langsam trudeln alle nacheinander ein, am Schluß der kleine pummelige Franzose, im eigenen Saft zerfließend, die unvermeidliche Videokamera wie immer auf dem kugelrunden nackten Bauch festgeklebt. Sein Schmollmund ist noch schmollender, sein Gang noch schlurfender. Seiner vor ihm eingetroffenen Frau gönnt er keinen Blick – ihr allvertrauter Ehestreit muß in den Straßen von Hiva Oa eskaliert sein. Weit weg von ihr sucht er sich seinen Platz. Sie nimmt's gelassen.

Das Buffet wird mit der Erklärung der Speisen eröffnet. Diesmal mit dem Hinweis, daß es für jedermann Lobster gibt. Dies scheint wichtig, denn so wird eine Schlacht am Buffet vermieden. Beim letzten Mal ließ die Gier nach Lobster bei vielen die gute Kinderstube vergessen, was die leer Ausgegangenen erboste. Wie zum Beispiel jenen Franzosen, der mich mit „merde" beehrte, weil ich versehentlich in die falsche Reihe geraten war und ihm den Weg zu den Lobstern abschnitt. Dabei wollte ich nur Reis. Daß ich Lobster nicht mag, konnte der Lüsterne ja nicht wissen.

Wir gehören wiederum zu den wenigen, die freiwillig auf die begehrte Delikatesse verzichten. Bob mußte vor Jahren nach dem Verzehr von Meeresfrüchten in Taioha'e ins Krankenhaus. Als er sich etwas besser fühlte, fand er die Atmosphäre in diesem Hospital sehr bemerkenswert. Über die Decken und Wände huschten Eidechsen, im Hof gackerten Hühner und dazwischen vertrieben sich wilde Hunde mit Bellen die Zeit. Salopp gekleidete Krankenschwestern in kurzen Bermudas versahen mit Charme ihren Dienst. Am Abend kamen dann die marquesanischen Freunde mit ihren Familien. „Wir hörten, daß Du hier bist, und bringen Dir etwas zu Essen." „Gott segne Euch!" Nur paßten die Pampelmusen und Kokosnüsse nicht zur vorgeschriebenen Diät.

Ob die Idee gut war, nach dem Essen zu Fuß zur Aranui zurückzukehren? Zwei Geschichten gestalten den Weg dann doch noch interessanter als erwartet. „Make Make" – ein etwas unüblicher Name für eine Snack Bar. „Bedeutet er etwas?" „Ja, es ist der Name des Hauptgottes der Osterinsel."

Nach Heyerdahls Vorstellungen sollte er peruanischen Ursprungs sein. Dem widerspricht aber der deutsche Völkerkundler und Philologe Horst Cain vom Ethnologischen Museum Berlin. Er ist Experte für austronesische Sprachen und kam nach seinen Forschungen auf den Marquesas zu einem anderen Schluß. Nach ihm ist Makemake ein polynesischer Name. Er steht einerseits für einen Gott Nuku Hivas und bezeichnet gleichzeitig auch einen wichtigen deifizierten Vorfahren in Atuona, dem zu Ehren ein Tal benannt wurde, an dessen Ende die Snack Bar „Make Make" steht.

Dieser Makemake von Hiva Oa war der Ahnherr jenes Häuptlings Hotu Matu'a, der die Osterinsel entdeckte. Cain nimmt an, daß Hotu Matu'a von Hiva Oa aus startete und von da aus die Osterinsel erreichte. In den Legenden der Osterinsel wird die Heimat Hotu Matuas mit „Hiva" bezeichnet. Cains These wird dadurch bestärkt, daß der gleiche Name auch bei Gottheiten in Tubuai (Austral Inseln) und auf dem Tuamotu Archipel auftaucht. Daraus schließt er, daß diese Inseln von den Marquesanern auf ihrem Weg nach Süden besiedelt wurden.

„Schau Dir dieses windschiefe Haus da oben an! Dort wohnte ein englischer Wissenschaftler, den wir Lord Jim nannten. Er hatte sich unsterblich in eine Marquesanerin verliebt, so daß er sie auf der Stelle heiraten wollte. Sein großes Problem war, daß er kein Wort französisch sprach und seine Angebetete kein Englisch verstand. So bat er mich, ihr in seinem Namen einen Heiratsantrag zu unterbreiten. Ich lehnte das Ansinnen entschieden ab. Lord Jims Qualen zuzusehen war jedoch für alle derart schmerzhaft, daß ich mich doch bewegen ließ und der Schönen am Ufer der Tahauku Bucht die Liebe Lord Jims und dessen Absicht, sie zu heiraten, gestand. Die Verlegenheit war beiderseits groß. Weinend gestand das Mädchen, daß sie Lord Jim nicht lieben könne. Das traf ihn schwer. Doch er gab nicht auf, wiederholte – er wußte jetzt wie – seinen Antrag immer wieder, bis das schöne Mädchen Reißaus nach Tahiti nahm. Einige Tage später zog auch Lord Jim mit gebrochenem Herzen von dannen und kehrte nie mehr auf die Marquesas zurück. Seither steht das windschiefe Haus unbewohnt über der Bucht von Tahauku."

Hundemüde und schweißgebadet erreichen wir endlich die Aranui. Selbst dem vereinten Charme von Bob und Te Ui'a gelingt es nicht mehr, mich zur Besichtigung der Hotelanlage Hanake'e Pearl Cottages zu bewegen. Der Wunsch nach einer Dusche und ein bißchen Lesen auf Deck ist größer. Nachher sollte es mir leid tun, denn im Anschluß daran wäre eine Fahrt nach Ta'a'oa geplant gewesen. Hier hat Kasimir sein Ferienhaus – im, wie mir glaubhaft versichert wird, schönsten und ruhigsten Tal der ganzen Marquesas. Es gibt dort viele archäologische Ruinen und einen großen Festplatz. Im Westen ist Ta'a'oa unbewohnt, im Gegensatz zu früheren Zeiten, als dort viele Stämme zu Hause waren. Man trifft hier auf seltene Vögel. Ebenso interessant sind die Solfataren auf dem Land und im Meer. Nach 3 Millionen Jahren sendet einer der Vulkane immer noch seine verhaltenen Lebenszeichen.

Margitta, die seit den Mittagsstunden an Deck ihrer in den Wellen verschwundenen Sonnenbrille nachtrauert, kann durch nichts getröstet werden. Nicht einmal, als ich sie an die Geschichte der Neonröhre erinnere: Margitta führte mich an jenem Tag zum C-Deck, in den großen Schlafsaal mit den Kajütenbetten. Weil ihre Neonröhre am Abend den Geist aufgegeben hatte, bedeutete Nachbar Funés Röhre am nächsten Morgen ein verlockendes Ziel. Der Tausch klappte soweit einwandfrei, bis Funés unerwartet am Ort der ruchlosen Tat erschien. Vor Schreck plumpste die Gute aufs eigene Bett zurück, der Bettvorhang riß, das Chaos war perfekt. Aber Funés, ganz Gentleman, hantierte geschickt, tröstete, plazierte den Vorhang wieder in die Schiene und montierte die Neonröhre übers Bett. Die Zufriedenheit über das funktionierende Licht war auf beiden Seiten groß. Daß dafür Funés Licht am Abend nicht brannte, empfand dieser als höchst ärgerlich. Murrend kroch er im Dunkeln ins Bett, während gegenüber behaglich weitergelesen wurde.

Der Nachmittag ist zu Ende und Jo Jo's „Wundercocktails" bringen es fertig, von einem anstrengenden Tag in einen erholsamen Abend hinüber zu wechseln. Die Sonne spielt einmal mehr mit den üppig-weichen Uferpartien ihr wundersames Licht- und Schattenspiel, in dem eingebettet Ta'a'oa liegt. Um 19 Uhr verlassen wir Hiva Oa und nehmen Kurs auf Fatu Hiva, wo die Aranui um 23 Uhr vor O'omoa Anker wirft. Eine funkelnde, sternenklare Nacht überspannt die Weite des Himmels, das Meer glitzert, als sei es in Silber getaucht. Es fällt schwer, sich von diesem Anblick zu trennen.

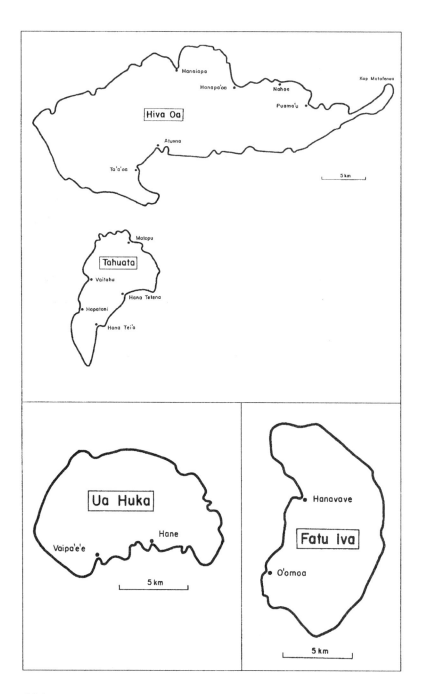

Fatu Iva

Fatu Iva ist die abgelegenste, die südlichste und für viele auch die schönste, wildeste und landschaftlich spektakulärste Insel in der Gruppe der Marquesas. Es ist nicht nur das einmalige Panorama, die wilden Pferde auf den Bergen, die diesen Ort so einzigartig machen, sondern auch das geballte Grün des Dschungels, der sich über üppige Täler und enge Schluchten bis zu den schroffen, steil abfallenden Klippen erstreckt. Mit ihren sichtlich gefährlichen Ufern sieht Fatu Iva aus wie eine Burg, ein grünes Kastell inmitten des Pazifischen Ozeans.

Derzeit leben auf der Insel höchstens noch 500 Einwohner. Sie sind auf die zwei Täler O'omoa und Hanavave verteilt. Vor hundert Jahren, als Karl von den Steinen die Insel besuchte, waren noch 6 Täler bewohnt, der Rest von neun Stämmen, die Fatu Iva einst besiedelten. Als geologisch jüngste Insel des Archipels entstand sie aus dem Teil eines vulkanischen Kegels, der vor fast einer Million Jahre explodierte. Ein Viertel der Kraterwände und ein kleiner Teil des Krater-Bodens bilden jetzt die Insel.

Um den Namen der Insel ranken sich allerlei Legenden und Spekulationen. Die französischen und englischen Seefahrer nannten die Insel Fatu Hiva. Es gibt aber berechtigte Zweifel an der Richtigkeit dieser Schreibweise, die eventuell auf mangelnde Kenntnisse der marquesanischen Sprache zurückzuführen ist oder auf eine eher unglückliche Transkription des einheimischen Namens.

Ein Wort kann in der polynesischen Sprache verschiedene Bedeutungen haben. Welche davon die richtige ist, bestimmt der Kontext. Fatu zum Beispiel kann Edler oder Gott heißen, aber auch Familie, Sippe, Reihe, Gipfel, verbinden, verdoppeln. Hiva bedeutet: Seite des Tales, Firststange u.a.m. Iva hingegen steht für die Zahl neun.

Was bedeutet nun Fatu Iva/Hiva? Eine verhältnismäßig neue Deutung sieht den Ursprung in einer Legende. Nach dieser wollte Gott Atea einst über den ganzen Archipel sein Haus bauen. Jede Insel entsprach einem Teil des Hauses: Ua Pou (zwei Pfosten oder Säulen) stellte die Pfosten des Daches dar, Nuku Hiva den hinteren Hang (Nuku) des Daches (Hiva), Hiva Oa seine lange Firststange und Fatu Iva die neunte Strohschicht aus Palmblättern, die das Haus deckt.

Diese Legende ist unter den heutigen Marquesanern zwar sehr beliebt, aber zweifelhaft. Sie wurde durch den amerikanischen Sprachwissenschaftler Sam Elbert überliefert, der jedoch kein großer Kenner der marquesanischen Sprache war und auch der einzige blieb, der diese Legende je gehört hat. Bei Karl von den Steinen, der die einheimischen Legenden mit großer Aufmerksamkeit sammelte und studierte, ist sie dagegen mit keinem Wort erwähnt. Wahrscheinlicher ist, daß sich der Name Fatu Iva auf die neun Gipfel der Insel bezieht, so wie auch die anderen Inseln ihre Namen aus der Topographie ableiteten. Eine andere mögliche Deutung führt den Namen auf die neun Stämme oder Sippen Fatu Ivas zurück.

Die Insel erhielt ihre größte Berühmtheit durch das Buch von Thor Heyerdahl „Fatu Hiva – Back to Nature". Er beschreibt darin den – nicht geglückten – Versuch eines Lebens in paradiesischer Ursprünglichkeit. In ihrem Versuch, ein von allen Zwängen befreites Leben im Einklang mit der Natur zu führen, wurde das Ehepaar Heyerdahl relativ rasch und ganz unparadiesisch krank, denn im Elysium „Fatu Hiva" geriet das Ritual „Zurück zur Natur" bald außer Kontrolle. Unbekleidet herum zu spazieren und sich nur von Kräutern und

Pflanzen zu ernähren, erwies sich langfristig als der Gesundheit wenig zuträglich. Es dauerte nicht lange, bis der Skorbut die Kontrolle übernommen hatte und sich das Paar von Missionaren retten lassen mußte.

Von einem der an der Rettungsaktion beteiligten Patres war zu erfahren, wie mitgenommen die tapferen Abenteurer ausgesehen hatten. Pater Victorin, der spätere Bischof, staunte noch nach Jahren, wie einfältig dieses Paar gewesen war und meinte: „Wie kann man in einem Wald nackt leben wollen, nichts Vernünftiges essen und trotzdem glauben, daß alles seine Richtigkeit hat? Sie waren völlig unterernährt und über und über mit Insektenstichen bedeckt!" Heyerdahl selbst sucht in seinem Buch die Schuld für das Scheitern dieses „Experiments" weniger bei sich selbst, als bei den bösen Geistern, die angeblich dem Paar das Leben erschwerten. Was – zugegeben – spektakulärer ist. Waren es unter Umständen statt böser Geister nur marquesanische Jungen, die gern eine halbnackte europäische Frau aus dem Dickicht beobachtet hatten? Wen wundert es, wenn sie es getan hätten?

Auf der Aranui herrscht bereits seit 5 Uhr morgens geschäftige Betriebsamkeit. Der Grund ist ein kleiner Markt in der Rezeption und dem Salon. Frauen aus Fatu Iva, meistens aus Hanavave, kommen regelmäßig an Bord, um selbst gefertigte Pareus, Holzschnitzereien und Tapas (bemalte Stoffe aus der Rinde des Maulbeerbaumes) anzubieten. Auch ihnen dienen Karl von den Steinens Federzeichnungen als Vorlagen, die von Generation zu Generation weitergegeben werden.

Das Geschäftsgebahren der Verkäuferinnen hat sich in den letzten Jahren deutlich geändert. Anfangs standen die Frauen aus Hanavave in ihrer berühmt distanzierten Haltung den Passagieren eher feindlich gegenüber. „Ich bin hier, um zu verkaufen, wenn Du den Preis nicht bezahlen willst, zum Teufel mit Dir!" Hie und da wurde auch über einen zögernden Käufer herzhaft geflucht, natürlich auf marquesanisch. Was war oder ist besser? Ist es tatsächlich ein Vorteil, wenn die Damen ihre Kunden jetzt mit Absicht einwickeln?

Dafür ist es vor nicht allzulanger Zeit einigen Männern gelungen, die Phalanx der Frauen zu durchbrechen. Sie verkaufen ihre Tiki und Schüsseln, die sie auf der Insel selbst herstellen. Die angebotenen Masken sind dafür eher an Afrika oder Neuguinea orientiert. Mit der marquesanischen Kunst haben sie nichts zu tun. Sie sind aber zweifelsohne von guter handwerklicher Arbeit.

„Möchtest Du etwas kaufen? Ich helfe Dir". Fast wäre ich in Versuchung geraten, meine marquesanische Raritäten-Sammlung zu Hause aufzustocken, aber dann schenkt mir Kasimir eine Schildkröten-Tapa, eine besonders schöne Arbeit. Wunschlos glücklich verlasse ich den Basar.

Den Schildkröten wird eine wichtige Bedeutung in der marquesanischen Mythologie zugesprochen, nach der sie die Kanus der verstorbenen Seelen nach Hawaiki (Ewigkeit) begleiten, weil nur sie den Kurs kennen. Auf ihren Forschungsreisen folgten die Ur-Polynesier nach Möglichkeit dem Weg der Schildkröten, denn diese führten sie zu idealen Stränden, an denen die Tiere ihre Eier abzulegen pflegten. Sie wurden hin und wieder auch getötet, um aus ihrem Schildplatt kunstvolle Diademe anzufertigen. Am eindrücklichsten kommt ihre Wichtigkeit dadurch zur Geltung, daß sie auch als Opfertiere dienten und somit den gleichen Stellenwert wie ein Mensch besaßen.

Wir verlassen mit dem ersten Walboot das Schiff, um genügend Zeit zu haben, O'omoa etwas näher kennenzulernen. Links und rechts der Dorfstraße erkennen wir schmuck herausgeputzte Häuser. Eines davon ist jenes der Familie Grellet, die Bob 1956 eingeladen hatte, als er zum ersten Mal marquesanischen Boden betrat. Das Postamt und das Rathaus mit dem Sitz des Bürgermeisters schließt sich an. Offiziell spricht man zwar vom Bürgermeister, aber für die Einheimischen ist er nach wie vor der Hakaiki (Häuptling).

Unser Weg führt weiter zu einem Begegnungszentrum und zur Tapa-Demonstration. Anstelle einer Begrüßungsrede erwartet uns dieses Mal ein kulinarischer Willkommensgruß. Auf einem lang ausgezogenen Tisch, bedeckt mit einer kunstvollen braungetönten mit Muster verzierten Tapa, in die weiße Tataumotive gemalt sind, stehen bunte Glasplatten, auf denen sich Scheiben geschnittener Mangos, Papayas, Pampelmusen, Melonen, Feigen, Bananen, Ananas, Äpfel und geraspelte Kokosnüsse ein appetitliches, farbenfrohes Stelldichein geben. Großblättrige lila, rote und zartgelbe gebündelte Hibiskusblüten, mit frisch geschnittenen Ananas vervollständigen das stilvolle Arrangement, das eigentlich viel zu schön ist, um durch gierige Esser deformiert zu werden.

In einer schattigen Ecke des Hauses hat währenddessen eine alte, freundlich lächelnde Frau ihren Platz eingenommen, um mit der Tapa-Demonstration zu beginnen. Ihr zahnloser Mund und die vielen Falten, die ihr Gesicht durchziehen, weisen auf ein betagtes Alter hin. Dafür ist ihre Fertigkeit, aus der Rinde des Maulbeerbaumes Tapas herzustellen, verblüffend. Sie verwendet dazu die untere weiche Schicht der Rinde, die sie mit einem Schlagstock aus Eisenholz weichklopft und so zu einem filzähnlichem Stoff verbindet. Bemalt werden die Stoffe mit schwarzer Farbe. Nach altem Brauch wird diese aus dem Ruß verbrannter Kokosschalen und mit Öl vermischt selbst hergestellt. Als Pinsel dienen zusammengedrehte Haare.

In früheren Zeiten wurde der Stoff der Rinde nicht bemalt. Er behielt seine natürliche Farbe und erhielt sein Muster, ähnlich dem Wasserzeichen, nur von der Struktur des Eisenholz-Schlagstocks. Bei Ausgrabungen in einer trockenen Guanohöhle an der Westküste Nuku Hivas fand Bob das Stück eines weißen Tapa-Lendenschurzes, das auf 750 Jahre n. Chr. datiert werden konnte. Das Tapa hatte von seiner federweichen Beschaffenheit noch nichts verloren und sah überraschend neu aus. Die parallelen Linien des Schlagstockes waren noch immer gut zu erkennen. Diese Art von Tapa-Verzierungen fanden sich auch bei den Ur-Austronesiern, lange bevor sie das asiatische Festland verlassen hatten. In Fundstätten Chinas stieß man auf Steinschlagstöcke, die die gleichen parallelen Linienführungen aufwiesen.

Die Wanderer, die sich für die Tour von O'omoa nach Hanavave entschieden, verabschieden sich. Dieses Mal sind es nur deren acht, die sich auf den 16 km langen Marsch begeben. Offensichtlich flogen in der Nacht einige gute Vorsätze über Bord. Die Geschichten über Herzinfarkt, Hitze, Durst und Muskelkater hatten allem Anschein nach doch abschreckende Wirkung.

Es gab auf diesen Wanderungen tatsächlich einige Unfälle, die aber alle auf Leichtsinn, falschen Ehrgeiz und Selbstüberschätzung zurückzuführen waren. Die Tour ist weder Übergewichtigen noch Herzkranken zu raten, aber sie ist alle Mal das Erlebnis wert.

Wir aber wenden uns dem Museum zu, das im zweistöckigen Haus der Familie Grellet untergebracht ist. „Nein, nein, das stimmt nicht, was sie erzählt ..." Bobs Erregung betrifft die Erklärungen der Reiseleiterin, die sich im Ortsmuseum offenbar nicht an die Wahrheit hält. „Komm mit, ich zeige dir, was wirklich echt ist und was kopiert wurde". So komme ich in den Genuß einer speziellen Führung durch das Haus der Schweizer Familie Grellet.

François Grellet, der Gründer der Familie, kam im späten 19. Jahrhundert nach Fatu Iva und heiratete dort eine oder einige Marquesanerinnen. Im ersten Band „Marquesanische Kunst" von Karl von den Steinen gibt es ein Foto, wo Grellet bequem und königlich auf einem Stuhl thront und mit einem Glas Kokoswein in der Hand sinnig in die Ferne schaut.

Offenbar begann er schon am Ende des 19. Jahrhunderts mit seiner Sammlung über die marquesanische Kunst und es darf deshalb angenommen werden, daß Karl von den Steinen einige Stücke daraus mit nach Berlin brachte, wo sie im heutigen Ethnologischen Museum zu finden sind. Grellet selbst starb kurz nach dem Besuch Karl von den Steinens. Die Familie jedoch blieb dem Völkerkundler weiterhin freundschaftlich verbunden und es ist wohl diesem Umstand zu verdanken, daß von den Steinen zu der außergewöhnlichen Fotografie einer Tempelplattform kam, auf der die ausgestellten Schädel der Vorfahren des Stammes das Me'ae (Tempel) noch unversehrt bewachen.

Die Familie Grellet wuchs mit den Jahren zu beachtlicher Größe und hat sich inzwischen über ganz Fatu Iva verteilt. Wenn man auf den Straßen O'omoas „Eh Grellet" ruft, bekommt man mit Sicherheit eine oder mehrere Reaktionen.

Die Hauptattraktionen im Museum sind ohne Zweifel die großen, eindrucksvoll geschnitzten Koka'a (Holzschüsseln). In diesen Gefäßen wurde der von den Inseln nicht wegzudenkende Brotfruchtbrei zubereitet und serviert. Paddel, Keulen, Speere, auch Steinklingen, Poistößel und gut erhaltene Tiki vervollständigen die Sammlung. Die Wände zieren vergilbte Fotografien der Familie Grellet. Dabei stößt man völlig unerwartet auf einen weißen Keramikteller, der mit schneebedeckten Bergen, Riegelhaus und Trachtenmädchen in erstaunlichem Kontrast zu den marquesanischen „Antiquitäten" steht. Galt dieses Relikt der nie endenden Sehnsucht nach der verlassenen Heimat?

Die zweite Gruppe wird von Bob übernommen, der sich speziell den erwähnten Koka'a (Holzschüsseln) zuwendet, deren äußere Oberflächen mit geheimnisvollen Zeichnungen verziert sind. Die komplizierten Motive sind denjenigen der Tatauierung auffallend ähnlich und erinnern entfernt an die chinesischen Bronzegefäße der Shang- und Chou-Dynastien aus der Bronzezeit Chinas. Es scheint möglich, daß die Ur-Austronesier sowie die Shang und Chou-Dynastien dieselben künstlerischen Gravierungen teilten.

Unter schattigen Pandanusbäumen, durch die ein sanfter Wind streicht, komme ich mit Evelyn aus Kassel ins Gespräch. Bevor wir uns versehen, haben uns die deutschen Alltäglichkeiten gepackt und lassen erst wieder los, als die Gruppe aus dem Museum tritt und sich einer anmutigen Marquesanerin zuwendet, die eine praktische Vorführung im „Kumuhei" gibt.

Kumuhei sind kleine Kissen aus wohlriechenden Kräutern, Blumen, Blättern und Sandelholzmehl. Man trägt sie, als Ersatz für Eau-de-Toilette, Seife und Deodorant, um den Hals. Oft benutzen die Einheimischen zum gleichen Zweck auch Kokosöl mit Sandelholz und Gelbwurz vermischt, wobei die Gelbwurz lange Zeit als Aphrodisiakum par excellence galt. Auch die Früchte des Pandanus-Baumes waren wegen ihres Duftes begehrt.

Geschminkt hat sich die Marquesanerin mit Vorliebe in den Farben schwarz, gelb, rot und grün, die aus dem Saft von Pflanzen, Blumen und Kokosöl zusammengemixt wurden. Offenbar waren diese von den Kleidern und Uniformen der Schiffsbesatzungen nicht mehr wegzubringen, was einen Offizier der amerikanischen Kriegsmarine 1825 zum Befehl veranlaßte, daß die Schönen künftig entweder ungeschminkt an Bord zu kommen hätten oder aller Verkehr zwischen den Geschlechtern eingestellt würde. Inzwischen gehören diese Schönheitsmittel längst der Vergangenheit an.

Nach diesem informativen Morgen schlendern wir langsam und gemächlich zu den Walbooten zurück, in die wir trotz schlüpfriger Steine unbeschadet hineinbugsiert werden. Während die Aranui Hanavave ansteuert, versinken die Passagiere nach einem ausgiebigen Mittagessen in schlafbedürftige Stimmung. Nur wenige genießen die Aussicht auf die wild zerklüftete Küste zwischen O'omoa und Hanavave.

Am späten Nachmittag erreichen wir den Hafen von Hanavave, dessen Bucht zu verschiedenen Mutmaßungen Anlaß gibt. So spricht der marquesanische Name von der „Bucht der Brandung". Die französische Darstellung nennt sie „Baie des Vierges".

Da die Ränder der Bucht von mehreren eindeutig phallischen Tuffstein- und Basalt-Pfeilern gekrönt sind, soll der Ort ursprünglich den Name „Baie des Verges" besessen haben, was mit „Bucht der Ruten" nicht ganz falsch übersetzt wäre. Aber empörte Missionare hätten irgendwann das „i" eingeschmuggelt und die Ruten in Jungfrauen verwandelt. Andere meinen, diese Pfeiler ließen sich ebensogut als Nonnen deuten. Immerhin gehörten diese 1844 zu den ersten, die im Zuge der christlichen „Heimsuchung" auf den Marquesas landeten. Sie wurden als Virikine (Vierges) bezeichnet. In Atuona spricht man von „te papua virikine", wenn man die von Nonnen geführte Internatsschule meint.

Auch wenn den Marquesanern eine Vorliebe für geschlechtliche Interpretationen nachgesagt wird, ist Baie de Vierges/ Verges eine rein französische Erfindung. Wir haben somit einen Fall des „double entendre". „Bucht der Ruten", „Bucht der Jungfrauen" oder gar der Nonnen? Wer will, kann in den

Annalen der Mission und der Kriegsmarine stöbern, um endgültige Klarheit zwischen Ruten, Jungfrauen und Nonnen zu schaffen.

Wie immer warten auch dieses Mal große, kräftige Marquesaner im Hafen auf die Fracht des Schiffes. Hunde jeglicher Couleur und Kinder tummeln sich zwischen Containern, Kisten und Säcken, während die Matrosen der Aranui einmal mehr ihrer Arbeit nachgehen.

Uns reizt der Weg hinauf ins Tal, das eingebettet zwischen steil abfallenden Felswänden liegt. Es ist ohne Zweifel eines der schönsten Täler der Inseln, dessen Lautlosigkeit nur vom Murmeln des Flusses und dem wohltönenden Gezwitscher der Vögel unterbrochen wird. Dichtes Buschwerk begrenzt auf beiden Seiten das Ufer, das an manchen Stellen zu einem einzigen tiefgrünen Dach zusammengewachsen ist. Träg windet sich das Wasser um mächtige Felsen und eigenwillig geformte Steine. In glasklaren Tümpeln tummeln sich Fische. Ganz am Ende des Tales erblicken wir den Rand des Kraters, der sich dunkel und geheimnisvoll gegen die Nachmittagssonne abhebt.

Inmitten dieser idyllischen Landschaft wohnen die Menschen von Hanavave. Unnahbar, verschlossen und abweisend führen sie ihr Leben in völliger Zurückgezogenheit und erwecken einen eher feindseligen Eindruck. Sie antworten nicht auf unser Ka'oha nui und meiden jeden Blickkontakt. Für dieses befremdliche Verhalten wurde immer wieder nach Erklärungen gesucht. Die einen meinen, es sei genetisch durch Inzucht bedingt. Wahrscheinlicher ist wohl, daß die Kirche in diesem Tal ein gnadenlos strenges Regime führt. Berechtigte Vermutungen weisen darauf hin, daß diese den Kontakt mit Fremden verbietet, die Menschen mehr über Verbote und Strafen leitet, als durch Güte und Liebe.

114

Wir erinnern uns dabei auch an Arthur Baesslers Beschreibung über Hanavave in seinem Buch „Neue Südsee-Bilder", das 1900 im Verlag Reimer in Berlin erschien. Arthur Baessler war Ethnologe vom Deutschen Völkerkundemuseum in Berlin. Er besuchte 1896 die Marquesas, bevor Karl von den Steinen dort ebenfalls eintraf. Die beiden Wissenschaftler kannten sich gut und arbeiteten eng zusammen. Arthur Baesslers Spezialgebiet war die Südsee. Das umfangreiche Baessler-Archiv aus dem späten 19. Jahrhundert befindet sich in Berlin und ist bis heute eine unerschöpfliche Informationsquelle.

Er schreibt: „Das Tal Hanavave ist sehr pittoresk und eines der schönsten der Gruppe. Es regnet hier viel häufiger als auf den nördlicheren Inseln und manches würde hier gedeihen, wenn man es nur anpflanzen wollte. Ein mit Kaffee angestellter Versuch war vollkommen gelungen, obgleich man den Pflanzen weder, wie sonst gebräuchlich, Schattenbäume gegeben, noch sich viel um sie gekümmert hatte. Da aber die Leute sich zum Teil noch mit einem kleinen Hüftenschurz aus Tapa als Bekleidung begnügen und Kokospalmen und Brotfruchtbäume in Hülle und Fülle herumstehen, so wird es noch lange dauern, ehe sie sich bewegen lassen, unbequeme mit Arbeit verbundenen Neuerungen einzuführen."

Es scheint, daß sich in Hanavave seither nicht viel geändert hat, außer dem Hüftenschurz.

Auf unserem Weg talaufwärts begegnen wir jetzt den ersten zurückkehrenden Wanderern. Haben Sie den „Olympia-Pool" nicht gefunden? Plötzlich sind die Erinnerungen an die eigenen Erlebnisse wieder da.

Vor zwei Jahren verließen wir als erste das Schiff. Der wolkenlose Himmel, das Meer in seinem unvergleichlichen Blau ließ uns mit großer Begeisterung zu dieser Wanderung aufbrechen. Die Wanderschuhe saßen fest an den Füßen, der

Rucksack war mit Picknick und Wasserflasche gefüllt. Es gab zwar auch solche, die sich wesentlich unbekümmerter mit Einkaufstasche und Gummisandalen auf den Weg machten.

Auf die Tapa-Herstellung und das Museum verzichteten wir, denn vor der brütenden Mittagshitze sollten die beschwerlichsten Steigungen, gleich zu Beginn der Wanderung, hinter uns liegen. Dank des schattenspendenden Mangohains ging es dann weiter oben locker und mit Genuß bergan. So gewannen wir stetig, wenn auch bedächtig an Höhe. Die Häuser O'omoas wurden kleiner und bald waren sie kaum mehr zu erkennen. Dafür zog uns die prachtvolle Aussicht in ihren Bann. Jede Rast wurde zum Genuß, nicht nur um den Durst zu stillen, sondern auch um die verwunschene Stille zu genießen.

Mit der Zeit zog sich die Gruppe mehr und mehr in die Länge. Jeder bemühte sich um sein eigenes Tempo. Obwohl die klare, würzige Luft das Atmen erleichterte, zwang die Sonne, die jetzt gnadenlos auf uns herab brannte, die Kräfte haushälterisch einzuteilen. Trotzdem vergaßen wir oft den schweißtreibenden Weg, weil steil abfallende Berghänge und enge Seitentäler immer wieder den Blick in unberührte Welten öffneten und stets aufs Neue begeisterten. Mit dem schräg einfallenden Licht, dem Hintergrund der schwarzen Felsen, verwandelten sich nicht selten die am Weg stehenden Palmen, Pandanus-, Bananen- und Eisenholzbäume zu verwunschenen Schattenbildern. Abrupt und oft furchterregend dicht, standen wir wiederum plötzlich vor dem Abgrund dunkelgrün bewachsener Bergflanken, die senkrecht in die Tiefe stürzten. Weit unten, nur als kleiner weißer Punkt zu erkennen, stampfte die Aranui dem Hafen Hanavaves entgegen.

An einer schattigen Böschung, mit Blick auf die unendliche Weite des Pazifiks, genossen wir unser Picknick, gefangen in der Begeisterung für diese unberührte Natur. Trotzdem quälte der Durst und es hieß immer sparsamer mit dem köstlichen Naß umzugehen. In der Mittagszeit erreichten wir den höchsten Punkt und die Vision des angekündigten „Olympia-Pools" (ein gestauter Teil des Flusses) am Ende der Wanderung nahm naturgemäß immer begehrenswertere Formen an. Die Häuser von Hanavave waren bereits zu erkennen. Nun mußte nur noch der steile Zick-Zack-Weg überwunden werden, der ins Tal führte. Die letzte harte Herausforderung an Waden, Knie und Kondition.

Die verlockende Vorstellung, direkt in die Kühle und das köstliche Naß eines Flusses eintauchen zu können, ging kräftig daneben. Wohin wir schauten – nichts, aber auch gar nichts war davon zu erkennen. Die Meinungen unserer siebenköpfigen Gruppe prallten emotionsgeladen aufeinander. „Weiter hinauf? Eher zurück? Links oder rechts?" Jede(r) war Pfadfinder und keine(r) wußte Bescheid. Beispielhaft unkompliziert gab sich dafür der kleine, mollige Mr. Pickwick-Brown aus England: Ein kümmerlicher Bach neben dem Weg reichte ihm, um mit dem wenigen Wasser zufrieden zu sein, das seinen Rücken zaghaft umplätscherte. Seine Kleider, ordentlich neben sich gefaltet, lag er glücklich entspannt mit verschränkten Händen auf dem gewölbten Bauch in seinem Rinnsal, während sich um ihn herum die Hektik der Schweizer und Deutschen immer mehr verschärfte.

Dank der Hilfe eines Ausschau haltenden Reiseleiters kamen wir dann doch noch in den Genuß des besagten „Olympia-Pools". Auch wenn er nach verfaulender Kopra stank – die Kühle des Schattens und des Wassers bescherte am Ende doch noch die wohlverdiente und sauer erkämpfte Labsal.

Wir beenden unseren Spaziergang und kehren zum Hafen zurück. Doch es dauert noch einige Zeit, bis die letzten Container ausgeladen sind. Mit unserem Repertoire an deutschem Liedgut, welches Bob an der Columbia Universität in New York erworben hat, vertreiben wir uns die Zeit. In der Weltabgeschiedenheit einer kaum bewohnten Insel ein erstaunliches Kontrastprogramm. Immerhin klappt die Loreley auf Anhieb, die Alten Kameraden gehen noch so, nur zu Mecki Messer aus Brechts Dreigroschen-Oper fällt keinem die Melodie ein. Als wir sie endlich hatten, lief sie uns den ganzen Abend nach.

Zurück auf der Aranui treibt es alle an Deck, denn niemand möchte den Sonnenuntergang verpassen, der die Farben des sich langsam entfernenden Tales im ständigen Wechsel verändert. Erst als die Sonne mit ihren letzten goldenen Strahlen im Meer versinkt, können wir uns aus der verwunschenen Stimmung lösen, mit der uns diese Insel den ganzen Tag über gefangenhielt.

Hiva Oa, Puama'und Tahuata

Dicke Wolken bedecken an diesem Morgen den Himmel, nur vereinzelt zeigt sich die Sonne. Dementsprechend stürmisch ist das Meer. Das wiederum bedeutet, daß die Walboote und die Matrosen gefordert sind, denn der Hafen Puama'us ist der Arglist der Wellen besonders ausgesetzt. Selbst bei ruhigem Seegang müssen die Boote exakt zwischen einem mächtigen Felsen und der Hafenmauer durchmanövriert werden. Bei der heutigen starken Brandung ist es ein ausgesprochen kniffliges Vabanquespiel, den richtigen Zeitpunkt abzufangen. Aber Tima'u, der Finstere, Chef der Walboote, pflügt mit stoischer Ruhe durch das bewegte Meer und lenkt das Boot unbeirrt an den Kai. Locker wie immer hieven Iakopo, Pahutu, Ta'utu und Tino die Passagiere ans Land. Wobei die bangen Gesichter der Frauen und die mutdurchdrungenen Zusatzhüpfer der Herren darauf schließen lassen, daß das Vertrauen in die Matrosen auch seine Grenzen hat. Einmal mehr verheddert sich dabei Lanzelots Krokotasche mit den tatauierten Armen Iakopos, der ihr, wie es scheint, ein nicht gerade schmeichelhaftes Kompliment auf marquesanisch in die gepuderten Ohren brüllt und eine aufschlußreiche Geste hinter ihr her schickt.

Es bleibt jedem freigestellt, entweder zu Fuß oder mit den bereitstehenden Jeeps zur Fundstätte Te I'ipona zu gelangen. Wir entscheiden uns für den Jeep. Unser Chauffeur ist der Cousin des örtlichen Häuptlings. Leider fehlt um Bobs Hals immer noch ein Blumenkranz, der für den heutigen Tag fest eingeplant war. Ein Gespräch mit dem Cousin des Häuptlings scheint die Sache in Ordnung zu bringen. Sein „E, E

hoi" (Ja, Jawohl) klingt zuversichtlich. Danach wird die Fahrt
für einen kurzen Augenblick unterbrochen. Der Chauffeur
verschwindet in einem Haus. Nach einigen Minuten kommt
er lächelnd zurück. „E, Ua hei, koana te hei OK? „Du wirst
Deinen Kranz haben."

Am Ende eines staubigen Pfades liegt inmitten des Urwalds
Te I'i pona, die bekannteste Fundstätte der Marquesas. Sie
wird von großen Brotfruchtbäumen überschattet und ist mit
roten Ti-Pflanzen bewachsen, einer Pflanze, der von alters-
her magische Kräfte nachgesagt werden. Ihre Verwendung
ist vielseitig und wird unter anderem zur Verzierung der Häuser, der Stammplätze oder auch für die Kleidung gebraucht.
Wie zum Beispiel für die Lendenschürze der Tänzer.

Die Fundstätte liegt zu Füßen des großen vulkanischen Pfei-
lers To'ea, auf dessen Gipfel in früheren Zeiten ebenfalls ein
Tempel stand. Seine durchlöcherten Felsen dienten als Be-
gräbnisstätten. Zwei große und zwei kleinere Plattformen winden sich einen leicht ansteigenden Hang hinauf. Sie sind von
einer interessanten Sammlung von elf Tiki verschiedener
Größen umrahmt. Darunter ist auch der große Taka'i'i und
der sonderbare Maki'i Tau'a Pepe. Es sind diese beiden Figuren, die Puama'u weit über die Grenzen hinaus bekannt gemacht haben.

Seit Mitte des 19. Jahrhunderts hat man Kenntnis von Te
I'i pona. Berichte darüber gab es jedoch erst im letzten Jahr-
zehnt, von Arthur Baessler, Karl von den Steinen und
Frederick Christian. Fest steht, daß die Fundstätte einmal dem
Na'iki-Stamm gehörte. Weil dieser aber einen Häuptling des
Etu'oho-Stammes nahm, um ihn auf die übliche Art im
Erdofen zu dünsten, kam es zwischen den beiden Stämmen
Ende des 18. Jahrhunderts zu kriegerischen Auseinanderset-

zungen, in deren Folge die Na'iki in das nahegelegene Hanapa'aoa Tal vertrieben wurden.

Karl von den Steinen ist es zu verdanken, daß man über diese Fundstätte mehr weiß als über die anderen. Der zwei Meter hohe Taka'i'i, Symbolfigur von Te l'i pona, wird als Häuptling oder Wächter dieser Fundstätte angesehen. Sein Name bedeutet „rot vor Zorn." Es soll drei Monate in Anspruch genommen haben, den Tiki vom Steinbruch bis zur Fundstätte zu transportieren.

Die liegende Skulptur Maki'i Tau'a Pepe – die „Schmetterlings-Priesterin" – stellt eine Frau dar, die bei der Niederkunft gestorben ist. Das Wort „maki'i" ist ein Zeitwort, wird aber als Adjektiv benutzt und bedeutet „sich in Agonie windend". Eine passende Beschreibung dieses Tiki. Der Mann der Priesterin, Manuiota'a, war ein berühmter Steinmetz, der nicht nur das Monument seiner Frau, sondern mehrere andere Skulpturen dieser Fundstätte schuf.

Um Tiki Tau'a Pepe rankten sich im Laufe der Zeit die abwegigsten Gerüchte. Auch hier sind es die Aufzeichnungen von Karl von den Steinen, die am Ende Klarheit schufen. 1896 erfuhr er von der alten Pihua, der einzig Lebenden, die die Namen der Tiki noch wußte, daß es sich hier um Maki'i Tau'a Pepe handelt.

Name und Körperstellung deuten klar darauf hin, daß sie sich windet und entgegen anderer Aussagen immer auf dem Rücken gelegen ist. Arthur Baessler, der auf seiner Reise auch Te I'i pona besuchte, schreibt: „Unter den Füßen der Statue setzt sich der Block gewöhnlich noch unbehauen ein Stück fort, um mit diesem Teil in die Erde eingelassen werden zu können; unter der Frau fehlt dies, ein Zeichen, daß sie stets gelegen hat und nicht etwa aus Altersschwäche umgefallen ist."

Die marquesanische Kunst bot keine Möglichkeit, die Szene einer während der Geburt sterbenden Frau realistisch darzustellen. Also mußte der Bildhauer eine andere Form suchen, um seine Vorstellungen umzusetzen. Es gelang ihm, denn dieser Tiki ist wesentlich ausdruckstärker als alle anderen, die er geschaffen hat und außerdem, was für Fremde naheliegend erscheint, hat oft mit der Logik der Marquesaner nichts zu tun.

In diesem Zusammenhang ist es wichtig zu wissen, daß Marquesaner große Furcht vor Frauen empfanden, die während des Gebärens starben. Viele Stämme haben Göttinnen dieser Art und in jedem Tal gab es Tokai (Schreine), auf denen den Geistern dieser Frauen Opfer dargebracht wurden.

Tauʻa Pepe wird also als Göttin verehrt und zwar nicht nur nicht nur in Puama'u. Eine stark beschädigte Kopie findet man zum Beispiel auch in Ua Huka, wo ein Teil der Naʻiki-Flüchtlinge Zuflucht fand.

Wegen der Interpretation der Steinzeichnung auf der einen Seite der Tauʻa Pepe erhitzen sich seit Jahren die Gemüter. Dabei geht es vor allem um den bogenförmigen Schwanz, der über den Rücken eines dargestellten Tieres führt.

Ein „französischer Querdenker", der Heyerdahl und seine Gefolgsleute imitierte, sah darin den Schwanz eines Lamas, als Hinweis auf die peruanische Besiedlungstheorie Heyerdahls. Aber Lamaschwänze sind kurz und dick und keineswegs gebogen. Heyerdahl selbst vertrat die Ansicht, daß es sich um einen Pumaschwanz handelt.

Es fällt auf, daß die Konturen des abgebildeten Tieres, mit drei unerklärlichen Ohren, auffallend deutlich zu erkennen sind, was darauf schließen läßt, daß die Steinzeichnung neueren Datums sein muß. Sie steht in großem Kontrast zu jener stark verwitterten Tierdarstellung auf der anderen Seite des

Tiki. Deshalb stellt sich folglich die Frage, ob hier nicht bewußt der „Südamerika-Version" nachgeholfen wurde? Heyerdahl selbst gab an, die Tiki Maki'i Tau'a Pepe 1956 restauriert zu haben. Wie weit ist diese Restaurierung gegangen?

Eines weiß man mit Sicherheit: Der Hund war für den Na'iki-Stamm eine keineswegs abnormale Darstellungsform. Er zählte zu den Totem-Tieren des Stammes, so daß der Hund wohl die logische Erklärung für die Steinzeichnungen sein müßte. Wissenschaftliche Forschungen widersprechen einmal mehr den Theorien von Abenteurern.

Auch die anderen stehenden Tiki – nur selten findet man sitzende – haben mysteriöse Namen. So gibt es „die Höhle der Dämmerung", den „Aufhetzer des Na'iki Stammes" und den „Gott, der die Steine zerbricht". Einige Tiki bestehen nur aus Köpfen. Sie sind die Wiedergabe „upoko he'aka" der Menschenopfer, die in dieser Tempelanlage dargebracht wurden.

Rechts, am Ende der oberen Terrasse, erkennt man den Kopf von Tiuo'o (Starker Nordwind), dessen Tod die Ursache des Rachefeldzugs des Etu'oho-Stammes gegen die Na'iki war. Der Kopf zeigt einen weit geöffnetem Mund mit hervorstehenden Zähnen, so wie er eben aussah, als man ihn als gebackenen Leichnam aus dem Erdofen holte und enthauptete.

Der größte dieser Köpfe (82 cm hoch, 90 cm Durchmesser) befindet sich leider seit einem Jahrhundert nicht mehr in Te l'i pona. Wir nennen ihn Manuiota'a nach seinem Meister, der ihn geschaffen hat. Er hat sein Zuhause, nach einer langen Reise, im Ethnologischen Museum in Berlin gefunden. Auch er ist ein Opferkopf, aber es ist nicht bekannt, wer das Opfer war. Sein Aussehen gleicht Tiuo'o, mit geöffneten Lippen, hervortretenden Zähnen, einer aufgequollenen Zunge und einer Schädelnase. Auf seinem Gesicht finden sich

Tatauierungen mit Hunde-Motiven oder auch das „Stehhocker-Männchen", auf marquesanisch Atua.

Als Karl von den Steinen 1896 in Puama'u ankam, wurde die Fundstätte von James Kekela verwaltet, einem Missionar aus Hawai'i, der auch Kaffeesträucher auf der Fundstätte zu pflanzen versuchte. Kekela lebte von 1853 bis 1903 als Missionar der protestantischen Kirche auf den Marquesas und legte während seines Lebens auf der Insel auch den Grundstein für eine große Familie, deren Nachkommen zwar weit verstreut, aber noch überall anzutreffen sind. Er tat viel Gutes. So rettete er zum Beispiel einem gefangenen amerikanischen Matrosen das Leben, als sich die Marquesaner anschickten, diesen zu töten, um ihn im Erdofen zu garen. Für seine Tapferkeit schenkte ihm der amerikanische Präsident Abraham Lincoln eine Uhr.

Der Freundschaft zwischen Kekela und Karl von den Steinen ist es zu verdanken, daß dieser den oben erwähnten Opferkopf für sein Museum in Berlin erwerben konnte. Fünfzehn bärenstarke Männer waren nötig, um Manuiota'a aus dessen Steinbett im stillen Hain zu heben und zum Strand zu transportieren, wo ein 5,5 m langes und breites Floß auf ihn wartete.

Ein Handelsschiff übernahm den weiteren Transport. Nach einer abenteuerlichen Fahrt kam der Kopf im Völkerkundemuseum in Berlin an, wo er zwei Kriege ohne Blessuren überstand. Einsam, verlassen, entwurzelt steht er jetzt im künstlichen Licht der Spotlampen. Bei meinem letzten Museumsbesuch ging ein kleiner Junge auf ihn zu, streckte ihm die Zunge heraus, trat ihm in die Seite und zischte: „Igitt bist du häßlich und böse, pfui, pfui bääh".

Den Weg zurück zum Strand gehen wir zu Fuß. Der kurze Marsch tut gut und die Stille ist erholsam. Mein Wunsch, schwimmen zu gehen, wird entschieden abgelehnt: „Glaub' mir, es ist gefährlich – die Wellen, die Haifische". „Haifische? Das ist doch ein Märchen!" „Nein ist es nicht, bleib hier, bitte." Unser Wortwechsel wird unterbrochen: Mein Blumenkranz ist eingetroffen. Minzenblätter und vanillegelbe Tiareblüten sind zu einem duftenden Gebinde geflochten. Ich freue mich von ganzem Herzen darüber. „E hoa, ko'uta'u nui! Ua koakoa'oko au, e mea kanahau'oko te hei. Ich danke Dir mein Freund, Du hast mich damit glücklich gemacht".

Ob „lecker, lecker" für diesen apparten Blumenkranz die richtige Bezeichnung ist, wage ich zu bezweifeln, aber vermutlich ist es nur der Neid, der aus dieser Passagierin spricht. „Bitte, Iakopo, pack' mich vorsichtig ins Boot, dem Kranz darf nichts passieren!" Von Engelspranken werde ich sanft ins Boot gehoben.

Nach dem Mittagessen ist dann leider der Zeitpunkt gekommen, sich vom Blütenkranz zu trennen und ihn dem Meer zu übergeben. Vor Monaten in Berlin bekam der einsame Manuiota'a das Versprechen, daß ich ihm einen Blumengruß aus seiner Heimat schicken werde. Noch lange schauen wir den Blumen nach, bis sie spielerisch auf den Wellen schaukelnd als kleiner grüner Fleck in der Unendlichkeit des Pazifiks verschwinden. Spontan fassen wir den Vorsatz, unsere geplante Reisebeschreibung Manuiota'a zu widmen.

Auf der Fahrt nach Tahuata hält Bob auf vielfachen Wunsch einen Vortrag über die Tatauierungen. Weil dieser Wunsch überraschend kommt, fehlen zwar die notwendigen Diapositive, doch dank des Buches „Tatouage" von Pierre und Marie-Noell Ottino, die damit ein beachtenswertes Werk über die Tatauierungen herausgegeben haben, lassen sich die Ausführungen auch ohne Lichtbilder eindrucksvoll illustrieren.

Seit 1858 waren die Tatauierungen verboten und sind erst seit 1985 mit den altüberlieferten Motiven wieder zugelassen. In langjähriger, mühevoller Kleinarbeit erforschte Marie-Noelle Ottino deren Geschichte, Anwendung, Motive und Techniken. Einen großen Zeitaufwand nahm die Erforschung und die Bezeichnung der einzelnen Motive in Anspruch, die von Tal zu Tal variieren. Sie ging ihrer Arbeit mit größter Akribie nach, so daß dieses brillante Werk nicht nur Auskunft über den marquesanischen Wortschatz gibt – es vermittelt auch Einblick in die althergebrachte Lebensweise der Menschen.

Die ursprüngliche Tatauierung wurde mit Nadeln aus Vogelknochen und Perlmutt ausgeführt. An einem rechteckigen Griff befestigt, stellte der Meister diese auf die Haut und begann mit einem kleinen Hammer aus Eisenholz die Tatauierung in die Haut zu hämmern. Anschließend wurde die Wunde mit einer Mischung aus Kokosöl und gebrannten Kerzennüssen (Aleurites moluccana) behandelt. Ob das schmerzte? Ganz gewiß. Der Tataumeister hatte in der Regel vier Helfer, die die Arme und Beine des Opfers festhielten.

Für den „Kunden" war die Tatauierung obendrein auch eine äußerst kostspielige Angelegenheit, denn er mußte eigens dafür dem Meister und seinen Helfern ein besonderes Haus bauen lassen und sie für die ganze Behandlungsdauer und die Tapu-Zeit verpflegen. Übrigens durfte man während dieser Zeit keinen Geschlechtsverkehr haben und bestimmte Speisen mußten gemieden werden.

Als Vorlagen dienten den Tataumeistern die Figuren und Gesichter der Tiki. Das kleine abstrakte „Stehhocker-Männchen" zum Beispiel oder Tiere, die in der Mythologie eine Rollen spielten wie Eidechsen, Schildkröten, Haifische usw. In frühen Zeiten gehörte es zum guten Ton – wenn es die Mittel erlaubten – sich am ganzen Körper tatauieren zu lassen. Häuptlinge, Krieger und Priester waren nicht selten vom Kopf bis zu den Füßen flächendeckend tatauiert. Bei den Frauen waren es die Arme und der Bereich von den Hüften abwärts bis zu den Füßen. Hin und wieder findet man bei ihnen auch kleine Verzierungen unter den Ohren und winzige senkrechte Linien um den Mund.

Seit etwa 1985, nach der Renaissance der Tatauierung, wurde diese Kunst leicht verändert. Man kann sich auch jetzt noch, wenn man verrückt genug ist, nach der alten Methode tatauieren lassen, d.h. mit Nadeln aus Knochen und mit dem Hammer. In der Regel wird die Tatauierung aber mit selbst entwickelten elektrischen Geräten vorgenommen, die in jüngster Zeit immer mehr den europäischen Tätowierungs-Instrumenten weichen. Auf jeden Fall ist große Vorsicht geboten. Viele der neuen Meister sind zwar begabt, ignorieren jedoch die Warnungen bezüglich AIDS und anderen Infektionskrankheiten und reinigen die Apparate meist nicht gründlich genug. Die Hinweise von Trisch Allen, einer Amerikanerin, die immer wieder Seminare für Tataumeister durchführt, um ihnen die Gefahren zu verdeutlichen, werden leider viel zu wenig ernst genommen.

.In der Zwischenzeit haben wir Tahuata erreicht. Am schwarzen Sandstrand von Vaitahu verlassen wir die Boote. Das dörfliche Bild ist geprägt von Früchte tragenden Avocado-und Grapefruitbäumen, haarigen, schwarzen Schweinen, wütend kläffenden Promenadenmischungen und ernst dreinblickenden Menschen. Hinter dem heutigen, friedlichen Dorf nämlich verbirgt sich eine von Gewalt geprägte Vergangenheit:

1595 setzte der Spanier Mendaña seinen Fuß auf die Insel, und zwar auf den heutigen Fußballplatz, der zu jener Zeit ein Stammplatz war. Zuerst zelebrierten die Besetzer eine Messe, danach töteten sie innerhalb von 8 Tagen 200 Marquesaner – manchmal nur, um ihre Musketen zu testen. Verängstigt flüchteten sich die Bewohner in die Berge. Quiros, Lotse und Navigator der Forschungsreise und gläubiger Katholik, zeigte sich über das brutale Gemetzel entsetzt, konnte es aber nicht aufhalten. Unter ihrem Führer, dem gewalttätigen Pedro Merino Manrique, waren die Soldaten derart außer Rand und Band geraten, daß sie in ihrer Mordlust durch nichts mehr zu bremsen waren. Pedro Merino Manrique ging als abnorm brutaler, mordlustiger Raufbold in die Geschichte ein.

Zu guter Letzt bekam die Insel nach spanischer Sitte den religiösen Namen Santa Cristina. Hiva Oa wurde zu La Dominica, Fatu Iva zu La Magdalena, und die Vaitahu Bucht zu Madre de Dios – ein wahrlich zynischer Name für einen Ort derartiger Metzeleien.

Zum Glück blieben die Bewohner anderer Inseln der südlichen Gruppe von den Spaniern verschont, außer denen, die in ihren Kanus gesichtet und kurzerhand erschossen wurden. Mendaña war ein absolut unfähiger Kommandant, der, bevor er Peru verließ, sich durch Pedro Merino Manrique der Seeräuberei bediente, um seine Vorräte auf den Schiffen aufzustocken. Der Besitzer eines der ausgeraubten Schiffe war ein spanischer Mönch, der wegen dieser frevelhaften Tat über Mendaña und seine Expedition einen Bannfluch aussprach.

Nachdem Mendaña die Marquesas verlassen hatte, landete er in Santa Cruz auf den Neuen Hebriden. In dieser wahren Hölle traf die Schiffsbesatzung nur auf feindselige Einwohner, auf Krankheiten, Mangel an Essen und Wasser. Aus Aggression und gescheitertern Hoffnungen begannen sie sich gegenseitig zu bekämpfen. Manrique versuchte ein Attentat auf Mendaña und wurde in der Folge von dessen Frau und deren Bruder getötet. Mendaña selbst fand später mit vielen anderen seiner Begleitung, infolge von Zank und Zerwüfnissen untereinander, ebenfalls den Tod. Die stolze Expedition, die Mendaña zum Vizekönig einer neuen Kolonie hätte machen sollen, brach völlig zusammen. Nur Quiros, die Frau Mendañas, und eine kleine Gruppe weiterer Überlebender erreichten zum Schluß über Umwege Mexiko. Zurück blieben 200 Gräber und zwei der vier Schiffe. Die Marquesaner hatten ihre Rache und der Fluch des Mönches war erfüllt.

Fast zwei Jahrhunderte später, 1774, traf Kapitän Cook in Vaitahu ein. Kurz nach seiner Ankunft wurde bereits der erste Marquesaner erschossen. Man hatte ihn des Diebstahls bezichtigt, was aber nie bewiesen werden konnte. Wegen dieses Ereignisses und der Greuel Mendañas, deren Erinnerungen von Generation zu Generation weitergegeben wurden, begegneten die Einwohner von Vaitahu Cook mit unverhohlener Feindschaft. Dies wiederum hatte zur Folge, daß Cook mit seinen geplanten Forschungen nicht einmal beginnen konnte. Nach nur vier Tagen setzte er bereits wieder die Segel und nahm Kurs auf das „zivilisiertere" Tahiti.

Einige Jahre später kam es erneut zu Gewalttätigkeiten. 1793–1794 lief der amerikanische Kapitän Roberts die Insel an. Mit Hilfe der Einwohner ließ er sich ein Schiff bauen, und versprach, daß man es gemeinsam benutzen werde. Dies war von Anfang an ein abgekartetes Spiel und als sich Roberts mit dem Schiff und seiner Besatzung heimlich davon stehlen wollte, kam es erneut zu Mord und Totschlag, weil sich die aufgebrachten Menschen einmal mehr betrogen sahen. Aber auch hier starben in erster Linie wieder die Marquesaner.

Im späten 18. und frühen 19. Jahrhunderts wurde Vaitahu immer öfter von bewaffneten, meist amerikanischen Deserteuren heimgesucht. Sie brachten Krankheiten mit und terrorisierten die Bevölkerung des Tals auf das Grausamste.

Als der französische Admiral Dupetit-Thouars 1838 Vaitahu anlief, sahen die Marquesaner endlich ihre Chance, sich vom Joch dieser verhassten Deserteure zu befreien. Vier Jahre später – Frankreich hatte bereits den ganzen Archipel okkupiert – geschah ein weiteres Gemetzel. Im Glauben, die Franzosen hätten sie endlich aus der Tyrannei befreit, schenkten ihnen die Marquesaner ihr Vertrauen, bis sie feststellen mußten, daß nur der Besitzer gewechselt hatte. Am 17. September 1842 kam es in Vaitahu zu einem blutigen Aufstand mit Toten auf beiden Seiten – wenigen auf der französischen, unverhältnismäßig vielen wieder unter den Einheimischen. Die Gedenktafel am Ufer erinnert an den kühnen Tod der Franzosen, die ihr Leben in einem „heldenhaften Kampf" verloren hatten. Die brutal niedergemetzelten Marquesaner werden tunlichst verschwiegen.

Die Kirche auf dem kleinen Hügel hinter dem Fußballplatz ist eine Stiftung des Vatikans. Sie trägt den Namen „Notre Dame de l'Enfant Jesus". Die Türen sind mit Eidechsen-Motiven verziert und durch das prächtige Glasfenster dringen farbig gebündelte Sonnenstrahlen in den Kirchenraum. Es ist kühl und ruhig in der Kirche, aber das milde Lächeln der Madonna der Marquesas dringt nicht ins Herz – zuviel Zorn und Wut über die unvorstellbare Brutalität und Arroganz der Okkupanten jeder Nationalität haben sich im Laufe dieses Nachmittags angehäuft. Auch die katholische Kirche war mit ihrer Politik keinen Deut besser. Diese „dem Volk geschenkte" Kirche ist meiner Meinung nach eine arrogante Farce.

Da stimmt es besänftigend, daß die Geschichte Tahuatas nicht nur von Gewalt, Elend und Tod geprägt ist, sondern auch ihre komische Seiten hatte. Die protestantischen Missionare Harris und Crook kamen 1797 in Vaitahu an. Der Häuptling bat Harris in sein Haus, gab ihm Essen und eine Schlafstelle. Crook wurde in ein anderes Tal geschickt. Leider fehlten Missionar Harris die grundlegendsten Kenntnisse über polynesische Pflichten der Gastlichkeit. Und so wußte er auch nicht, daß es als Gast Ehrensache ist, sich der Frau oder Tochter des Häuptlings zu bedienen.

Ahnungslos gab sich Harris nach einem reichhaltigen Essen dem wohlverdienten Schlaf hin und verschmähte dabei das „Gastgeschenk" aufs Gröbste. Die Häuptlingsgattin war natürlich höchst konsterniert, beriet sich mit ihren Freundinnen, die gleicher Meinung waren, daß mit diesem Gast etwas nicht stimmen konnte. Steckte gar eine Frau unter dem Missionarsgewand? Für Marquesanerinnen eine nicht uninteressante Möglichkeit, da man in der Regel bisexuell war. Kurz und gut, man schritt zur Tat und unterzog den Schlafenden einer gründlichen Leibesvisitation. Selbst ein von Gott gesegneter Schlaf kann aber nicht so fest sein, um solche Attacken schlafend zu überstehen. Harris erwachte, fand sich, spärlich bekleidet, von kichernden Schönen umgeben und flüchtete sich panikartig an den Strand. Dort fand ihn am nächsten Morgen Crook halbnackt und ausgeplündert. Frierend und schockiert saß Harris auf einem verschwindend kleinen Rest seines einst formidablen Gepäcks. Er soll sich von diesem Schock nie mehr ganz erholt haben.

Nach dem Besuch des Museums und dessen beachtlicher archäologischen Sammlung wandern wir weiter zu einem Knochenschnitzer, der aus Schweineknochen bemerkenswerte Kunstwerke herstellt. Diese werden unter anderem in Tahiti für teures Geld, umrankt von imaginären Geschichten, verkauft. „Sie stammen aus einer alten Begräbnishöhle. Sie gehörten zum Besitz eines berühmten Häuptlings" usw. Doch der Knochenschnitzer ist ohne Zweifel ein Mensch des 20. Jahrhunderts. Er verfügt in seinem Atelier über eine beachtliche Infrastruktur und verteilt großzügig Visitenkarten.

Auf der Rückfahrt kreieren im klaren Licht der Abendsonne Tahuatas scharf gezackte Bergrücken mit ihren schräg abfallenden begrünten Hängen, dem tintenblauen Meer, und der dort vor Anker liegenden Aranui eine Stimmung, der kein Fotografenherz widerstehen kann. Da nützt selbst das drohende Grollen aus Matrosenkehlen nichts mehr, die Sitzordnung auf dem Walboot gerät halsbrecherisch aus den Fugen.

An diesem Abend scheint der Wein besonders köstlich zu munden, das Essen ist wie immer ausgezeichnet und die deutschsprachigen Dialekte purzeln nur so durcheinander. Da sind Trudi mit ihrem Wiener-Schmäh, Helmut der Ur-Münchner, Sybille die Tirolerin, Evelyn und Ed aus Kassel, dazwischen Nancy aus Boston, Bob aus Boise und ich aus der Schweiz. Helmut und Bob, der Deutsche und der Amerikaner, begeisterte Seebären und Angehörige zweier Nationen, deren Kriegsflotten sich einst feindlich gegenüberstanden. Da lodern die Erinnerungen auf an die Seeschlachten im Südpazifik und anderswo. Es fallen Namen fremder Inseln, Meerengen, Offiziere, von gesunkenen und davongekommenen Schiffen. Die Augen beginnen immer mehr zu leuchten bei den Erinnerungen an die Helden der Seefahrt wie Graf Felix von Luckner, Graf Admiral Maximillian von Spee, seinem Einlaufen ins Taipi-Tal und den Schlachten von Kap Koronel und den Falkland-Inseln. Von den Kämpfen des Zweiten Weltkriegs gar nicht zu reden, der Midway Insel, der Koral See, Schlachten in der Nut, Surigao-Meeresenge usw. usw. Wir sitzen dabei, stellen Fragen, übersetzen für beide Seiten ins verständliche Deutsch und lachen immer wieder laut los, wenn das Seemannsgarn gar zu heftig gesponnen wird.

Die einzigen, die nicht dazu passen wollen, sind ein französisches Ehepaar. Schon beim Platznehmen war ihnen anzusehen, daß sie sich bei den barbarischen Deutschen nicht sonderlich wohl fühlten. Leider waren alle anderen Tische schon besetzt. So starren sie nun frustriert und konsterniert auf ihre Teller. Bob, wahrhaftig neutral, spricht sie auf französisch an, das „oui, merci oder non, merci" kommt gequält. Die Frau seufzt wiederholt. Ihr Gesicht hat den Ausdruck, als hätte sie zu gleicher Zeit eine Zitrone gegessen und etwas furchtbar Faules gerochen. Den Kiefer fest geschlossen, die Lippen eng zusammengezogen, die Nase hochgereckt, würgt sie sichtlich leidend das Essen hinunter.

Und wer redet da noch von der deutsch-französischen Freundschaft? Die viel zitierte „fraternité" scheitert nicht nur an diesem Abend kläglich.

Nach dem Essen ziehen wir uns neugierig auf die Leeseite des Schiffsdecks zurück, wo an diesem Abend Fischschwärme das Meer bevölkern und den angelnden Matrosen eine willkommene Abwechslung für ihren separaten Speiseplan liefern.

Um Mitternacht wirft die Aranui ihre Maschinen an und wir nehmen Kurs auf Ua Huka.

Ua Huka

Die Nacht war kurz. Um 3 Uhr begebe ich mich auf die Suche nach dem Kreuz des Südens (Te Peka). Seit der Zeit der Abenteuer- und Entdeckerromane übt es eine magische Anziehungskraft auf mich aus.

Obwohl das Innere des Schiffes taghell beleuchtet ist, packt mich ein unheimliches Gefühl, zu dieser nachtschlafenen Zeit allein unterwegs zu sein. Die Finsternis auf der Kommandobrücke, nur von vereinzelt blinkenden Lampen unterbrochen, macht es nicht besser. Das zaghafte „Hallo" verschwindet gänzlich im Brummen der Schiffsmotoren. Langsam taste ich mich zur Tür und taumele gegen eine Gestalt, die sich auf mich zubewegt. Der letzte Rest an Mut schwindet, das sorgfältig einstudierte „Bonsoir Monsieur, serait-il possible de m'indiquer où se trouve la croix du sud?" endet in einem verschreckten Gestotter. Es ist Steve, der 3. Offizier, und es fällt ihm schwer, sein Lachen zu verbergen. „OK, komm mit". Wir klettern zusammen auf die Wetterbrücke. Zielsicher weist er mir am Himmel den Weg. Endlich, schräg über mir strahlt unverwechselbar das lang ersehnte Kreuz des Südens, eingebettet in funkelnde Myriaden von Sternen. Wie eine breite phosphorisierende Wolke erkenne ich die Milchstraße. Es ist ein Mysterium, das einen umfängt und nicht mehr losläßt.

Irgendwann verblassen die Sterne. Zarte Lichtstreifen künden am Horizont den Beginn des neuen Tages an. Wolkenbänke verwandeln sich zu Fabelwesen und Lichtgestalten. Traum und Wirklichkeit verwischen sich endgültig.

Die ersten Neugierigen, die aus der Trance erwachten, bevölkern die Brücke und die Decks, denn niemand möchte sich entgehen lassen, wenn Theodor, der 2. Offizier, im engen Fjord der Insel die Aranui um 360° wendet, was viele für unmöglich halten. So auch ein Offizier der deutschen Handelsmarine, der lakonisch meinte, dies sei ganz und gar ausgeschlossen. Er mußte sich eines Besseren belehren lassen, denn er unterschätzte die Geschicklichkeit der Aranui-Besatzung, insbesondere jene Theodor's, der das Wendemanöver an der engsten Stelle zu meistern versteht.

Wichtig für das gute Gelingen ist die verläßliche Zusammenarbeit zwischen der Kommandobrücke und der Besatzung der Walboote. Mit den am Bug und am Heck befestigten Tauen, unterstützt durch den schiffseigenen Antrieb, dreht sich die Aranui elegant um ihre eigene Achse, auch an diesem Morgen. Das Frühaufstehen hat sich gelohnt.

Die sprichwörtliche Bescheidenheit von Theodor läßt es nicht zu, daß er „Held" ist. Er winkt die Gratulation gelassen ab. Aber sein warmes Lachen zeigt, wie gut sie ihm trotz allem tut. Der hervorragende Astronom und begeisterte Schachspieler, dessen Gesichtszüge europäische Abstammung verraten, ist einer der ganz ruhigen auf der Aranui. Aber niemand kennt sich mit den Tücken des Pazifiks besser aus als er und seine Liebe zu den Inseln ist seit 30 Jahren als Matrose und Offizier ungebrochen.

Bei der letzten Reise, als ich wie so oft lesend auf der Wetterbrücke saß, rief er mich eines Abends zu sich und drückte mir ein altes verschrammten Kofferradio ans Ohr. Ich werde nie meine Verblüffung vergessen, als ich die Nachrichten des Schweizer Senders DRS vernahm, die mit einer Reportage aus dem Berner Bundeshaus endeten.

Mit dem Walboot erreichen wir Vaipa'e'e auf Ua Huka. Wiederum bringen uns Jeeps zu einem Versammlungsort, wo wir von außergewöhnlich hübschen Mädchen mit Blumenkränzen und dem gebräuchlichen „Mave Maiiiiiiiiii Mave Maiii" willkommen geheißen werden. Dem Ruf der Natur Folge leistend, beugt sich so manch männliches Haupt tiefer als gewöhnlich dem Kranz entgegen.

Das übliche Zeremoniell mit Musik und Tanz beginnt. Er erhält durch die Schönheit der Mädchen einen anmutig exquisiten Reiz, besonders natürlich der „Tamure". Es ist der Tanz der „Vehine" (Frau), der mit aufreizenden Hüftbewegungen verführerisch zum Liebesspiel herausfordert.

Leider sind die Frauen der Inseln oft nur in jungen Jahren schön. Ihre entspannten, ebenmäßigen Gesichtszüge, die grazilen Figuren verändern sich schnell, wenn sie in die Jahre kommen und das geschieht in den Tropen oft früh. Dazu schreibt Werner Krum in seinem Buch „Südsee": „Man ist oft versucht, bei noch jungen Mädchen in Polynesien einen gewissen mongoloiden Augenschnitt wahrzunehmen. Eine Erinnerung an die uralte Abstammung aus dem fernen Asien?" Die aparten Mädchen Ua Hukas erinnern mich speziell daran.

Wie die Musik und das Tanzen gehört nun einmal auch die Rede des Bürgermeisters zum Begrüßungsritual und die ist wie an allen Orten zwar gestenreich, aber langatmig. Daß das Gemeindeoberhaupt auf den unmarquesanischen Namen Lichtle hört, ist eigentlich das Interessanteste an ihm. Hat auch hier ein Schweizer Besiedler seine Spuren hinterlassen? Merkmale einer solchen Abstammung gibt es bei Herrn Lichtle keine mehr. Er ist ein echter Sohn der Insel: Er hört sich gerne reden, ist dunkelhäutig, tatauiert und mindestens drei Zentner schwer.

Der vergnügliche Fleiß des Urvaters für das örtliche Wachstum hat sich jedenfalls gelohnt, denn wie nebenbei zu erfahren ist, hört jeder Dritte der Insel auf den Namen Lichtle.

Eingerahmt von blühenden Büschen ist in einem einstök-
kigen Haus, unmittelbar beim Versammlungsplatz, das Museum untergebracht. Es kam auf Initiative von Joseph te Hau
Va'atete zustande, dessen Bekanntschaft ich gerne gemacht
hätte. Leider ist er derzeit im Krankenhaus, was Bob mit Sorge um den Freund erfüllt.

Auf der Insel der Holzschnitzer und Bildhauer nimmt Joseph te Hau Va'atete eine herausragende Stellung ein. Seine
geschnitzten Tiki, Schüsseln, Hauspfosten und Paddel sind
hoch begehrt. Doch sein ganz großes künstlerische Können
entfaltete sich erst in monumentalen Steintiki aus rotem Tuffstein, die „Ke'etu" heißen und ihn berühmt gemacht haben.
Manche seiner Kunstwerke aus Stein oder auch aus Holz sind
kaum von den archäologischen Funden zu unterscheiden.
Joseph te Hau Va'atete dürfte maßgeblich zum Ruf von Ua
Huka als dem marquesanischen Mekka der Holzschnitzkunst
und der Steinmetzarbeiten beigetragen haben.

Doch auch als Kurator des Museums hat er Eindrucksvol-
les geleistet. Die Museumsstücke – Steinklingen, kleine Stein-
tikis, Anker, Angelhaken und andere Geräte – sind ebenso
anschaulich ausgestellt und beschriftet, wie die an den Wänden befestigten Keulen und Paddel. Aufschlußreich ist der
Einblick in eine traditionelle marquesanische Küche mit
Poistößel, einen Hoaka (Poibrett), Schüsseln und Kokosnuss-
Raspeln. Die im hinteren Teil des Museums dargestellte, fremd
anmutende Begräbniszeremonie verfehlt ihre Wirkung nicht.
Besonders interessant sind die kleinen Kanus. Daß es Särge
verwester Toter sind, läßt schaudern, aber noch mehr die Aufgabe der Frauen, die die Knochen säubern mußten.

Eine Wandtafel beim Ausgang erklärt auf effektvolle Art
die Geschichte der Marquesas. Auch Bobs Name ist erwähnt.
Darauf angesprochen, meint er bescheiden „Ja, deshalb ken-

nen mich die Menschen hier." Obzwar klein, dürfte das Museum eines der bestbestückten und informativsten der gesamten Inseln sein.

Schon bei der ersten Reise fiel mir die Dorfkirche mit ihrer eigenwilligen Architektur auf. Erbaut aus strengen, grauen Tuffsteinquadern, gekrönt von einem dreieckigen, kurzen roten Turm, verblüfft sie durch die verzierten Säulen und Balustraden der Fassade und den bogenförmigen, weiß, rot und gelb bemalten Fenstern. Auf einem ockerfarbenen Sandplatz gelegen, hinter dem sich am Horizont nurmehr kahle Felsen erheben, wirkt sie wie die letzte Bastion vor einem endlosen Weg in die Einsamkeit.

Mag sein, daß es nur die Kühle im Innern der Kirche ist, oder das Fluidum der Andacht – jedenfalls tut es gut, für einen kurzen Augenblick aus der Hektik des Tages in jenen der Besinnung hinüberzuwechseln. Keine Frage, daß die Kirche innen mit auserlesenen Schnitzarbeiten ausgestattet ist.

Die Weiterreise mit Jeeps oder auf dem Rücken eines Pferdes bleibt jedem freigestellt. Für einige von uns ist das Reiten kein Thema. Abgesehen davon, daß wir es nicht können, blieben Bobs anschaulich geschilderte frühere Erlebnisse mit den geschnitzten Holzsättel und den temperamentvollen marquesanischen Pferden nicht ohne Wirkung.

Die staubige, holprige Fahrt über die ausgetrocknete Südküste der Insel, die zum Boden eines uralten Vulkans gehört, beginnt. Kurze Zeit später haben wir die Reiter bereits eingeholt. Sie scheinen sich in der Tat nicht sehr wohlzufühlen, wenn man ihre jetzt schon angespannte Haltung betrachtet. Außer Mr. Bean, der wegen seiner Fotografiemanie selbst die harte Unterlage zu vergessen scheint. Ganz anders sein Beanchen, das uns leidgeprüft zuwinkt und bereits das Schlußlicht der Reiterschar bildet.

Die Küste der Insel ist nahezu baumlos, was sich nicht mehr mit der Beschreibung des amerikanischen Kapitäns Porter von 1813 deckt. Er schwärmte noch von fruchtbaren, dicht besiedelten Tälern, von munteren Bächen und einer reichen Vegetation. Doch seit der Ankunft der Europäer hat die Umwelt sehr gelitten. Die Wälder wurden abgeholzt und Pferden, Ziegen und Eseln freien Lauf gelassen, die der Landschaft den letzten Garaus machten. Es regnet immer seltener und oft folgen danach lange Phasen der Trockenheit.

Auf unserem Weg treffen wir tatsächlich auf jene Pferde, Ziegen und Esel, die unentwegt damit beschäftigt sind, das nunmehr spärliche Gras und Grünzeug weiter abzufressen und die letzten Wasserlöcher leer zu trinken. Die Tiere sind zum Teil bis auf das Skelett abgemagert. Viele ausgebleichte Gerippe am Wegrand zeugen von ihrem aussichtslosen Kampf, die Trockenheit zu überleben.

Gäbe es die blühenden Flamboyant-Bäume nicht, die ihren scharlachroten Prunk fast provokativ in dieser kargen Landschaft entfalten, würde sich diese in Braun auflösen.

Dem eigenwilligen Bürgermeister Lichtle ist es zu verdanken, daß Ua Huka trotzdem im Papuakeikala-Tal einen Botanischen Garten hat, der aber beständig ums Überleben kämpft, wenig unterstützt von einer Bewässerungsanlage, die schon längst den Geist aufgegeben hat. Deshalb hält sich auch dieses Mal die Begeisterung für die Führungen in Grenzen. Die einen machen sich in Grüppchen allein auf den Weg, andere halten unter schattigen Bäumen einen vorgezogenen Mittagsschlaf.

Daß die einheimischen Bäume und Pflanzen am besten gedeihen, scheint verständlich. Deshalb trifft man hier vorwiegend auf Bambus, Brotfruchtbäume, Pandanus, Eisenholz, Rosenholz, Hibiskus, Temanu, Ti (Terminalia-Pflanze), Kava,

Ebenholz, Bougainvilleas, Croton-Sträucher, Passionsfrucht und mehr als 30 Arten Zitrusfrüchte. Auch seltene Vögel wie die Schilfrohr-Grasmücke oder der ultramarine Loriket haben hier eine neue Heimat gefunden.

Unsere nächste Station ist das kleine Tal Hokatu, östlich von Hane, das eine weitere Möglichkeit bietet, sich mit Kunsthandwerk einzudecken. Bekannt für die gute Qualität der Schnitzarbeiten ist auch dieser Ort Ziel des Ansturms. Selbst bis zu zwei Meter hohe Keulen und Paddel finden Käufer und ich frage mich, wie um Himmelswillen diese sperrigen, schweren Gegenstände nach Hause transportiert werden. Spitzenreiter im Angebot sind und bleiben die aufwendig geschnitzten Koka'a (Holzschüsseln) aus Rosenholz, wofür ein amerikanischer Passagier für ein zugegeben besonders auserlesenes Stück 2000 Dollar locker aus der Hosentasche auf den Tisch blättert. Den erstaunt strahlenden Gesichtern nach zu schließen, haben die Verkäufer wohl das Geschäft ihres Lebens getätigt.

Bei einem kleinen Spaziergang stoßen wir nicht weit vom Kunsthandwerkladen auf ein Kanu, das kurz vor seiner Vollendung steht. Damit wird eine Abordnung von Ua Huka zum Fest der Jahrhundertwende nach Nuku Hiva paddeln, wo sich Menschen aus dem ganzen Archipel treffen, um in einem dreitägigen Marathon-Fest dieses Ereignis zu feiern.

Endlich haben es auch die letzten geschafft, sich für ein Souvenir zu entscheiden, so daß wir verstaubt, verschwitzt und durstig den Weg ins Restaurant „Chez Fournier" antreten können. Roher Fisch, Schweinefleisch süß-sauer, Crevetten, Rindfleisch mit Gemüse in Kokosmilch, Ziegenfleisch und Brotfrucht, gekochte und gelierte Bananen, die zu jedem Essen gehören, zieren auch dieses Mal die Tafel. Daneben gibt es den obligaten Rotwein und Mineralwasser. Letzteres ist an allen Tischen der gefragteste Artikel.

Die gebratenen Ziegen-Koteletts sind die Spezialität des Hauses. Rassig gewürzt und knusprig gebraten, wären sie eine Köstlichkeit, bekäme man das Fleisch von den Knochen. Ausgezeichnet munden sie dafür den bettelnden Hunden vor der Veranda. Schmutzig und undefinierbarer Abstammung, blicken sie uns derart traurig und ausgehungert an, daß jedes Ziegenkotelett mit gutem Gewissen den Weg zu ihnen finden darf. Sie danken mit hohen Luftsprüngen und fröhlichem Gebell.

Obwohl die Hitze und der Wein der Müdigkeit Vorschub leisten, stellt sich eine beachtliche Zahl Interessierter ein, um unter Bobs Führung zum alten Tiki-Tempel Me'ae Meiaiaute zu wandern. Der Weg führt direkt vom „Chez Fournier" das Tal hinauf. Bald schon wird die asphaltierte Straße von einem steinigen Weg abgelöst, der durch einen dicht bewachsenen Palmenwald zum Tempel führt. In diesem Wald wird die Kopra gewonnen, die eine der Haupteinnahmen Ua Hukas geblieben ist und an diesem Nachmittag mit den Walbooten auf die Aranui verfrachtet wird.

Nach steilen Windungen erreichen wir den Bergkamm. Bob zeigt auf viele Haus-Plattformen im alten Stil. Auf dem Boden liegen Tausende von kleinen Basalt-Stücken. Es sind Abfälle von behauenen Steinklingen. Meine Augen sind schon längst zu Boden gerichtet, in der Hoffnung fündig zu werden. Aber es ist dem geübten Blick Bobs zu verdanken, daß ich Teile von Steinklingen finde und zur großen Freude auch einen steinernen Netzsenker, mit dem die Fischer einst ihre Netze beschwert haben.

Betonstufen, ein weiteres Werk des innovativen Bürgermeisters, gestalten die letzten 30 Meter zur Tempelterrasse weniger anstrengend. Me'ae Meiaiaute besteht aus vier Plätzen, deren Pflastersteine leider beschädigt sind. Links steht ein Altar mit vier Tiki, einer davon ist eine kleinere Version von Maki'i Tau'a Pepe, die wir in Puama'u gesehen haben. Leider ist er enthauptet, so daß nur Körper und Beine zurückblieben. Aber es zeigt, daß der Naiki Stamm nach seiner Vertreibung aus Puama'u nicht nur nach Nuku Hiva und Ua Pou zog, sondern auch hier ansässig wurde.

Die anderen Tiki, die diese Plattform bevölkern, gehören zum typischen Stil des Südarchipels. Sie wurden aus Tuffsteinplatten gehauen, sind klein und haben markant große Köpfe. Einer davon besitzt zudem ein individuelles Tatauierungs-Motiv auf der Wange, was auf eine höhere Gottheit schließt.

Einen begeisternden Blick bietet die freie Aussicht auf den Hafen von Hane. Weit draußen entdecken wir die vor Anker liegende Aranui, wo das Aus- und Beladen der Walboote in vollem Gange ist.

Auf dem Rückweg schieben wir einen kurzen Halt beim Freiluftatelier von Joseph Va'atete, dem Kurator des Museums ein. Hier läßt er seine monumentalen Steintiki entstehen, die dem marquesanischen Stil entsprechend oft phallisch geformt sind. Es gibt auch eine schöne Kopie der Maki'i Tau'a Pepe, die sicher eine große Zierde für den heimischen Garten wäre. Aber wie nach Hause bringen? Unter die Kategorie Handgepäck fällt sie leider nicht mehr.

Um den Landungsplatz am westlichen Ende des Strandes zu erreichen, müssen wir eine große Düne hinter dem Strand durchwandern. Hier liegt eine der bekanntesten Fundstätten, zugleich aber auch Ort einer Polemik, die bis zum heutigen Tag andauert. Von Bob erfahre ich die ganze Geschichte.

Seine Arbeit auf Nuku-Hiva, 1956–1958, schloß er mit aufsehenerregenden Ergebnissen ab. Es gelang ihm, die ganze

Vorgeschichte des Archipels zu beschreiben. Jede Periode wurde durch Artefakten, Haustypen u. a. m. klar identifiziert und mit Hilfe der Radiokarbonmethode datiert. Wichtig dafür waren die Ergebnisse der Fundstätte Ha'atuatua auf Nuku Hiva, wo die älteste Besiedlung auf das 2. Jahrhundert vor Chr. datiert wurde. Auf Ha'atuatua fand Bob auch die ersten Töpferwaren in Ost-Polynesien.

Zu dieser Zeit gab es zwei andere Archäologen, die ehrgeizig das Recht beanspruchten, daß jede Forschungsarbeit in Polynesien nur unter ihrer Ägide der Wahrheitsfindung dienlich ist. Deshalb konnten sie sich nicht dazu bereit finden, Bobs Ergebnisse, insbesondere die vorchristliche Datierung der Ha'atuatua-Fundstätte, anzuerkennen.

Um eigene Ergebnisse vorzuweisen, begab sich einer der beiden Kontrahenten auf die Marquesas, um selbst zu forschen. Die Wahl fiel auf Hane. Doch statt Klarheit brachten die Forschungen eher Verwirrung, insbesondere bei den Radiokarbondaten, so daß das Ergebnis tunlichst verschwiegen wurde. Das hinderte den Archäologen aber nicht daran, weiterhin Bobs Resultate anzuzweifeln, mit der Begründung, daß die Daten von Ha'atuatua entschieden von denen in Hane abwichen. Was in jedem Falle ein fadenscheiniges Argument darstellte, denn beide Inseln liegen weit entfernt voneinander. Im Endeffekt ging es doch nur um das alte Kinderspiel: "Meines ist besser als deines".

Später stellte sich zudem heraus, daß die Laborauswertung von Hane fehlerhaft war. Eine neue Reihe von Radiokarbonproben bewies eindeutig, daß die untersuchten Objekte ungefähr gleich alt waren wie die von Ha'atuatua. Schließlich gelang es Patrick Vinton Kirch von der Universität California in Berkley, die Widersprüche endgültig aufzuklären. Nach einer langen, gründlichen Analyse an der Fundstätte in Hane gelangte Kirch nach eigenen Aussagen zur objektiven Folgerung, daß dieses Tal im 2. Jahrhundert v. Chr. bereits bewohnt war und daß der Archipel zwischen 500 und 300 v. Chr. besiedelt wurde. Diese endgültige Festlegung unterstützt Bobs Ergebnisse zu Ha'atuatua auf eindrückliche Weise und widerlegt die Theorie der beiden oben genannten Wissenschaftler, die die Besiedlung von Hane und die der Marquesas auf 400 bis 700 n. Chr. datierten.

Außer Ha'atuatua und Hane weisen inzwischen weitere Fundstätten auf Hiva Oa und Ua Pou die gleichen Datierungen auf. Hane hat seinen richtigen Platz gefunden.

Während wir immer noch auf die Walboote warten, eilt eine hübsche Frau auf Bob zu. Gestenreich erklärt sie etwas. Sein E! E ho'i (Ja, ja ganz gewiß) kommt spontan lachend. Von da ab ist er Hüter zweier riesiger, schwerer Keulen und Holzschüsseln, die für Rose und ihr geplantes Museum bestimmt sind und nach Taioha'e mitgenommen werden sollen.

Die dunklen Wolken, die den Himmel immer mehr beziehen, haben die Lust zum Schwimmen zusehends schwinden lassen. Deshalb drängen die ersten bereits zu den Booten. Bob mit den in tahitische Zeitungen eingepackten Keulen, sieht aus, als ziehe er gar in den Krieg. Tahitische Zeitungen, so werde ich belehrt, braucht man auf den Marquesas nur als Verpackung. Im Archipel gibt es keine Zeitung und für La Depêche de Tahiti interessiert sich niemand.

Währenddessen hat sich am Strand ein Querschnitt der Bevölkerung von Hane eingefunden, um dem geschäftigen Verladen belustigt zuzuchauen. Es gehört zur Eigenwilligkeit dieser Bucht, daß unberechenbar heranstürmende Wellen alles unter sich zu begraben pflegen, was in den Booten sitzt oder darauf wartet hineinzukommen und nicht jeder der Beteiligten empfindet dies als fidele Soloeinlage. Um dieser Unbill nach Möglichkeit auszuweichen, braucht es von den Matrosen neben starken Nerven ebenso viel Geschicklichkeit, Touristen, Koprasäcke und die sperrigen Souvenirs zum richtigen Zeitpunkt zu verfrachten, damit dieses Unheil vermieden wird.

Mit seiner beschwerlichen Fracht wird Bob als letzter ins Boot gepackt. „Sind die Keulen nicht viel zu schwer, um als Waffen zu dienen? Hätten nicht selbst die kräftigen Marquesaner Mühe sie im Kampfgetümmel zu schwingen?" „Schon, nur waren die echten Keulen aus Eisenholz und hatten lange dünne Griffe. Man konnte damit gut kämpfen." „Aber dafür sind diese hier Kunst und es ist wohl besser, daß sie schwerer sind." „Warum?" „Man unterliegt dann nicht der Verlockung, sie auf dem Kopf des Nachbarn auszuprobieren."

Zu guter Letzt folgen die Holzschüsseln. Die hübsche Frau, endlich froh, die Ware los zu sein, ruft noch einmal ein herzliches Ka'oha nui herüber. Der Außenbordmotor fängt an zu knattern und wir nehmen voll bepackt und unbeschadet Kurs auf die Aranui.

Auf ihr hat sich während unseres Landgangs einiges getan: Das Deck ist für die „Polynesische Nacht" mit Palmzweigen geschmückt und überhaupt scheint mehr Betriebsamkeit als sonst zu herrschen. Dieses Fest findet auf jeder Reise statt, oft in Anaho oder in anderen Häfen. Diese Entscheidung hängt vom Zeitplan des Kapitäns ab. Aber wo immer es stattfindet, es ist der Höhepunkt der Reise, verbunden mit einem exquisiten kalten Buffet, Musik, Tanz und Geselligkeit.

Wieder auf Fahrt, nähern wir uns den drei angekündigten Vogelinseln, spektakuläre Eilande, die sich im diffusen Abendlicht geheimnisvoll aus dem Meer erheben. Auf Motu Manu oder Teuaua kommen speziell Vogelkundler auf ihre Kosten, denn rund 40000 brütende Rotfuß-Tölpel und Ruß- sowie

Feen-Seeschwalben haben auf den sicheren, bis zu 88 m hohen Felsen eine Heimat gefunden. Auch werden die Gewässer um die Insel regelmäßig von zahlreichen Delphinen sowie großen Tümmlern besucht.

Mit den Schiffssirenen sollten sowohl bei Motu Manu, Hemini und Keokeo die Vögel aufgeschreckt und in die Flucht getrieben werden, damit die Touristen zu ihrem „Aha"-Erlebnis kommen. Dabei kann von spektakulären Vogelschwärmen beim besten Willen nicht die Rede sein – zur Enttäuschung der positionierten Filmer. Wäre es denkbar, daß sich die Vögel ob der ständigen Belästigungen ein „dickes" Feder-Fell zugelegt haben, sich heimlich über die „Action"-gierigen Menschen amüsieren und seelenruhig auf den Eiern sitzen bleiben?

Bei den Einheimischen ist es zum beliebten Zeitvertreib geworden, entweder schwimmend oder mit den Kanus die Inseln aufzusuchen, um die Vogeleier einzusammeln. Sie schmecken wie Sardinen. Das Eigelb ist von dunkel-oranger Farbe.

Von den Vogelinseln an halten wir jetzt Kurs auf den Hafen von Anaho an der Nordost-Ecke der Insel Nuku Hiva, ungefähr 70 km von Ua Huka entfernt.

Um 19 Uhr nimmt die „Nacht der Nächte" ihren Anfang. Pareuformen aller Art sind die Bekleidungsfavoriten – vorsorglich mit handgestrickten Wollwesten ergänzt. In sorgsam arrangierten Haartrachten stecken Holzspiralen aus Ua Huka oder die Blütenkränze des Morgens. Trotzdem reicht der unterschiedliche Grad der Bekleidungsfreiheit immer noch von der in Paris entworfenen Sommernachtsrobe, über das zulässige Gewicht der Ohrringe bis zur demonstrativen Missachtung der Besonderheit des Abends – man behielt an, was man seit einer Woche trägt. Bei den Herren bleibt der Pareu auf der ganzen Linie verschmäht. Gemeinsam hält man sich konservativ an Hose und Hemd. Bob hat sich in ein philippinisches Barong Tagalog Hemd gestürzt, welches eigentlich mit einem Balisong Messer in der Tasche getragen wird. Mein Vorschlag, das fehlende Requisit durch mein Schweizer Armeemesser zu ersetzen, empfindet er als echte Alternative ...? Die Elderlys erscheinen unisono im Country-Look der Entdeckerzeit und formieren sich sofort in einer abgeschiedenen Ecke zu ihrem abendlichen Geheimtreff. Es scheint, als halten sie sich hinter einer Festung von Stühlen verschanzt.

Die Fahrt ist ruhig. Die Konturen Ua Hukas verschwinden immer mehr und weit am Horizont sieht man im untergehenden Abendlicht die Silhouette Nuku Hivas aufsteigen.

Zwei Stunden tuckern wir in tiefer Dunkelheit Nuku Hiva entgegen. Die Ungeduld nimmt spürbar zu. Das hysterisch kreischende Lachen einer Französin geht ebenso an die Nerven, wie der kühle Wind, der unter der lockeren Kleidung frieren läßt. Zur Beruhigung nehmen dann doch die Umrisse Nuku Hivas immer mehr Konturen an. Auch das Tempo verringert sich. Endlich sind wir im Hafen Anahos angekommen. Steuerbords erkennen wir die winzigen, schwachen Lichter der Häuser, in denen noch 20 Menschen leben – im Gegensatz zur einst blühenden Hochkultur dieses Tales.

Um 21 Uhr gehen die Lichter an. Gekonnt, in Windeseile, wird das fulminante Buffet aufgebaut, bei dem jeder Heißhunger gestillt wird und alle Feinschmecker auf ihre Kosten kommen. Doch die lange Wartezeit hat sich ungünstig auf die Stimmung ausgewirkt.

Dementsprechend wird auch das Unterhaltungsprogramm eher emotionslos aufgenommen. Jubilare aller Art sind dazu herzlich willkommen, ein runder Geburtstag, Hochzeitsreise oder wie an diesem Abend ein 50-jähriges Ehejubiläum. Daß dabei ausgerechnet das französische Paar gefeiert wird, das ständig im Ehekrieg lebt, ist mehr Ironie als Unterhaltung. Aber immerhin zeigt sich, daß auch unter solchen Voraussetzungen ein Zusammenleben möglich ist. Nach erfolgter Ehrung durch die Reiseleitercrew und der markigen Ansprache eines Besatzungsmitgliedes, ich meine es ist der Koch, zieht sich das Jubelpaar erleichtert in den Schatten zurück, um heftig gestikulierend herauszufinden, wer wem was eingebrockt hat.

Der anschließende polynesische Tanz von Heidi, Sylvie und Natalie, unterstützt von einigen Zimmermädchen, ist, wie Dagmar meint, „eigentlich ganz putzig".

Dafür bieten die Matrosen einen umso erfreulicheren Anblick. Herausgeputzt sind sie eine herzhafte Kollektion an Männlichkeit. Nur Brutus, dessen virile Hüften ein rosa-gelber Pareu ziert, hat seinen Reiz vermindert. Der Macho-Look 1997, mit den gefährlich engen Jeans und schwarzem Aranui-Crew-Shirt, verlieh ihm ein verwegenes Aussehen und machten ihn zum unwiderstehlichen Eroberer der Truppe.

Bobs Meinung nach ist dieser Abend auch eine Prämie für die Matrosen. „Sie hatten genügend Zeit, die schönen Frauen unter den Passagieren zu überprüfen, sie in die Walboote hinein- und hinauszuheben, und jetzt kann man sich noch ein bißchen näher kommen." Die Logik eines Mannes, die auf etwas wackligen Beinen steht. Mir scheint, daß die erlesenen Speisen und das reiche Sortiment an Wein und Bier Verlokkenderes an sich haben, als die spärliche Auswahl an verführerischen, jungen Damen.

Unter den Klängen der Aranui-Band und in Gesellschaft meiner nach wie vor emsigen Zimmergenossen nimmt dieser lange Tag ein friedliches, geruhsames und leicht unterkühltes Ende.

Nuku Hiva, Anaho

„Anaho Bay, dieser Ort, gut geschützt mit seinem weißen Sandstrand und einer Korallenbank, ist der schönste, den wir bisher auf den Inseln zu Gesicht bekamen. Die Lagune vereint auf hinreißende Art die Sanftheit eines tropischen Strandes mit der Schroffheit der kaum bewachsenen Berge ringsum. Eindrücklich und einzigartig spiegelt sich der Widerschein des Lichtes im leuchtenden Türkis des Wassers, während die in dunklem Oliv bewachsenen Uferpartien der Vulkanberge die Bucht geheimnisvoll umschließen. Anaho scheint mir die Vollendung des Südseetraumes: Abgelegen, geschützt, leer und ursprünglich, hinreißend schön." Betrachtungen der Reise 1997.

Die Aranui liegt auch heute morgen in einer fast stillen See vor Anker. Im frühen Morgenlicht durchpflügen riesige Mantas bedächtig das Meer.

Zum Greifen nahe liegt der Hafen von Anaho vor uns. Er ist wie eine Schüssel von Vulkanbergen umgeben und von Landspitzen geschützt. Vor dem westlichen Palmenstrand erstreckt sich die einzige Korallenbank des ganzen Archipels. Obgleich verzeinzelt kleine Häuser hinter dem Strand zu erkennen sind, scheint er unberührt und verlassen.

Drohend und mächtig erhebt sich im Süden, wie ein riesiger grau-schwarzer Obelisk, das 800 m hohe Massiv des Tukemata (die Augenbraue), dessen Spitze sich auch an diesem Morgen mit Nebel und Wolken verhüllt. Aus seiner Seite schaut ein großes schwarzes Tiki-Auge auf den Hafen. Zunächst mit langen dünnen Wolkenfetzen verwechselt, sind es schmale Wasserfälle, die vom Gipfel des Tukemata in die Tiefe stürzen. Sie verhalfen Anaho zum Ruf, das beste und reinste Wasser auf ganz Nuku Hiva zu haben. Das östliche Ufer besteht nur aus Klippen, an denen sich in ständiger Folge die Wellen brechen.

Auch dieser Hafen, der so paradiesisch vor uns liegt, hat eine bewegte Vergangenheit, reich an Dramen und menschlichem Leid. Als 1813 Kapitän David Porter Nuku Hiva besuchte, erfuhr er von den Einheimischen eine mysteriöse, bedeutungsvolle Geschichte, die er der Nachwelt erhalten hat.

Die Legende erzählt, daß vor vielen Jahrhunderten ein zweimastiges Segelschiff in Anaho eingelaufen sei, deren Besatzung aussah wie die in Anaho lebenden Menschen. Sie hatten braune Haut und pechschwarze Haare, aber waren nicht tatauiert. Sie baten die Marquesaner um Schweine und bezahlten diese mit Eisen. Es war das erste Mal, daß die Leute mit Metall in Berührung kamen.

Handelte es sich dabei um ein Schiff aus Südostasien, gar eine Prau der indonesischen Seefahrer-Stämme, wie die berühmten Bugis von der Insel Sulawesi oder den Madresen? Wer immer es war, dieser Besuch wird leider nie datiert werden können. Auszuschließen ist, daß es Spanier waren, denn auf dem Schiff gab es weder Soldaten noch Mönche und auch keine Waffen, wie die Überlieferung berichtet. Und kein einziger Marquesaner ließ bei diesem Besuch sein Leben, was der beste Beweis ist.

Die Ruinen, die das Anaho-Tal füllen, lassen auf eine einst große Bevölkerung schließen und in der Tat, als Porter auf Nuku Hiva ankam, bevölkerten 4 Unterstämme das Tal, was besagt, daß dort gegen 5000 Krieger gelebt haben müssen.

Den Einwohnern von Anaho wird nachgesagt, daß sie hinterlistig und dem Kanibalismus sehr zugetan waren. Die Geschichte erzählt unter anderem von einem rechtschaffenen

Mann aus Hiva Oa, der betrogen, gefangen und geopfert wurde. Zur Erinnerung an diese frevelhafte Tat soll der Mond hin und wieder den Hafen in ein rotes Licht hüllen. Auch der „Stehhocker" Petroglyph am südlichen Ende des Hafens erinnert an dieses Ereignis.

Nach offizieller Darstellung soll 1867 der letzte Mensch, nicht weit vom heutigen Picknick-Platz, lebendig im Erdofen gekocht und danach verspeist worden sein. Insgeheim gingen aber die Menschenopfer weiter – man sagt bis 1925. Ein Einheimischer führte Bob 1956 an eine Stelle im U'ea Tal, wo sich der Schädel des „endgültig letzten" Opfers befand. Der Schädel war tatsächlich noch „frisch" und entsprach den obigen Angaben. Da die Erzählung über das Vorgefallene derart anschaulich ausfiel, durfte angenommen werden, daß der Besagte an dieser Mahlzeit persönlich teilgenommen hatte.

Seine ideale Lage machte den Hafen von Anaho schon im 18. Jahrhundert weit herum bekannt und der geschützte Ankerplatz wurde vor allem von Europäern und Amerikanern oft besucht. Dies bescherte den Einwohnern des Tales jene Tragödie, unter der sie – und am Ende der ganze Archipel – katastrophal zu leiden hatten.

1862 landeten Sklavenhändler, unter dem Namen „Blackbirder" bekannt, in der Bucht. Sie lockten die ahnungslose Bevölkerung auf die Schiffe und nicht wenige erlagen den Versprechungen. Das „erheiternde Feuerwasser" tat seine Wirkung und als die Leute aus ihrem Rausch erwachten, waren sie bereits Gefangene auf dem Kurs zu den Guano-Inseln, die sich vor den Küsten Perus und Chiles befinden.

Mit Erfolg legte die französische Kolonialverwaltung Beschwerde bei den peruanischen und chilenischen Behörden ein, die gemeinsam veranlassten, daß die verschleppten Marquesaner auf dem Schiff Diamant wieder zurückgebracht wurden. Infiziert von der zu dieser Zeit in Chile und Peru grassierenden Pockenepidemie erreichten die meisten nur noch sterbend die Heimat. In Taioha'e wurden sie an Land gebracht, und von ihren Familien heim nach Anaho, Hatiheu und Ha'atuatua geholt. Kurz danach brach auf Nuku Hiva eine Pockenepidemie aus, die sich in der Folge über die ganzen Marquesas-Inseln ausbreitete. In nur drei Jahren raffte sie 66 % der gesamten Einwohner des Archipels dahin.

Die Täler Anaho, Hatiheu und Ha'atuatua wurden nahezu entvölkert. Man vermutet, daß die Verluste die wenigen genauen, offiziellen Angaben der Regierung weit übertrafen. Jedenfalls stieß Bobs Forschungsteam 1956 an vielen Stellen immer wieder auf Menschenknochen und Skelette, die bewiesen, daß schließlich niemand mehr da war, um die Toten zu bestatten.

Nicht lange nach der Pockenepidemie lief 1888 ein berühmter Besucher Anaho an – der englische Schriftsteller Robert Louis Stevenson, der mit dem Schoner „Casco" Nuku Hiva besuchte. Er war verzaubert von den märchenhaften Sonnenaufgängen über dem östlichen Bergkamm und einem besonders geschützten Strand, an dem er gerne spazieren ging, um Muscheln zu sammeln und sich seinen Gedanken zu überlassen.

Robert Louis Stevenson wußte, daß er nicht mehr lange zu leben hatte und befand sich auf der Suche nach einem Ort, an dem er seine letzten Jahre verbringen konnte. Er fühlte sich wohl unter den Menschen Anahos, aber sein schlechter Gesundheitszustand machte es ihm unmöglich, länger zu bleiben. Schweren Herzens verließ er Anaho. Sein Weg führte ihn weiter nach West-Polynesien, wo er schließlich auf Samoa starb. Stevenson war in Samoa ein gern gesehener Gast. Sein Name war „Tusitala" (der Erzähler). Nicht weit vom Dorf Apia entfernt fand er seine letzte Ruhestätte. Seine bescheidene Grabschrift ist wohl eine der schönsten, die je geschrieben wurde.

> „Under the wide and starry sky,
> Dig the grave and let me lie,
> Gladly I lived and gladly die,
> And I lay me down with a will.
> This be the verse you grave for me:
> Here he lies where he longed to be,
> Home is the sailor, home from the sea,
> And the hunter, home from the hill.

Auch vom zweiten Weltkrieg blieb Anaho nicht verschont. Konteradmiral Richard Byrd von der amerikanischen Kriegsmarine, ein berühmter Antarktisforscher, befand sich zu jener Zeit auf einer Forschungsreise mit dem Auftrag, ideales Terrain auszukundschaften. Die Abwehr der amerikanischen Kriegsmarine riet ihm, Nuku Hiva anzulaufen, und stützte sich dabei auf Angaben des Völkerkundlers Handy (ein ehemaliger Offizier der Kriegsmarine), des Sprachwissenschaftlers Sam Elbert (Leutnant) und der englischen Entomologen Adamson und Mumford, die die Umwelt Nuku Hivas bis ins Detail kannten.

Die Kommando-Gruppe Byrd mit dem Titel „Special Presidential Commission to the South und East Pacific" startete mit dem Kreuzer USS Concorde in Balboa/Panama. Nach einer Reise über die Osterinsel, den Tuamotu Archipel – mit Mururoa und Fagataufa, später Atom-Testplätze der Franzosen – traf die Gruppe auf Nuku Hiva ein. Daß die französische Regierung über diese Besucher nicht erbaut war, die auf ihrem Kreuzer auch Aufklärungsflugzeuge und Hilfsschiffe mitführten, ist nur allzu verständlich.

Sechs Tage lang betrieben die Amerikaner intensive Studien. Neben Taioha'e und Taipi lief die Concorde auch Hatiheu und Anaho an, das schließlich als bester Hafen des Archipels klassifiziert wurde.

Am 7. Oktober 1943, als die Kommando-Gruppe Anaho verließ, ereignete sich auf dem Kreuzer eine heftige Explosion, verursacht durch Feuerfunken des elektrischen Ruders, welche die Dämpfe der Flugzeugtreibstofftanks entzündeten. Die Explosion war so stark, daß sie neben dem ersten Offizier weitere 25 Matrosen in den Tod riß. Das Schiff konnte nur mit größten Anstrengungen gerettet werden. Seit diesem Unglückstag ruhen auf dem Meeresgrund vor Anaho 26 Amerikaner, in Gesellschaft mehrerer Wasserbomben, die, um das Schiff zu retten, ebenfalls über Bord gehen mußten.

Trotz dieser Dramen liegt die Bucht wie ein kleines Paradies vor uns. Die meisten wissen nicht, welch bewegende Vergangenheit dieses Tals bereits hinter sich hat.

Bevor wir mit den Walbooten an Land gehen, findet auf vielfachen Wunsch der Passagiere die Besichtigung des Maschinenraumes statt. Daß die Aranui einmal „Bischof von Bremen" hieß, wird spätestens hier deutlich. Sämtliche Daten, Vorschriften und Hinweise sind auf Deutsch angeschrieben. Als „deutsche Wertarbeit" trotzte die Aranui, wie mich ein Matrose belehrt, bis heute vorbildlich allen Angriffen des Pazifiks und wich nie von ihrem Kurs ab. Dank der Bugschrauben ist sie außerordentlich manövrierfähig. Hin und wieder rollt sie zwar ein bißchen, aber nur wenn sie quer zum Passat fährt. Die Seekrankheit hält sich auf ihr im Rahmen.

Den Ingenieur – ein großer, schweigsamer, freundlicher Mann aus Tahiti – sieht man fast nie auf Deck. Um ihn zu treffen, muß man in „seine Welt" hinabsteigen. Eine Welt, die penibel sauber und vorbildlich organisiert ist, von der Geräuschkulisse einmal abgesehen. Außerdem ist dies nach 20 Jahren seine letzte Fahrt mit der Aranui. Ob er dabei bleibt? Ich höre wie jemand sagt: „Nach so langer Zeit an Bord fließt Seewasser durch die Adern und es wird ihm bald der Geruch von Treibstoff fehlen. Die Maschinen sind wie Geliebte, nach denen man sich immer zurücksehnt."

Nach der Besichtigung bringen uns die Boote zum Anaho-Strand. Die meisten benutzen den zauberhaften Tag zum Entspannen. Entweder läßt man sich im transparent türkisfarbenen Wasser dahintreiben, geht barfuß im weichen Sand spazieren oder legt sich unter das Blätterdach der Palmen, entschwindet gedankenverloren in Gefilde, von denen man an grauen, kalten Wintertagen zu träumen pflegt.

Die aktiv archäologisch Interessierten treffen sich ebenfalls am Strand. Bevor aber die Wanderung beginnt, müssen gewisse Vorsichtsmaßnahmen beachtet werden, damit dieser Tag nicht zur Belastung wird. Dazu gehören genügend Insektenschutzmittel gegen die Nono-Fliegen, gefüllte Wasserflaschen, die Haut mit Sonnencreme eingerieben oder von langen Hosen und langärmligen Hemden geschützt. Auch wenn ich später für das Lachen und meine lockere Kleidung büßen muß, kann ich es mir nicht verkneifen, unsere Wandergruppe statt am paradiesischen Südseestrand einer Himalaja-Expedition zuzuordnen.

Bis wir auf den eigentlichen Weg nach Ha'atuatua einbiegen, wandern wir durch einen lichten Palmenhain, der übersät ist mit herabgefallenen Kokosnüssen, aus denen kleine Triebe bereits wieder neues Leben entstehen lassen. Eine derartige Nuß auf den Kopf zu bekommen, dürfte den lyrischen Gedanken wohl rasch ein Ende bereiten ...

Die kleine Häusergruppe auf einer Lichtung, die heute als Ferienlager für Jugendliche dient, war früher einmal Bobs

Basislager für seine Ausgrabungen in Ha'atuatua. Drei Monate wohnte er hier mit seinem Team und startete von da aus seine Forschungsarbeiten. Am Morgen weckte ihn wie bei Stevenson die Sonne, so als würde sie aus ihrem Haus treten und den Tag für ihn und seine Leute mit aus dem Meer bringen. Das Nachtlager mußte zwar gegen Armeen von Käfern, Kakerlaken, Tausendfüßlern, Mäuse und Ratten verteidigt werden, aber das schien der Mühe wert, wenn man sich dafür Abend für Abend in einem märchenhaften Sonnenuntergang verlieren und den Tag unter dem grandiosen Sternenzelt der Südsee beschließen konnte.

Wir erreichen die Landspitze und gelangen zu einem malerischen Strand. Es ist der Strand von Stevenson, den er so geliebt hatte und wo er die Muscheln für seine Frau Fanny suchte.

Die Wanderung ist begeisternd. Immer wieder durchwaten wir einsame Sandstrände, mit bizarr geformten Felsen. Man könnte meinen, die Natur hätte hier Spielplätze für Giganten geschaffen. Selbst der Aufstieg, der in das Tal von Ha'atuatua hinüberführt, läßt die Anstrengung vergessen, so sehr nimmt die Landschaft und die geheimnisvolle Ruhe, die von diesem Tal auszugehen scheint, gefangen. Plötzlich öffnet sich ein weiter Blick. Vor uns liegt als ein unberührtes Kleinod der Strand von Ha'atuatua. Wie silberne Balken liegen die Sonnenstrahlen über den dunklen Wäldern, die rechts und links den weißen Strand säumen. Die unendliche Weite des Pazifiks, die Brandung und der Wind, der durch die Dünen streicht, sind wie ein Glücksakkord aus einer anderen Welt.

Jenseits der weißen Schaumlinie der Brandung erkennen wir in der Ferne Ua Huka. Ein schwarzer Kegel inmitten des unendlichen Ozeans. Von unserer Anhöhe erhebt sich rechter Hand eine grau-schwarze Klippe, die mit ihren dünnen, erodierten Eruptivgängen himmelwärts strebenden Pfeilern täuschend ähnlich ist. Diese Gesteinsformen gaben Ha'atuatua – „Hafen der scharfkantigen Kämme" – den Namen. Die Pfeiler und die Klippe trennen Ha'atuatua von ihren Nachbarn, den vereinten Stämmen im Taipi und im Ho'oumi Tal.

Das Massiv links von uns, fast 300 m hoch, ist die Rückseite des Tales mit den großen Tiki-Steinbrüchen, auf der nordöstlichen Spitze der Insel.

Durch einen geheimnisvollen Hibiskus-Hain führt der Weg hinunter zum Strand. Er windet sich um die kreuz und quer liegenden Stämme und verlangt Aufmerksamkeit beim Gehen. Alles ist plötzlich noch stiller geworden, nur das Rauschen der Wellen dringt an unser Ohr. Die Marquesaner behaupten, daß hier oft die Schläge der Geistertrommeln zu hören sind. Es ist ein „Vahi mana" – Hain der Geisterwelt.

Viele Einheimische fürchten sich vor diesem Tal und selten bleibt hier jemand für längere Zeit wohnen. Spüren die Menschen die Tragödien, die sich hier abgespielt haben? Selbst zur Zeit des Karl von den Steinen, im späten 19. Jahrhundert, lebten hier nur noch zwei alte Frauen. Jetzt ist das Tal völlig ausgestorben.

Auch Bob wurde von diesem Ort auf besondere Weise angezogen. Im Jahr 1956 – er befand sich gerade im Hatiheu-Tal, westlich von Anaho – fragte ihn ein Marquesaner, ob er schon einmal in Ha'atuatua gewesen sei. Als er die Frage verneinte, gab ihm der Mann den Rat, sich dort einmal umzusehen, es gäbe viele Schweineknochen am Strand. Das genügte, um Bob bereits am nächsten Tag aufbrechen zu lassen. Er fand zwar fast keine Schweineknochen, dafür eine umso größere Anzahl Menschenknochen sowie viele Artefakte, Steinklingen, Angelhaken, Perlmuttschmuck, geschliffene Basaltsteine und viele Korallenfeilen zum Polieren der Fischhaken.

Wenige Wochen später begann er mit seinen Ausgrabungen. Bald erkannte er, daß unter der 750 m langen Düne Reste einer uralten Siedlung verborgen lagen. Sie bestand aus einer Tempel-Plattform auf einem Friedhof in der Mitte der Siedlung, von dem aus sich die Häusergruppen nach beiden Seiten erstreckten.

Gemäß diesen höchst erfolgreichen Ausgrabungen unterschieden sich die Ureinwohner von den heutigen Bewohnern vor allem durch einen kleineren, gedrungenen Körperbau. Außerdem müssen sie ungewöhnlich muskulös gewesen sein. Ihre Kopfform war lang und die Zähne auffallend gleichmäßig und intakt. In vereinzelten Fällen stieß man auf endemische Arthritis. Schädelbrüche wiesen auf den Einsatz von Gewalt hin. In einem Fall ließ sich Trepanation (Schädelöffnung) nachweisen.

Der Tempel selbst bestand aus einer niedrigen rechteckigen Plattform, die man auch „Pflaster" nennt. Auf der Landseite des Tempels lag ein mit Kies bedeckter Tanzplatz. Die Häuser waren kleine, einfache Hütten ohne Pflaster, direkt auf Sand gebaut. Sie wiesen alle den gleichen bootsförmigen, länglich-ovalen Grundriß auf, ähnlich wie man ihn auch auf der Osterinsel, den hawaiischen Inseln oder in West-Polynesien findet. Über die Radiokarbonmethode konnte die Stätte auf 125 Jahre v. Chr. datiert werden.

Dieses Ergebnis bedeutete eine besondere Überraschung für jene, die die Meinung vertraten, die Inseln seien erst in den letzten Jahrhunderten besiedelt worden.

Noch erfolgreicher war dann das Jahr 1957. Bereits in den ersten Tagen nach seiner Rückkehr auf Ha'atuatua fand Bob in der Umgebung des Tempels Topfscherben. Die Sensation war perfekt, denn bis zu diesem Zeitpunkt herrschte die Meinung vor, daß Töpferwaren in Ost-Polynesien völlig unbekannt gewesen seien. Ihr Vorkommen in West-Polynesien wurde allein auf den Handel mit den Fidschi Inseln zurückgeführt. Für die Allwissenden der Polynesischen Archäologie war dieser Fund ein Schock, von dem sie sich nie ganz erholt haben.

Lapita Kultur

Seit 1958 wissen wir nun viel mehr über die Vorgeschichte der Polynesier. Die auf Ha'atuatua gemachten Funde bringt diese Fundstätte in unmittelbare Verbindung mit jener Ur-Kultur, von der alle Polynesier abstammen und die mit dem Namen „Lapita" bezeichnet wird.

1953 stieß der amerikanische Archäologe Edward G. Gifford in Neukaledonien an einem Strand, den die Eingeborenen „Lapita" nannten, auf Töpferwaren mit eigenartigen, an Tatauierungen erinnernde Motive, die er mit der Radiokarbonmethode datieren ließ. Keramikscherben mit der Lapita-Verzierung waren zwar seit 1908 in der Südsee bekannt, deren Alter blieb jedoch bis dahin unerforscht. Eine genaue Datierung wurde erst nach 1948 über die C-14 Methode möglich, die den Forschungsergebnissen Giffords auf der Lapita-Fundstätte dann ihre wahre Bedeutung gaben. Die Schichten mit den verzierten Artefakten wurden auf sensationelle 846 Jahre v. Chr. datiert.

Es gibt zwei Arten der Lapita-Keramik. Die berühmtere ist diejenige mit den eigenartigen, geometrischen Motiven der Tiki-Gesichter oder Eidechsen (Gecko). Diese Motive wurden mit Tatau-Nadeln in den Ton geritzt. Weil diese Töpfe nur leicht gebrannt sind, also keine Gebrauchsgegenstände waren, nehmen die Archäologen an, daß sie für Zeremonien benutzt und von Männern hergestellt wurden. Heute haben die Frauen Melanesiens das Töpfern übernommen.

*Die zweite Art der Keramikscherben ist als „Polynesian Plain Ware"
bekannt. Sie war nicht verziert, dafür hart, dünn und gut gebrannt.
Von dieser Art waren auch die Funde auf Ha'atuatua.*

*Schon 1960 hat Bob in seinem Buch „Island Civilizations of
Polynesia" auf die Bedeutsamkeit der Lapita-Kultur und die daraus
resultierenden Erkenntnisse zur Kultur der Ur-Polynesier hingewiesen. Aber erst 10 Jahre später begann man sich wirklich dafür zu
interessieren. Die unter der Leitung von Patrick Vinton Kirch erfolg-
ten Ausgrabungen auf den Lapita-Fundstätten in Melanesien, Neu-
Guinea und Polynesien, brachten schließlich endgültig Licht in die
mysteriöse Ur-Geschichte der Inseln.*

*Heute geht man davon aus, daß die Lapita-Kultur ihren Ursprung
rund 2000 v. Chr. in Ostindonesien hatte. Die Lapita-Seefahrer ent-
stammten einer Völkergemeinschaft aus dem südostasiatischen Raum.
Von Taiwan aus hatten sich die sogenannten „Austronesier" auf den
Weg gemacht und waren über die Philippinen und Indonesien in
den Pazifik vorgedrungen. Sie gründeten die Ur-Kultur aller
Polynesier.*

*Die Lapita-Kultur siedelte sich am Meer an. Die Menschen lebten
in Pfahldörfern in der Nähe fischreicher Lagunen, die sie mit Protei-
nen versorgten. In ihren Gärten wuchsen Kokospalmen, Kerzennüsse,
Taro, Jamswurzeln, Bananen und Brotfruchtbäume. Sie waren aber
nicht nur Fischer und Gärtner und hielten sich Haustiere wie Schweine, Hunde, Hühner, Ratten und Eidechsen, sondern betrieben auch
regen Handel. Ihre Handelswege konnten die Archäologen später
über Strecken von mehr als 2600 km verfolgen. Als gefragteste Han-
delsware galt die reichverzierte Keramik, die die Wissenschaftler heute
als die Visitenkarte der Lapita-Menschen bezeichnen. Obsidian, Feu-
erstein und Basalt für die Messer, Äxte und Dechseln besaßen aber
einen ähnlich hohen Handelswert.*

*Die Lapita-Seefahrer blieben nicht lange auf dem indonesischen
Archipel, sondern drangen schnell nach Osten vor. Sie benutzten dafür*

162

Ausleger- und Doppelkanus mit geschnitzten Bug- und Heckfiguren, einem Mattensegel und einer großen Plattform, auf der sie ihre Handelsgüter, Menschen und Tiere unterbringen konnten. In zwei oder drei Jahrhunderten haben sie so den Bismarck-Archipel, die Salomonen, Santa Cruz, Vanuatu, Neu-Kaledonien und Fidschi besiedelt. Ungefähr um 1600 v. Chr. entdeckten sie West-Polynesien, Tonga und Samoa. Sie blieben auch hier nur kurze Zeit und drangen allmählich immer weiter nach Osten vor, wo sie ca. 500 v. Chr. die Cook Islands erreichten. Einige weitere Generationen später landeten dann die Seefahrer der Spät-Lapita-Kultur auf den Marquesas. Aus den Lapita-Menschen wurden die ersten Polynesier.

Die Keramik, die die Besiedler der Marquesas mitbrachten und die Bob auf Ha'atuatua fand, stammte aus dem Rewa-Delta der Fidschi Insel Viti Levu. Es waren aber auch Töpfereien aus marquesanischem Ton dabei.

Nach den Ausgrabungen auf Ha'atuatua stieß man auf drei weitere Fundorte: Hiva Oa, Ua Pou und Ua Huka. Jede dieser Fundstätte wurde auf vorchristliche Zeit datiert. Kirch folgert daraus, daß die Besiedlung des Archipels zwischen 500 und 300 v. Chr. stattgefunden haben muß.

Damit ist das Rätsel der Besiedlung Polynesiens geklärt und der Lapita-Kultur die wohl kühnste Völkerwanderung aller Zeiten zugewiesen, ja man kann sie als eines der größten Wunder der Alten Welt bezeichnen. Ein Wunder des menschlichen Geistes, der Tapferkeit, der Kunst der Seefahrer, des Wissens und der Neolithischen Technik. In einer Zeit, als sich die Altägypter und Phönizer anschickten, vorsichtig, in ständiger Nähe zur Küste, das Mittelmeer zu erkunden, hatten sich die Polynesier schon über Tausende von Kilometern aufs offene Meer hinaus gewagt, trieben Handel und bevölkerten die Inseln.

Daß, wie Heyerdahl beweisen wollte, die pazifischen Inseln von Peru aus entdeckt wurden, entbehrt somit jeder Grundlage. In den beinahe 50 Jahren späterer Forschungsarbeit wurde in Polynesien nie ein peruanisches Artefakt gefunden. Heyerdahls Kon-Tiki-Fahrt mit einer großen Menge von Lebensmittelkonserven, Sonnendestillierapparaten, Funkverbindung und viel, viel Glück, lieferte lediglich den Beweis, daß Fahrten von Peru nach Polynesien möglich gewesen sind. Es fehlen zwar die Beweise, aber es wäre durchaus denkbar, daß die Polynesier ihrerseits auf ihren weiten Seereisen auch Südamerika entdeckt haben könnten.

Wieder in Ha'atuatua führt uns der Weg auf der Düne zum Te'oho'au (Kanuschuppen), dem alten Tempel, der sich einmal hier befand. Die Reste der Pflasterung sind noch zu erkennen, die Steine haben ungefähr die Größe eines Brotes. Einige befinden sich noch auf ihrem Platz, andere sind über die Düne verstreut. Unter der Tempel-Plattform stieß Bob auf einen Friedhof und eine uralte Feuerstelle, von der er Proben von Holzkohle und Asche entnahm. Sie ließen sich durch die Radiokarbonmethode, wie die menschlichen Knochen, auf ungefähr 124 Jahre v. Chr. zurückdatieren.

Am nördlichen Ende des Strandes befindet sich Mouaka, der Ort, wo die Häuser der Ureinwohner standen. Neben vielen weiteren Artefakten stießen die Forscher hier unter den Häusern auf seltsame Begräbnisformen, so etwa auf zwei junge Frauen, die in Fötushaltung begraben waren. Ihre Körper waren unversehrt, was auf den Marquesas ungewöhnlich ist, denn der Schädel wurde, als Sitz der überirdischen Kraft, für gewöhnlich vom Rumpf getrennt und auf der Tempelplattform ausgestellt. Das übrige Skelett begrub man getrennt.

Der Hügel im Süden trägt den Namen Matahuetea. Hier sind Ausgrabungen verboten. Es ist die Stelle, an der sich nach dem Glauben der Marquesaner die Seelen der Sterbenden von Nuku Hiva versammeln, bevor sie zum Kap Kiukiu auf Hiva Oa fahren, um ihre letzte Reise nach Hawaiki anzutreten. Von den Einheimischen wird behauptet, daß man in der Nacht auf diesem Hügel die Seelen reden und lachen hören könne. Wenn man die Gabe besitzt, könne die Seele einer Geliebten wieder eingefangen und vom Tod zurückgebracht werden. Der Holzschnitzer Teikivahiani wußte Bob viel darüber zu erzählen. Er hatte seine eigenen seltsamen Erlebnisse auf Matahuetea gemacht und fürchtet sich seither vor diesem Ort.

Statt mit der Gruppe zurückzukehren, bleiben Bob und ich am Strand zurück, wo zwei Marquesaner mit einem Gleitschirm fleißig üben. Es scheint jedoch, daß alle Mühe vergebens ist. Uns zieht es zu einer kleinen Erosionsrinne, dort wo die Marquesaner ihre Netz- und Angelschnursenker gehauen hatten. Wir werden tatsächlich fündig und kehren mit einem kleinen Talisman zum Tempel zurück.

Trotz der Geschichten über die Geister und Tragödien, die hier stattgefunden haben, fühlen wir uns an diesem Ort geborgen. Ha'atuatua wird in unserer Erinnerung immer eine Stätte des Friedens sein, wo sich die Seele mit der unberührten Natur auf wundersame Weise verbindet und sich zu unbekannten fernen Weiten aufschwingen kann.

Der Aufbruch fällt schwer. Immer wieder bleiben wir stehen und blicken zurück bis uns der Hibiskus-Hain aufnimmt. Ich weiß, daß mich die Faszination dieses Ortes nie mehr loslassen wird und ich eines Tages wieder zurückkommen werde.

Das Picknick ist beinahe zu Ende, als wir in Anaho eintreffen. Aber die Reste reichen selbst jetzt noch aus, um mehr als nur zwei Leute zu verköstigen.

Wo immer man hinschaut, es herrscht an diesem Nachmittag ein Bild der vollkommenen Muße, des glücklichen, sorglosen Lebens. Die einen lauschen entspannt der Musik der Matrosen, die zu unseren guten Geistern wurden, flanieren am Strand auf und ab oder stehen in kleinen Gruppen zusammen, lachen und diskutieren. Die Ebbe hat eingesetzt und das Wasser scheint bis zur Aranui zurückgegangen zu sein. Obwohl die Distanz trügt, ist man versucht, zu Fuß zum Schiff zurückzukehren.

Doch ist es ratsam, dies bleiben zu lassen, denn den Tükken der Korallen sind keine Grenzen gesetzt und mancher Schnorchler hat sich sicherlich geschworen, sich nie mehr ohne Badeschuhe in dieses Vergnügen zu stürzen. Für uns am Ufer war das jeweilige Korallen-Ballett ein Lachvergnügen der ganz besonderen Art.

Dabei kehren die Erinnerungen an Gouvi 97 zurück, einem etwas wichtigtuerischen Amerikaner, Mitte 60, der den Namen Gouverneur erhielt. Nach seinen schöpferischen Einlagen in den Korallen erreichte er arg strapaziert und nur auf mühevollen Umwegen den rettenden Sand. Seinen blutenden Daumen trug er wie eine Trophäe vor sich her und die zerknitterte Erscheinung hatte nur noch wenig mit jenem selbstbewussten Sportsmann zu tun, der zuvor mit einem kühnen Sprung in den Fluten verschwand, um damit das Publikum zu begeistern.

So schwelgen Margitta und ich für den Rest des Nachmittags weiter in unseren Erinnerungen und schenken den kleinen Fliegen kaum Beachtung, die sich hin und wieder auf unsere Haut verirren. Erst als wir darauf aufmerksam gemacht werden, daß es die berüchtigten Nonos sein können, beginnen wir unseren Leichtsinn zu begreifen. Aber da ist es schon zu spät.

Obwohl die Biester winzig klein und kaum zu erkennen sind, ranken sich mächtige Geschichten um sie, wie um alles, das das Leben zur Pein werden läßt.

Es gibt zwei Arten von Nonos. Eine mit schwarzen und eine mit weißen Flügeln. Letztere werden als „nono purutia" (deutsche Nonos) bezeichnet und sollen die schlimmere Gattung sein. Unser deutsches Herz beginnt zu murren, denn wir sind nicht gewillt, diese Verantwortlichkeit auch noch zu übernehmen.

Als freßgierige Mücken sind sie ständig auf Nahrungssuche und wer kann es ihnen verdenken, daß sie sich mit Leidenschaft auf die blassen, nicht selten ausgiebig breiten Flächen der Touristen konzentrieren. Diese, obwohl darauf aufmerksam gemacht, vergessen über dem Südseezauber nicht selten die Warnungen. So entsteht, wie bei uns, im Laufe der Stunden ein unkontrolliertes Geben und Nehmen, was bei den Gebenden einige Stunden später zum schmerzhaft jukkenden Erwachen führt und beweist, daß das Paradies Südsee auch seine qualvollen Bosheiten hat.

Es wurde aber auch schon viel Unsinn über diese kleinen giftigen Mücken geschrieben, was die Marquesaner so ausschmückten, daß sie selbst nicht mehr unterscheiden können, was Erfindung ist und was der Wahrheit entspricht. Die jüngste publizierte Version weist den Deutschen die Schuld für diese Plage zu, weil sie die Nonos angeblich eingeschleppt haben.

Wir müssen wirklich die bittere Wahrheit zur Kenntnis nehmen, daß auf Deutschlands gebeutelter Seele nun auch noch die Nonos der Südsee abgeladen werden. Warum das? Deutsche Schiffe sollen Erde aus Neu-Guinea nach Nuku Hiva als Ballast gebracht und dort ausgeladen haben und damit, so heißt es, wurden die Nonos eingeschleppt. Man ist boshafterweise versucht zu glauben, daß diese Geschichte einem französisch inspirierten Gedankengut entsprossen sein könnte, um einen weiteren Beitrag zur deutsch-französischen Freundschaft zu liefern.

Aber was ist nun die Wahrheit über diese Biester? Zuerst einmal stellt der „neutrale" Fachmann fest, daß die Nonos nichts mit den Deutschen zu tun haben. Danke Bob! Sie kamen bereits mit den ersten Besiedlern, den Lapita-Seefahrern auf die Inseln. Es wird sowohl in den Sprachen von Westpolynesien, als auch in den Sprachen der „polynesischen Außeninseln", die in Melanesien liegen, das gleiche Wort für diese Fliegen verwendet: Nono.

Sie wurden auch schon in den Legenden erwähnt und malträtierten bereits 1813 Kapitän Porter und seine Besatzung, später auch Arthur Baessler, der sein „zerstochenes Hinterteil" in seinem Buch „Südsee-Bilder" nicht unerwähnt läßt.

Und die Geschichte mit der Erde von Neu-Guinea? Es entspricht wohl den Tatsachen, daß deutsche Schiffe manchmal Erde als Ballast von Deutschland in die Südsee gebracht haben. Zum Beispiel zu den Marschall-Inseln, die aber weit im Westen liegen. Auf dem Rückweg war der Ballast bereits abgeladen und somit ist eindeutig bewiesen, daß die Geschichte von der deutschen Erde, in die sich angeblich die Nonos verkrümelt haben, ein weiteres Märchen aus der phantasievollen Geschichte der Marquesas ist.

Außerdem sind die Nonos auf dem ganzen Erdball anzutreffen, was ich in Neuseeland, Brasilien und Island am eigenen Leib erfahren durfte.

Genug der Archäologie, Ethnologie, Biologie und leider auch des schönen Strandes von Anaho. Wir müssen zurück. Das Bedauern, daß dieser schöne Tag unwiderruflich zu Ende geht, ist bei allen groß. Vollbepackt mit Badeutensilien, Ka-

168

meras, Rucksäcken, Körben und Handtaschen waten wir durch das knöcheltiefe Wasser, um in die Boote zu gelangen, die von jenen Matrosen gesteuert werden, die den heutigen Tag auf der Aranui verbracht haben. Die Musikanten hingegen scheinen das Zusammentreffen mit Hinano, Heineken und Budweiser offensichtlich genossen zu haben und scheinen sich in einem eher etwas abgehobenen Zustand zu befinden.

Die klare Abendsonne hüllt die Landschaft in ein warmes Licht. Wir steigen auf das Deck, schauen noch einmal hinüber zum Tukemata, der honigfarben in der Abendsonne liegt. Im sterbenden Licht erscheinen Ha'atuatuas Felswände noch geheimnisvoller und erwecken den Zauber aufs Neue, den wir dort erleben durften und nie mehr vergessen werden.

Um 17 Uhr ist Abfahrt. Wehmütig begeben wir uns hinunter ins Foyer. Neben uns sitzt die junge „Hawaii-Texanerin", die sich mit ihrem Partner, selbst in der tropischen Hitze nicht vom braunen Cowboy-Hut, langärmligen Hemd, Manchester Hosen und Cowboy-Stiefeln trennen kann und zu den exotischsten Gästen der Aranui zählt.

Beide sind echte Hawaiianer und stellen einen eher wenig bekannten Teil der Bevölkerung dieser Inseln dar. Man nennt sie die „Paniolo" (Spanier), hawaiische Cowboys, die so gut sind wie jene des Festlands. Es gibt große Farmen auf den Inseln Hawai'i und Maui und viele Hawaiianer, so sagt man, sind im Sattel geboren.

Aber nicht dies gibt zu Fragen Anlaß, sondern der aufgeschwollene Fuß der jungen Frau, der mit schwarz-blauen Flekken bedeckt ist. Sie erzählt uns, daß sie in einen Seeigel getreten sei. „Und welche Medizin nehmen sie?" „ Yeah, I put some ointment on it, but piss helps, too, for anything like that. So I got some of the sailors to help me out!"

Sprachlos schaue ich zu Bob, doch dieser macht ein Gesicht, als wäre er mit dieser Art der Medizin bestens vertraut. Er will, daß sie uns noch ein bißchen mehr von dieser Behandlung erzählt, aber sie gibt keine weiteren Einzelheiten bekannt. Wir fragen uns, was ihr Mann in der Zeit getan hat, als die Matrosen angezapft wurden? Am Ende beschließen wir, diese diffizile Sache auf sich beruhen zu lassen und begeben uns zum mit Heißhunger erwarteten Abendessen.

Nuku Hiva, Hatiheu

Die Landschaft während der Fahrt nach Hatiheu verführt zum Träumen. Gewaltige Lavaströme, gefräßigen Koloß-Zungen ähnlich, ergießen sich in das irisierende Meer, während sich die Sonne in den Falten der Felswände verfängt und Schattenspiele für die Phantasie liefert ...

Abrupt werde ich aus meinen Betrachtungen gerissen, weil sich befremdliche Hektik auf dem Schiff ausbreitet. Alle eilen zur anderen Seite, Kreischen und Gejohle bricht aus. „Was ist los?", frage ich eine Dame der Elderlys, die an mir vorbei stolpert und im Laufschritt einen Film einzulegen versucht. „Delphine, Delphine", keucht sie und verschwindet um die Ecke.

Wir erreichen Hatiheu mit den Walbooten. Es ist ein dörfliches Juwel am Fuße dreier steil aufragender Felsmassive. Auf einem dieser Felsspitzen entdecken wir die weiße Gestalt der Madonna von Hatiheu, die schon 1888 dort stand, als Stevenson das Dorf besuchte. Ihre Geschichte ist nicht ganz ohne Ironie, entstanden aus dem Zusammentreffen zweier Kulturen, der altmarquesanischen und der europäischen des 19. Jahrhunderts.

Es war der Wunsch der Missionare, zu Ehren Marias eine Statue zu errichten, und sie wünschten, daß diese aus einem einzigen Stamm geschnitzt werde. Es muß nach marquesanischer Art ein unendlich langes Palaver gegeben haben, bis man sich auf den Brotfruchtbaum einigte. Ein Baum, dem viel Verehrung entgegengebracht wurde, nicht zuletzt weil er eine wirksame Medizin für das Beschneidungsritual lieferte. Ein edles Exemplar, das wundersame Kräfte besaß, schien am

Ende für die Gottesmutter das Richtige zu sein. Der Baum wurde gefällt. Die Schnitzer begannen ihre Arbeit. Als die Tiki fertig war, hüllte man sie in weiße Tapatücher und stellte sie an den ausgesuchten Platz hoch über Hatiheu, dort, wo sie heute noch steht. Ihr Postament umranken große Korallenzweige. Es sind dieselben, mit denen man in vorchristlicher Zeit die Altäre der heidnischen Tempel zu schmücken pflegte.

Dazu Arthur Baesslers spitzzüngigen Kommentar aus seinem Buch „Neue Südsee-Bilder", erschienen 1900:

„... In einem langsam abfallenden, dicht bewachsenen Kessel sieht man den Weg sich nach Hatiheu hinabschlängeln, einem an gleichnamiger schöner Bai gelegenen Ort, während man über die östlichen, etwas niedrigeren Berge hinweg in die Buchten von Anaho und Ha'atuatua blickt. Über eine Stunde dauert der Abstieg, dann erreicht man ein Dorf, das den polynesischen Charakter bereits vollkommen verloren hat. Das versteht man, sowie man die Mission besucht, deren Hof eine Nachbildung der Grotte von Lourdes birgt, in der die Statue der Jungfrau Maria und die wunderhaltige Quelle nicht fehlen, während einem gleichzeitig auf der Spitze einer der höchsten, kaum erklimmbaren Felsenzacken eine mehrere Meter hohe Statue der Jungfrau gezeigt wird, die auf die Rechtgläubigen herabblickt. Zur Einweihung der Grotte waren viele Hundert Marquesaner geladen und von allen Inseln auf Kosten der Mission nach Hatiheu gebracht worden. Es war ein Leben im Tal wie zu den besten alten Zeiten, nur daß die Herren statt der schönen Tatauierung jetzt einen schwarzen Rock trugen und die Frauen heimlich mit dem sündigten, was sie früher, als natürlich, arglos getan hatten. Daß sich aber die Leute nicht Einen aus ihrer Mitte langten und verzehrten, war nicht der wundertätigen Quelle, sondern der Furcht vor der hohen Strafe zuzuschreiben, ohne die sie es trotz Gehrock und Jungfrau Maria sicherlich getan hätten."

Zurück zur Gegenwart. Wir sind auf der Hauptstraße eingetroffen, die parallel zum Meer verläuft. Diese ist gesäumt von Palmen und blühenden Oleander- und Hibiskusbüschen, in die ein kleines Me'ae (Tempel) mit froschmäuligen Tiki eingebaut ist. Die herausgeputzten Häuser und Vorgärten lassen die Hand einer engagierten Bürgermeisterin spüren, die aus diesem Ort eine Oase der Harmonie geschaffen hat. Ihr Name ist Yvonne Katupa. Sie ist eine liebenswürdige, sanfte und im ganzen Archipel geachtete Persönlichkeit. Nach dem Tod ihres Mannes vor 15 Jahren übernahm sie das Amt der Bürgermeisterin. Ihr Charme, Verstand und Durchsetzungsvermögen brachten ihr viel Anerkennung und ihre Wahl scheint jedesmal im Voraus gesichert zu sein.

Yvonne Katupa ist Besitzerin eines Ladens und des Restaurants „Chez Yvonne", das weit über Hatiheu hinaus bekannt ist und selbst in der Neuen Zürcher Zeitung Erwähnung fand. Marquesaner wie Touristen nehmen gerne die holprigen Straßen von Taiohae und Taipi in Kauf, um sich von Yvonnes gepflegter Küche mit Hummer, Fisch und dem traditionellen, im Erdofen gebackenen Schweinefleisch verwöhnen zu lassen. Auch die Passagiere der Aranui gehören zu ihren regelmäßigen Gästen.

Bevor wir bei „Chez Yvonne" einkehren, wandern wir zu drei archäologischen Fundorten. Im Tal Hatiheus finden sich überall verstreute Ruinen und große Steingebäude. Zwei verbündete Taipi-Stämme und neun Unterstämme haben das Tal dicht bevölkert. Einer der Unterstämme nannte sich „Ati Heu'u", woraus dann Hatiheu wurde.

Eine breite Straße führt hinauf zum Stammplatz Hiko Ku'a (der „wundervolle Banyanbaum"). Die idiotisch breite Straße, die eine tiefe Wunde in den dichten Urwald geschnitten hat, ist dem Genie der französischen Armee zu verdanken. Nach knapp zehn Minuten erreichen wir den Stammplatz des Ati Papua-Stammes. Der Platz wurde für die Einwohner Hatiheus zum Symbol der Wiedergeburt. Unter ihrer Bürgermeisterin erfuhr er eine vollendete Restaurierung.

Hiko ku'a ist ein 130 m langer rechteckiger Tanzplatz. Den Seiten entlang stehen niedrige Plattformen für die Zuschauer. Dächer von Kokospalmen und Pandanus-Blättern schützen gegen die sengende Sonne. Das Ende des Platzes wird durch eine auffallend große Bühne aus roten Tuffsteinplatten begrenzt. Es ist das Tu'u, auf dem einst Menschenopfer dargebracht wurden. Die Geschichte erzählt von einem Krieger namens Tu'ehu aus dem Ha'apa'a Tal, der diesem Ritual zum Opfer fiel. In die Vorderwand des Tu'us sind drei Tiki eingebaut, zwei kleine, sehr beschädigte, und ein großer, der die Göttin Tevana'uaua darstellt. Tevana'uaua war eine berühmte Frau, die ebenfalls während der Entbindung starb und zur Göttin der Anaho-Stämme erhoben wurde. Auf einer weiteren Tempel-Plattform stand einst ein mächtiger Banyanbaum, der kurz bevor Bob 1956 auf der Insel ankam, verbrannt wurde, weil er böse Kapaun-Geister beherbergt haben soll.

In kurzweiligen Worten beschreibt Bob seine Ausgrabungen an diesem Fundort, dessen früheste Daten auf ungefähr 1300 n. Chr. geschätzt werden. Wobei die heutigen Plattformen, auch die Tiki, wahrscheinlich erst zwischen 1750 und 1800 entstanden sind. Er schildert, wie er einen großen Erdofen in der nordöstlichen Ecke fand, der mit insgesamt vier Schichten vielversprechend tief war. Diese Entdeckung ließ sein Herz höher schlagen, denn der Ofen schien ein interessantes Ergebnis für die Radiokarbonmethode zu versprechen. Die Enttäuschung war bitter, als er auf den Teil einer

Branntweinflasche mit dem Wort „Vieux ..." stieß. „Vieux" hatte die abstruse Bedeutung von „Jung" bekommen und keinen Zweifel darüber gelassen, daß die Marquesaner diesen scheinbar uralten Ofen nach der Ankunft der Franzosen 1843 errichtet hatten.

Unter den schattigen Bäumen haben inzwischen alle Zuschauer den gewünschten Platz gefunden und warten voller Neugier auf den Beginn des Schweinetanzes. Die muskulösen, tatauierten jungen Männer der Tanzgruppe Hiko Ku'a, mit Ti-Blätterkränzen um Haupt und Hüften, lösen schmachtende Seufzer aus. Meine Nachbarin, eine schon etwas ältere Dame klagt leise: „Man müßte dafür (??) nochmals jung sein ..."

Der Tanz beginnt mit einer Anrufung der Seelen verstorbener Verwandter der alten Taipi-Stämme und dem Urvater Taipi nui ava'angu. Stampfend, geduckt, von kehligen Lauten begleitet, beginnt der „Maha'u" (Schweinetanz). Der Urschweineschrei „U-U-Uhahu" läßt zusammenzucken. Die eindeutig vulgären Bewegungen hinterlassen hie und da staunende Ratlosigkeit. Am Ende geschieht das Unvermeidliche – die Zuschauer werden aufgefordert mitzutanzen. Es gibt einige Damen, die sich willig den Hüftbewegungen hingeben und sich tapfer den Partnerübungen stellen. Der Schweinetanz wird gewissermaßen zum multikulturellen Ereignis, das zwar nicht begeistert, dafür aber staunen läßt.

Von Hiko Ku'a wandern wir weiter das Tal hinauf zum alten Tempel von Te I'ipoka mit einer großen Plattform, die von riesigen Banyanbäumen überschattet wird. Alle Banyanbäume sind auf den Marquesas heilig. Bis zur Mitte des 18. Jahrhunderts wurden hier noch Menschenopfer dargebracht. 1956 entdeckte man in den Bäumen Menschenschädel und Knochen, die den Vorfahren des Ati-Papua Stammes zugewiesen werden.

Die Restaurierung des Tempels und seiner Umgebung, die den schönen Stammplatz Kamuihei und viele Hausplattformen und Häusergruppen verschiedener Art einschließt, ist eindrücklich gelungen. Diese lange, sorgfältige Arbeit wurde vom französischen Ehepaar Drs. Ottinos im Auftrag von ORSTOM, dem französischen Amt für wissenschaftliche Forschungen, ausgeführt. Pierre Ottino und seine Frau Marie Noëlle sind die ideale Ergänzung eines Archäologen mit einer Völkerkundlerin. Sie arbeiteten über 5 Jahre auf den Marquesas und ihre Ausgrabungen und Forschungen waren sehr aufschlußreich. Neben einer gründlichen Bestandsaufnahme, deren Ergebnisse bis 150 Jahre v. Chr. zurückreichen, entdeckten sie viele außergewöhnliche Petroglyphen, wie etwa eine 3 m lange Darstellung eines Kanus am Stammplatz Kou'eva in Taioha'e. Allein auf der Insel Nuku Hiva restaurierten die Ottinos fünf Festplätze. Außerdem arbeiteten sie an dem wohl aufschlußreichsten Buch „Tattouage" mit, das die beste Zusammenfassung der alten marquesanischen Tatau-Motive enthält. Bob war froh, daß er dieses Buch bei sich hatte. So konnte er sich in seinem Vortrag über Tatauierungen darauf beziehen.

Die Umgebung des Tempels Te I'i poka wurde ebenfalls unter der Leitung von Pierre Ottino durch Soldaten der französischen Armee freigelegt. Die Gebäudegruppe zeigt eine Dorfgemeinschaft mit einem Stammplatz, dem Häuptlingshaus und Häusergruppen darum herum. Man fand viele Erdlöcher für den allseits gebrauchten Brotfruchtbrei „Ma" der für die beliebte „Popoi" benutzt wird.

*Ma entsteht aus den gekochten und gestampften Früchten des Brot-
fruchtbaumes. Dazu braucht man den Poistößel und das breite schwere
Houaka (Poibrett). Der Teig wird in Hibiskusblätter eingewickelt und
zum Gähren in dafür eigens ausgehobene Erdlöcher versenkt. Auf
diese Art kann Ma viele Jahre aufbewahrt werden und galt früher
als lebensnotwendige Notration bei Hungersnöten oder während
Kriegen. Popoi ist dagegen ein Gemisch aus frischem Brotfruchtbrei
und einem Teil Ma, wodurch das Popoi schmackhafter wird. Popoi
mit oder ohne Ma gehört zum Alltagsessen der Marquesaner und
fehlt auch auf keiner Tafel in den Restaurants. Es wird in der Koka'a
(Holzschüssel) zusammen mit Kokosmilch serviert.*

In der Mitte der Gebäudegruppe steht ein großer Tempel,
der den Urvätern gewidmet ist. Den steilen Hang hinauf finden sich weitere Tempel und Galerien mit Petroglyphen von
Menschenfiguren, Schildkröten, Fischen, Göttergesichtern,
Fruchtbarkeitssymbolen und Tataumotiven. Sie sind tief in
riesige, moosbedeckte Steinblöcke eingeritzt. Bob erklärt den
Zuhörern, daß man in der Umgebung von Stammplätzen oft
Petroglyphen findet, diese aber nicht immer genau zu deuten
sind. Es könnten Denkmäler für Opfer sein, oder sie stellen
besondere Ereignisse dar. Ebensogut können sie aber auch
mit den Stammgöttern und Geistern in Verbindung gebracht
werden.

Auf dem Rückweg begegnen wir Pierre Ottino, der sich
spontan bereit erklärt, einen kurzen Vortrag über seine Forschungen zu halten. Sein bescheidenes Auftreten weckt große
Sympathie. Er verschweigt, wie wenig er in seiner Arbeit unterstützt wird und wie oft er und Marie-Noëlle gegen den
Widerstand von uneinsichtigen Beamten in Tahiti ankämpfen
mußten, um ihre Arbeit erfolgreich abzuschließen. Bob über-

setzt den Vortrag auf Englisch und ist überrascht, wie groß das Interesse ist. Wie immer, stellen am Ende die Elderlys die meisten Fragen.

Pierre Ottino hat für die Archäologie der Marquesas Hervorragendes geleistet. Dank ihm wissen wir mehr über die Ur-Marquesaner von Hatiheu, ihre Stammeswelt, ihre Gewohnheiten, Riten und Lebensformen und er trug mit seinen vielen Publikationen dazu bei, daß die Vergangenheit und die Wurzeln dieser geheimnisvollen Kultur besser verstanden werden können.

Mein Entschluß, vor der Gruppe den Rückweg anzutreten war klug. Es beschwingt, allein durch die fremdartige Vegetation zu wandern und den melodischen Vogelstimmen zuzuhören.

Wir treffen uns wieder am Strand, neben dem neuen Tiki-Tempel. Unter dem Blick der weit über uns thronenden Madonna genießen wir das Meer und die Brandung, die unentwegt über den schwarzen Strand rollt. Weiter draußen scheint die Aranui schwerelos über dem Wasser zu schweben. Ein kleiner Wermutstropfen an diesem sonst so makellosen Tag ist die ewige Juckerei am Rücken. „Oh mein Gott, dein Rücken ist übersät mit Nonostichen!" Schuld war wohl der Leichtsinn in Anaho, Monoi-Öl und „Anti-Brumm forte" unbenutzt im Rucksack gelassen zu haben.

Bei „Chez Yvonne" wurde in der Zwischenzeit unter einem geschlossenen Palmblätterdach eine lange Tafel hergerichtet. In fröhlicher Tischrunde finden wir Platz, der den Blick zu einem Blumenmeer öffnet, in dem lila und weiße Bougainvillea, bedrängt von den vanillefarbenen Blüten der Tiarebäume, in den tief dunkelblauen Himmel streben. Daneben buhlen vielfarbig blühende Oleanderbüsche mit tellergroßen, weißcremigen, zitronengelben oder orange bis dunkelrot leuchtenden Hibiskusblüten um die Vorherrschaft an Farben. Der über allem schwebende Duft der Blüten umhüllt uns wie kühlende Seide. In dieser Stimmung vermitteln die gespielten und gesungenen tahitischen und panpazifischen Lieder einen zusätzlichen Hauch von Romantik.

Bevor das Essen serviert wird, müssen sich alle einem besonderen Ritual stellen. Es ist die Öffnung des Erdofens, in dem seit Stunden ein pikant gewürztes Schwein schmort, das den Mittagstisch bereichern soll. Rua, ein imponierender Marquesaner, selbst Archäologe, hebt mit bloßen Händen die heißen Steine auf und befreit das Schwein von den umhüllenden Bananenblättern, das nun zwar etwas bleich, aber offensichtlich gar, wieder das Licht der Sonne erblickt.

Hinter der Küche treffen wir auf die Ottinos. Wir beglückwünschen sie noch einmal zu ihrem hervorragenden Buch „Tattouage" und besprechen die Möglichkeiten eines weiteren Zusammentreffens. Bob hat mit Pierre schon einmal im Ha'apa'a-Tal zusammengearbeitet. Pierre und Marie-Noëlle hoffen immer noch auf eine archäologische Feldschule in Hatiheu, in der Interessierte bei ihren Ausgrabungen mitwirken könnten, bestätigt durch ein entsprechendes Zertifikat am Ende des Kurses. Diese Idee fasziniert und wäre in Verbindung mit einer Unterkunft im Hotel „Chez Yvonne" ein interessantes Konzept. Je mehr wir darüber reden, desto überzeugender erscheint es. Es wäre eine neue Art der Feriengestaltung, einmal wirkliche Archäologie mitzuerleben. Nicht nur Touristen, auch Studenten könnten von diesem Angebot profitieren. Bob wird in dieser Sache mit den Ottinos in Kontakt bleiben, die gleichentags noch nach Frankreich abreisen, um ihre wohlverdienten Ferien dort zu verbringen. Eine unverständliche Entscheidung, dieses Paradies gegen das triste, graue Wetter in Paris einzutauschen ...

Das Essen mundet herrlich. Es besteht aus diversen Sala-
ten, gebratenen und rohen, in deliziöse Soßen eingelegten
Fischen, Schweinefleisch aus dem Erdofen, Reis, als Frites
gebackenen Brotfruchtscheiben, Popoi-Brotfruchtbrei und als
marquesanische Nachspeise ein Pudding aus gekochten,
pürierten Bananen in süßer Kokosmilch. Die Stimmung am
Tisch wird immer ausgelassener und erfährt eine zusätzliche
Steigerung, als wir unser Erlebnis mit einer Touristin zum
besten geben, die wir während der letzten Reise hier ange-
troffen hatten.

Sie schien für uns aus einer anderen Welt zu kommen. Ge-
kleidet wie ein Direktimport aus der noblen Zürcher Bahnhof-
straße, bestach sie durch ihre besondere Einfalt.

„Ja, ja. Ich komme aus der Schweiz. Und ihr?
Ich bin mit meinem Mann auf einer Weltreise.
Wir sind mit einem Helikopter hierher geflogen.
Doch, doch. Es gefällt uns gut hier.
Es gibt viele Blumen, die sind auch schön.
Nein, mein Mann schläft. Er hat schon viele Inseln gesehen.
Wir waren schon dreimal in Las Vegas.
Wir reisen gleich wieder ab.
Wir wollen nach Hongkong, da ist es auch schön wie hier."

Mein Schweizer Nachbar stöhnte ein ums andere Mal gequält: „Sag nüd, sag nüd, mir gits öppis, usgrechnet an eusem
Tisch, die blamiert die ganzi Nation." Margittas debil fragender Blick und der pointierte Kommentar meines Nachbarn
zur Linken ließen das Lachen nur mühsam zurückhalten. Gott
sei Dank war die Dame abgelenkt.

Bob war 1956–58 selbst einige Monate in Hatiheu und das
Tal ist auch für ihn voller Erinnerungen. Einige Freunde aus
dieser Zeit leben noch, aber die meisten haben ihre Reise nach
Hawaiki bereits angetreten. Unter ihnen auch Frau Tini te'oho

(Tausend Kräfte). Sie war eine große, schlanke Frau, mit einem durchdringenden Blick. Wegen ihrer fortgeschrittenen Elefantiasis verdeckte sie die aufgeschwollenen Beine stets mit einem zeltartigen Umhang.

Selten sah man Tini ohne ihre Pfeife. Man bezeichnete sie als Zauberin, denn sie spielte mit dem Nani kaha. Das ist eine alte schwarze Magie, mit der man anderen Leid zufügen kann. Dazu brauchte sie eine Haarlocke, ein Stück Fingernagel oder einen Essensrest. Das ganze wurde mit Blättern und einem Eidechsenschwanz umwickelt und mit Gesang ins Feuer gelegt. Ergebnis und Wirkung hingen von den Blättern und den Gesängen ab. Nachdem Tini ihren verstorbenen Sohn nach Brauch der alten Marquesaner mumifiziert hatte, gab es endgültig Ärger mit der Verwaltung.

Sie war bereits hoch in den Jahren und lebte mit ihrer über 100-jährigen Mutter zusammen, als Bob sie kennenlernte. Sie machte ihn mit der hergebrachten marquesanischen Medizin bekannt und dem Glauben daran. Sie gab ihm und seiner Familie marquesanische Namen, was eine außerordentliche Ehre ist. Wenn Marquesaner die Namen austauschen, bedeutet dies, daß auch die Rechte, die Verantwortung und die Persönlichkeit auf den Betreffenden übergehen. Solche Leute nennen einander dann „mein Name." Später erfuhr er, daß Tini ihm den Namen ihres einzigen Sohnes gegeben hatte. Ein hübscher, glücklicher Junge, der viel zu früh sterben mußte. Als er diese Geschichte erfuhr, schien ihm, als ob sich eine Hand nach ihm ausstreckte, die ihm bedeutete: „Jetzt haben wir uns endlich kennen gelernt, e te ikoa e! (oh, mein Name)."

Ein anderer Freund in Hatiheu war Karoro Te Va'a, ein Hellseher und Wahrsager, auch nicht unbegabt in der Schwarzen Kunst und ein Feind Tinis. Te Va'a arbeitete mit seinen

Kräften direkt gegen sie und es fand ein regelmäßiger Schlagabtausch statt. Daß Bob der Freund beider war, kümmerte sie wenig. Aber Te Va'a war auch ein ausgezeichneter Archäologe. Er besaß die Gabe, viele unbekannte Artefakte auf Anhieb zu analysieren. Bei allen beliebt, hatte er viele Freunde, aber sie fürchteten sich alle vor seinen Kräften. Als hübscher, höflicher Mensch genoß er einen ausgezeichneten Ruf bei den Frauen, worüber er lieber schwieg.

Oft, wenn das Ausgrabungs-Team auf dem Feld übernachten mußte, wurde Bob frühmorgens von Te Va'as leisem Gesang an die Götter aufgeweckt. Bescheiden und ruhig erzählte er Bob von seinen Kräften. Die Zeichen las er aus der Natur. Dabei trafen seine Voraussagen immer ein. Eines Tages erklärte er, daß das Team am anderen Morgen einen seltenen Tiki finden werde, und so geschah es. Man begegnet so vielen Wissenschaftlern, die vorgeben, alles zu wissen, aber nur ein Bruchteil des Wissens besitzen, das Te Va'a zu eigen war. Schade, daß dieser intelligente Mensch nie eine Universität besuchen konnte.

Mit der Geschichte über Te Hono, der kleinen lächelnden Frau, beschließen wir die Erzählungen. Sie hatte als Köchin gearbeitet. Wenn das Team hungrig, durstig und schmutzig am Abend von den Fundstellen zurück kam, standen stets Snacks bereit und das Abendessen brutzelte auf dem Herd. Aber wenn Bob ankam, wurde ihm mit Augenzwinkern signalisiert, er solle in die Küche gehen.

Da gab es immer etwas Süßes, das sie speziell für ihn zubereitet hatte. „Setz' Dich, iß und trink." – „Danke Te Hono. Und jetzt erzähle: Wer ist ins Lager gekommen? Wer hat sich am Essen zu schaffen gemacht? Was hat Te Hono getan?" Die kleine Frau, die nach eigenen Aussagen ein bewegtes Leben hinter sich hatte, verstand es, das Lager gegen alle Eindringlinge zu verteidigen. Keiner konnte unter ihren Augen der marquesanischen Leidenschaft des „Leihens" frönen und dank ihr kam auch niemand in die Versuchung, das Lager als Leihhaus zu benutzen. Aus der Küche eilend, das Kinn hoch gereckt, die Augen zu bösen Schlitzen verengt, hielt sie selbst die riesigsten Marquesaner auf Distanz.

Die Erzählungen haben schläfrig gemacht und jeder sehnt sich hinaus an den Strand, um unter schattigen Palmen diesen einzigartigen Tag zu genießen. Die poetische Beschreibung aus einem Reiseprospekt drängt sich in Erinnerung und wird zur Gewißheit:

„Die Luft ist wie Balsam, mit einem Hauch von zartem Blütenduft. Man hält den Atem an und fühlt es fast wie einen Schmerz. So vollkommen ist die Schönheit."

Tatsächlich läßt dieser Nachmittag das Leichte und Schwere, das Lachen und Weinen auf ein Minimum zusammenrükken, so daß es nicht mehr voneinander zu trennen ist. Ist es die Brandungsmelodie, die unter uns den schwarzen Strand umspült, die alle einhüllt, gefangennimmt? Der bevorstehende Abschied, der unwiderruflich ist? Die Gefühle suchen ihren eigenen Weg. Sie lassen uns stumm werden und öffnen dafür das Herz.

Der Aufbruch von diesem Ort fällt schwer. Auf dem Rückweg zu den Booten werden wir noch lange von der Musik begleitet, die aus dem Restaurant zu uns dringt. Der letzte Blick geht hinüber zu den scharfkantig gezackten Bergspitzen, deren pelzartig wuchernde Vegetation smaragdgrün aufleuchtet. Wir hüllen uns in einen Kokon, in dem, von tausend Seidenfäden zusammengehalten, dieser Tag wohl unvergänglich erhalten bleiben wird.

Zurück auf der Aranui, hat uns der Alltag wieder. Duschen, Umziehen, im Salon Kaffee oder Tee trinken. Dabei erfahre ich eine weitere liebevolle Zuwendung von Frances, der Dame aus Florida, die mich fest in ihr mütterliches Herz geschlossen hat. Als sie von meinem Leiden hört, versorgt sie mich rasch mit Ölkapseln, die gegen Mückenstiche wirksam sein sollen. Ich nehme alles, was Hilfe verspricht, und danke ihr von Herzen.

Auf Deck empfängt uns eine außergewöhnliche Abendstimmung. In bereits geheimnisvolle Nebelschleier gehüllt, entschwinden Ha'atuatua und die Küste. Die tief hängenden, grau getönten Wolken verwandeln sich im Widerschein der goldenen Strahlen zu immer neuen Impressionen aus Licht und Schatten und schaffen aus den Spitzen der scharf gezackten Berge futuristische Schöpfungen, die keine Künstlerhand einfallsreicher gestalten könnte. Hinter schwarzschattenen Bergkegeln verglimmen in der Dämmerung die letzten Strahlenkränze und enden an fernen Wolkenbänken im amethystfarbenen Meer. Zum Schluß bleibt ein winziges orange-rotes Licht, das in der Unendlichkeit versinkt, aus der die Nacht geheimnisvoll emporsteigt.

Gewaltsam müssen wir uns wieder in die Wirklichkeit zurückrufen. Der Gong mahnt zum Abendessen. Nach dem Essen findet ein Meeting statt, das Bob eigens für die deutschsprachigen Passagiere organisiert hat. Seine Vorträge werden jeweils auf Englisch und Französisch gehalten, die deutsche Minderheit kommt dabei regelmäßig zu kurz. Heute abend ergibt sich nun Gelegenheit, auf offene Fragen Antworten zu finden. Zum Beispiel: Wie spielt sich das Leben der Menschen heute auf den Inseln ab? Womit finanzieren sie ihren Lebensunterhalt und womit treiben sie Handel? Wieso können sie sich so teure Autos leisten, wenn der Verdienst gleich Null ist? Welche Zukunft haben die Kinder, die jungen Leute, wie steht es um die Schulen und die Ausbildung?

Die marquesanische Wirtschaft war seit den 50er Jahren einem steten Wandel unterworfen. Das wichtigste und einzige Exportgut war in jenen Tagen Kopra, das getrocknete Fleisch der Kokosnüsse. Diese Arbeit war schwer und der Verdienst kaum der Rede wert. Hinzu kamen Holzschnitzereien und Spezialitäten wie Kaffee, getrocknete Bananen und andere Früchte, allerdings auch nur in kleinem Umfang. Sie brachten nichts für die Volkswirtschaft, es war der Verdienst einzelner. Es gab kaum Touristen und wenn, dann kamen sie mit den Kopra-Schonern und übernachteten bei Familien, weil weder Hotels noch sonstige Unterkünfte zur Verfügung standen.

Inzwischen hat sich das Leben auf den Marquesas deutlich geändert. Es gibt zwar noch Kopra, aber viel weniger. Der größte Exportartikel sind die Früchte des Noni-Baumes (Morinda citrifolia) die von einer Missionsgesellschaft gesammelt und nach Tahiti verschifft werden.

Der Saft der Nonis wird mit anderen Fruchtsäften vermischt und in die USA und andere Länder als Medizin verkauft. Die Einheimischen selbst benutzten die Früchte selten als Medizin – sie wurden höchstens während der Hungersnot gegessen. Weil die Noni-Frucht in der schwarzen Magie eine Rolle spielte, besitzt sie den Ruf wundersamer Kräfte und wird demgemäß teuer in den USA als „Medizin der alten Polynesier" verkauft. Es heißt, daß dieses „tahitische Wundermittel" von Pusteln bis Krebs alles heilt.

Ein großer Teil der Bevölkerung arbeitet für den Staat. Zum Beispiel im Straßen-, Hafen- und Flugplatzbau und anderen Bauobjekten. Dazu kommen Arbeitsplätze in Schulen, in der Landwirtschaft, der Rinder- und Pferdezucht, Pflegeberufe in Krankenhäusern usw. Alle diese Unternehmen werden vom Staat betrieben. Außerdem gibt es ein gutes Programm staatlicher Sozialleistungen, so daß für jedermann gesorgt ist. Und damit ist auch die Frage beantwortet, warum man auf den marquesanischen Straßen diese Luxus-Jeeps antrifft. Die Marquesaner können sie sich mit den Zuschüssen kaufen, obwohl sie zweimal teurer sind als in den USA. Es ist aber in erster Linie eine Frage des Prestiges: Warum soll man Pferde reiten, wenn man einen Toyota-Landcruiser fahren und damit auffallen kann? Hier dürfte auch einer der Gründe liegen, warum die Marquesaner zwar die Unabhängigkeit von Tahiti anstreben, sich aber nicht gerne von Frankreich lösen wollen.

Die Schulen auf den Inseln sind gut, sie pflegen bewußt wieder die eigene Kultur und der Unterricht wird zur Hälfte in marquesanisch gehalten. Es gibt die Wahl zwischen zwei Schulsystemen, dem staatlichen oder dem der Missionsschulen. Nach Vollendung des 12. Lebensjahrs entscheidet man sich dann für ein College auf den Inseln oder für den Besuch eines Internats in Tahiti. Wird die Universität aktuell, gibt es die französische Universität des Südpazifiks in Tahiti oder die Hochschulen in Frankreich. Somit hat jedes Kind die reelle Chance, sich für einen Beruf sorgfältig vorzubereiten, der aber oft von den Inseln wegführt.

Unterdessen ist es sehr kühl geworden. Statt mit den anderen die Wärme aufzusuchen, steigen wir auf die Wetterbrücke, um die Himmelskarte von Theodor zu studieren, die der Maat eigens für uns aufgezeichnet hat. Die in voller Pracht entfalteten Sternen funkeln in unvergleichlicher Helligkeit. Wir entdecken Saturn, Jupiter mit seinen Satelliten, Phönix, Mars und die Pleiaden. Das Kreuz des Südens sowie der Haken von Maui (Skorpion) sind leider noch nicht zu sehen.

Ist es die MIR, die ihre Bahn über das Schiff hinweg zieht, oder ein anderer der unzähligen Satelliten, die den Himmel bevölkern? Wir schauen ihm nach und Bob erinnert sich an das Jahr 1957, als der erste Sputnik auf die Erdumlaufbahn gebracht wurde. Die Marquesaner gerieten fast aus dem Häuschen über diesen „hetu ui'a" (elektrischer Stern). Einige behaupteten sogar mit Überzeugung, er habe nur ihre Insel umkreist – dies könnte aber auch mit dem Genuß von zuviel Kokotoddy zu tun gehabt haben, der Halluzinationen hervorruft. Kokotoddy ist ein auf natürlichem Weg gegärter Saft der Kokospalme, der im Endstadium stark alkoholhaltig ist.

Selbst wenn es noch so aufregend ist, sich in die Astronomie einführen zu lassen, der kühle Nachtwind läßt immer mehr frieren und drängt endgültig ins Schiffsinnere zurück. Meine 45 Nonostiche an Rücken, Ohren und Beinen verheißen keine gute Nacht, und so bitte ich Bob, uns im Salon noch einmal die Geschichte über die Entstehung der Kokospalme zu erzählen.

Bob kennt viele Legenden, aber sie zu erzählen wie die Meistererzähler, die er kennengelernt hat, das werde er wohl nicht können, entschuldigt er sich. Er erinnert dabei an den Häuptling Taniha Taupotini, den adoptierten Sohn der Königin Vaekehu. Taniha war ein gewichtiger Mann von 125 kg, den Kopf umrahmt von einer Mähne schneeweißer Haare. Seine Erzählungen waren voller Leben, er imitierte die Stimmen, sang die Gesänge, er grunzte wie die Schweine und ließ so seine Zuhörer Sternstunden der Erzählkunst erleben.

Die Legende über den Ursprung der Kokospalme wuchs Bob deshalb so ans Herz, weil die Prinzessin, die darin spielt, Hina hieß, wie seine Tochter, die 1997 viel zu früh gestorben ist und nie die Marquesas besuchen konnte, die sie so gerne mit ihrem Vater erlebt hätte. Bob fühlt, daß sie ihm auf dieser Reise besonders nahe ist. In der Legende war Hina ein anmutig schönes Mädchen in der Zeit der Helden und Götter, der polynesischen Urgeschichte.

Die Geschichte spielt auf einer weit entfernten Insel im Westen. Eines Tages besuchte Tui Fiti, ein Häuptling aus Fitinui (Fidschi), diese Insel und sah die schöne Hina, in die er sich auf den ersten Blick verliebte. Doch Hina wollte nichts von ihm wissen. Traurig kehrte er nach Fitinui zurück. Dort fragte er seinen „Taula" (Schamane), wie er sich für immer in der Nähe von Hina aufhalten könne.

Der Taula hörte ihn an, aber er war nicht glücklich über das, was er erfuhr. Er sagte Tui Fiti, daß es nur einen Ausweg gäbe: Er müsse sich in einen Aal verwandeln. In dieser Gestalt könne er über das Meer zur Insel Hinas schwimmen, um in ihrem Badeteich oder im Fluß neben dem Haus für immer bei ihr zu bleiben. Hina würde ihn als ihr Lieblingstier annehmen. Doch einmal in einen Aal verwandelt, könne er nie mehr ein Mensch werden. Tui Fiti hörte dem Taula aufmerksam zu und nach einer Weile bat er ihn: „Verwandle mich in einen Aal, ich kann ohne Hina nicht mehr leben."

Schweren Herzens gab der Taula dem Wunsch nach und verwandelte Tui Fiti in einen Aal. Dieser schwamm zur Insel der schönen Hina. Er fand ihr Dorf und als er sie erblickte, war sein Glück vollkommen. Zunächst hielt er sich fern, aber jeden Tag wagte er sich näher. Hina zeigte zuerst Furcht. Aber mit der Zeit gewöhnte sie sich an ihn, gab ihm zu fressen und fühlte sich wohl bei ihm. Der Aal folgte ihr, wohin sie auch ging.

Andere Häuptlinge sahen den Aal und mochten ihn nicht. „Er ist häßlich" meinten sie, und es werfe ein schlechtes Licht auf Hina, die Tochter des Stammesoberhaupts, wenn sie sich ständig mit ihm zeige. Sie wollten den Aal töten und ließen Hina keine Ruhe mehr. Schweren Herzens gab Hina schließlich nach. Aber sie wolle mit dem Aal reden, bevor er enthauptet würde. Große Traurigkeit ergriff sie, als sie ihm den Entschluß der Häuptlinge mitteilte.

Der Aal verstand sie. Nur eine Bitte hatte er noch: Sie sollte ihm versprechen, seinen Kopf nahe bei ihrem Haus zu begraben. „Daraus wird ein Geschenk für Dich entstehen, ein hoher edler Baum, der den Menschen Nutzen bringen wird. Seine Blätter werden die Dächer der Häuser decken, aus dem Holz des Stammes werden Pfosten, aus den Fasern der Hülsen die Schnüre. Wenn du die Nüsse schälst, wirst du mein Gesicht sehen, mit zwei Augen und einem schwarzen Mund in der Mitte. Brich den Mund auf und presse Deine Lippen dagegen, so wie ich Dich immer küssen wollte. Ein süßes Wasser wird danach Deinen Durst stillen. Das weiße Fleisch der Nüsse ist gegen den Hunger."

Hina weinte, als sie die Worte hörte. Der Abschied fiel ihr unsagbar schwer. Doch der Geliebte fürchtete sich nicht vor dem Tod, denn er wußte, daß sie einander immer gehören würden. Der Aal wurde enthauptet und wie versprochen, begrub Hina seinen Kopf in der Nähe ihres Hauses. Kurze Zeit danach sproß ein kleiner Baum aus dem Grab und wuchs zu einer mächtigen Kokospalme empor. Es war das Geschenk, das Tui Fiti seiner schönen Hina versprochen hatte. So wurde aus der Kokospalme der treue Gefährte der Polynesier.

Mit der Geschichte dieser ergreifenden Liebe, einer Liebe die immer nur gab, nie forderte und keinen Tod fürchtete, beenden wir diesen ereignisreichen Tag und suchen nachdenklich den Weg in die Kabinen.

Nuku Hiva, Ua Pou

Taioha'e erreichen wir um 5 Uhr morgens. Nonostiche und brummende Schiffsmotoren sind keine ideale Schlafkombination. Den Matrosen zuzuschauen, wie sie die Fracht löschen, ist deshalb eine willkommene Abwechslung.

Nach dem Frühstück bleibt ausreichend Muße, sich nach eigenen Wünschen die Zeit zu vertreiben. Die einen bleiben auf dem Schiff, andere ziehen es vor, zu Fuß oder mit dem Bus Taioha'e zu besuchen. Direkt am Meer liegt eine Promenade mit nachgebauten Tiki. Sie ist gleichzeitig ein Freilichtmuseum und selbstverständlich fehlt auch das Denkmal nicht, welches an französische Heldentaten erinnert.

Bob kann mit Erleichterung der wartenden Rose die Keulen und Schüsseln aus Ua Huka übergeben, die sie dankbar in Empfang nimmt. Gemeinsam fahren sie danach ins Krankenhaus, um dem Holzschnitzer Teikivahiani einen Besuch abzustatten.

Rose Corser ist eine begeisterte Sammlerin altmarquesanischer Kunstgegenstände, die sie in ihrem Haus neben dem Hotel Keikahanui in einem kleinen Museum ausstellt. Obendrein plant sie in der Nähe ein zweistöckiges Museum. Die Pläne liegen bereits vor, aber wie alles auf den Marquesas, wird es seine Zeit brauchen. Aber ich denke mir, daß die zierliche, charmante Eiserne Lady es problemlos fertigbringt, das Bauvorhaben im marquesanischen Eiltempo durchzusetzen. Dabei kann sie sicher auch auf die Hilfe des Bischofs zählen, der ihr jetzt schon wertvolle Fundgegenstände aus der Sammlung der Mission als Leihgabe überlassen hat. Viele Einheimische folgten dem Beispiel und vertrauten Rose ihre Schätze ebenfalls an. Die Keulen und Schüsseln aus Ua Huka werden die Sammlung weiter bereichern. So wird wohl eines Tages Taioha'e eines der wertvollsten Museen der Inselwelt besitzen, womit sich Rose Corser ihr eigenes, verdientes Denkmal setzt.

Für die Zurückgebliebenen bietet sich eine willkommene Möglichkeit, der Schönheitspflege ein bißchen mehr Aufmerksamkeit zu widmen, als dies in den letzten ausgefüllten Tagen der Fall war. Aber was ist, wenn das Wasser der Dusche während des Einschäumens plötzlich versiegt und auch das hektische Werkeln an den Armaturen keinen Tropfen mehr hervorlockt? Das heißt den Schaum abstreifen, so gut es geht, in die Kleider steigen, mit tränenden Augen die Wasserflasche in der Kabine irgendwo zusammensuchen, einen Stock tiefer hasten, die Wasserflasche am Trinkwassercontainer füllen, um damit wieder in der Dusche zu verschwinden. Fünf mal das gleiche Prozedere und fünf Liter eisgekühltes Wasser genügen, den Schaum loszuwerden, den Kopf und dessen Inhalt dafür beinahe an den Gefrierpunkt zu bringen. Die anzügliche Bemerkung, daß mich am Morgen schon ein großer Durst plagen muß, wird ignoriert, denn bei meiner aufgebrachten Seele kommt keine freundliche Antwort zustande.

Mit Herbert Rosendorfer's Buch „Ungeplante Abgänge", dessen Titel nicht ohne Ironie zum heutigen Morgen paßt, kommt das aufgebrachte Gemüt wieder in die nötige, positive Ruhelage. Als dann Bob auch noch mit Neuigkeiten eintrifft, pendelt sich alles wieder in die gewohnte „Aranui-Behaglichkeit" ein.

Es steht nicht gut um den alten Freund Teikivahiani. Er ist an eine Sauerstoff-Flasche angeschlossen und konnte sich nur mit letzter Anstrengung erheben, um Bob, seinen alten Freund, zu begrüßen. Teiki ist seit Jahren krank, er leidet an akuten Herzbeschwerden und chronischer Lungenentzündung. Doch er weigerte sich beharrlich, einen Arzt aufzusuchen oder sich ins Krankenhaus zu begeben. Er tat es erst, als es beinahe zu spät war. Bob erzählt voll Mitgefühl und man spürt wie schwer es ihm fällt, von diesem Abschied zu reden, denn es wußten wohl beide, daß es ihre letzte Umarmung war. „Na Te Etua te tiaki, Teiki" (Gott sei mit Dir Teiki). Die beiden Tiki in meiner Kabine sind seine letzten Arbeiten. Ich bin stolz darauf, daß sie mir gehören.

Einen Monat später traf dann die Nachricht seines Todes ein. Teiki hatte sich hartnäckig geweigert, nach Tahiti verlegt zu werden. Er wollte seine Reise nach Hawaiki, dem Paradies der Vorfahren, von seiner geliebten Insel Nuku Hiva antreten. „No'oe te mo'u, hoa pii" (Ruhe in Frieden lieber Freund).

Um 10.30 Uhr verlassen wir Nuku Hiva und nehmen Kurs auf Hakahau auf Ua Pou.

Bewegt schauen wir zurück auf den ruhigen, von Bergzinnen umgebenen Hafen von Taioha'e, der immer kleiner wird und langsam unseren Blicken entschwindet. Am Ende ist Nuku Hiva nur noch ein langer Schatten, der sich am nördlichen Horizont auflöst.

A pae, Insel der Schönheit, der schwarzen Strände, der Geschichte und der Rätsel, die Du nie ganz preisgeben wirst. Deshalb wird man immer wieder zu Dir zurückkehren, um sich von Deinen verwunschenen Stimmungen gefangen nehmen zu lassen.

Der Gong zum Mittagessen erlöst aus der wehmütigen Stimmung. Als Bereicherung zum alltäglichen Melonenscheiben-Dessert gibt es unter Freunden die letzte Tafel Schweizer Schokolade, der klägliche Rest eines großen Vorrats, an dem sich während der Reise nicht wenige erfreut haben. Unverhohlen wetteifert man im Genuß der zartschmelzenden Köstlichkeit, die von alleine auf der Zunge zergeht, wie es ein besonders großer Schokolade-Verehrer beschreibt.

Alle Sonnenstühle sind bei der Überfahrt nach Ua Pou besetzt. Die Sonne wird in allen erdenklichen Lagen und Kleidungen genossen, von der totalen Verhüllung bis zur Zahnseide zwischen den Pobacken. Mein Stammplatz ist im Pool, denn die einzig spürbare Labsal für den Nonostich-geplagten Rücken und die Beine sind das Salzwasser und der Wind, der kühl liebkosend die Juckerei vertreibt. Helmut leistet mir Gesellschaft. Unser heutiges Gespräch führt nach München zu knusprig gebratenen Schweinshaxen, Radis, bayerischem Weizenbier, schattigen Biergärten und weiteren Annehmlichkeiten, die diese Stadt zu bieten hat. Leider zaubert Hinano (tahitisches Bier) nur wenig von jenem Genuß auf die Zunge, den uns der Traum von einem kühlen, perlenden Hefe-Weizen vorgaukelt.

Bewegung kommt auf, als uns die skurrilen Felsen von Ua Pou aufs Neue begrüßen und wir Hakahau ansteuern. Auch dieses Mal nimmt ein Großteil der Bevölkerung an der Ankunft der Aranui teil. Container und Waren stehen bereits am Pier und warten auf das Verladen. Die meisten Passagiere verlassen das Schiff, um ein letztes Mal die Einzigartigkeit der Landschaft und des Tales zu genießen.

Währenddessen findet im Salon eine beachtenswerte Ausstellung von Bambusflöten statt. Diese Flöten waren klassische, marquesanische Instrumente. Es gab verschiedene Arten, unter anderem die Nasenflöte (Pu ihu) und die Mundflöte (pu hakahau). Allesamt waren sie mit eingebrannten Tatau-Motiven verziert. In alten Zeiten übernahmen die Tataumeister diese Motive auch oft als Vorlage für ihre Arbeiten. Einmal mehr ist es Karl von den Steinen zu verdanken, daß die Formen und Zeichnungen dieser Instrumente der

Nachwelt erhalten blieben. Die bemalten Flöten, die im Salon verkauft werden, stellt ein Franzose aus Ua Pou her. Die Flöten sind zweifellos sehr schön, aber leider haben sie nichts mehr mit den Instrumenten der alten marquesanischen Kultur zu tun.

Wir verlassen ebenfalls das Schiff und werfen dabei einen Blick in das „Freiluftbüro" der Aranui, in dem emsige Geschäftigkeit herrscht und der Großteil der Bevölkerung von Hakahau anwesend zu sein scheint. Ein unbeschreiblicher Lärm erfüllt den überdachten Platz, auf dem Kasimir, mit geduldigem Lächeln, aber wachsam wie ein Luchs, alles unter Kontrolle hat. Auch seine schwarze Aktentasche, den Wunderkoffer der Aranui. Was es wohl für eine Bewandtnis mit den Hunderten von Zetteln hat, die sich darin befinden? Das wird wohl eines der bestgehüteten Geheimnisse der Aranui bleiben und nie gelüftet werden, solange der schweigsame Kasimir Finanzchef des Frachters ist.

Dafür läuft das Arbeitstempo in der örtlichen Kanu-Werkstatt im bekannt gemächlichen Rahmen. Die Marquesaner sind begeisterte Kanuten und haben sich auch außerhalb der Inseln einen viel beachteten Ruf erworben.

Ein schönes Doppel-Kanu steht kurz vor seiner Vollendung. Es ist im modernen, hawaiischen Stil gebaut. Die Wände bestehen aus kleinen Brettern und es hat eine Art Cockpit. Einbäume werden nicht mehr benutzt. Wir fragen die Bootsbauer scheinheilig, ob dies ein echtes marquesanisches Boot sei. „Ganz echt" kommt die Antwort. „Die Leute von Vaihi (Hawai'i) haben nicht geholfen?". Ein beinahe zorniges Lächeln ist die Antwort und ein nachdrückliches „A'o'e (Nein). Das stimmt zwar nicht ganz, denn es ist bekannt, daß zwischen Hawai'i und den Marquesas ein reger Austausch im Kanubau besteht und man sich an der hawaiischen Technik orientiert. Aber was soll's, wir bewundern das marquesanische Kanu und wünschen viel Glück.

Mit diesem neuen Kanu wird Ua Pou seine Delegation zur zeremoniellen Jahrtausendwende nach Nuku Hiva entsenden. In Hokatu haben wir bereits das Kanu von Ua Huka gesehen. Auf dem Boot der Hakahau-Einwohner wird der Chef des Motu Haka-Verbandes, eine Institution, welche die Bewahrung der marquesanischen Kultur zum Ziel hat, anwesend sein, was eine große Ehre darstellt. Die Reise über das Meer ist zwar nicht lange, aber die See zwischen Nuku Hiva und Ua Pou kann gefährlich sein. Leider haben die heutigen Marquesaner die außerordentlichen Navigationskenntnisse ihrer Vorfahren verloren. Sie benutzen keine Segel mehr und bauen die Mehrheit ihrer Kanus und Boote aus Sperrholz anstatt aus dem Holz der Temanu-Bäume. Vor mehr als 100 Jahren besaßen sie noch Kanus verschiedener Bauarten. Es gab Einbaumkanus mit Schwimmbalken für nur wenige Leute, dann Kriegskanus von mehr als 18 m Länge, oder auch über 30 m lange Doppelkanus, die sie für die Langstreckenreisen benutzten.

Schon bei der ersten Reise lockte es, bis zu der äußersten Spitze des aus groben Vulkansteinen gebauten Piers hinaus zu wandern. Im gleißenden Licht der Nachmittagssonne bietet sich wie erwartet eine großartige Aussicht auf die Bucht und die Vulkankegel, die, vom sonnigen Himmel überdacht, wie gemeißelt hervortreten. Unten in den Steinen spielen aquamarinblaue Fischschwärme, etwas weiter draußen gehen räuberische Haie auf die Jagd. In gleichmäßig-einschläferndem Rhythmus brechen sich die Wellen am Pier. Es ist die ideale Stimmung, noch einmal die Schönheit Ua Pous zu genießen.

Bob und ich sitzen auf den Steinen. Die Zeit scheint stehengeblieben zu sein. Wir reden über die vergangenen zwei Wochen und erinnern uns an die erste Reise. Obwohl dieselbe Route befahren wurde, ist sie doch ganz anders verlaufen. Nur selten war ich damals bei Bobs Führungen dabei, denn die wenigen Englischkenntnisse reichten nicht aus, seinen Ausführungen zu folgen. Deshalb ergriff ich die Initiative und bat, doch der kleinen deutschen Delegation eine separate Fragestunde zu gewähren. Mit Begeisterung erfüllte er diesen Wunsch. Seither sind wir in Kontakt geblieben, haben die jetzige Reise gemeinsam geplant, davon geträumt, uns Gedanken darüber gemacht, ob wir unsere Eindrücke in einem Buch festhalten sollen. Es ist alles gekommen, wie gewünscht. Gehen unsere Wünsche auch weiterhin in Erfüllung?

Vor uns liegt die Aranui. Wie Ameisen wimmeln die Menschen auf ihr herum. Die Kräne arbeiten unentwegt, immer noch werden Waren ein- und ausgeladen, Kinder turnen an den Trossen, fallen kreischend ins Wasser, junge Mädchen versuchen den einen oder anderen Blick eines hübschen Matrosen aufzufangen. Wir wissen, daß die Tage des Frachters gezählt sind. Auch er gehört bereits zur Vergangenheit. So endet alles irgendwo, irgendwann und wer weiß, was an Neuem entstehen wird? Wir brechen auf und schlendern langsam zum Schiff zurück. An der Reling lehnt wie immer Theodor, um wachsam das Geschehen zu beobachten. Sein vertrautes, freundliches Lachen führt uns wieder in die Gegenwart zurück und mich schnurstracks in den Pool, denn die Nono-Hinterlassenschaft gibt keine Ruhe.

Um 16 Uhr wird der Anker gelichtet. Der Abschied von den Marquesas ist unabwendbar eingeleitet. Wir fahren an der zerklüfteten Küste von Ua Pou entlang und allmählich wird die Aranui Kurs nach Südwesten nehmen, um Rangiroa anzusteuern.

In samtweiches Abendlicht gehüllt, entschwinden die Zacken, Zinnen und Türme von Ua Pou endgültig und unwiderruflich. Fast alle Passagiere haben sich inzwischen auf Deck eingefunden und genießen noch einmal die sich langsam den Blicken entziehende Märchenschloß-Landschaft dieser Insel.

Ich kenne die Gedanken, die jetzt durch Bobs Gemüt ziehen. Er schaut auf die Insel, sein Geist ist mit Erinnerungen gefüllt, Gesichter treten vor sein geistiges Auge, die ihn längst verlassen haben, Erfahrungen, Geschichten, die sie miteinander teilten. Gefühle aus alten Tagen, Erlebnisse – gute wie schlechte, Erfolge und Versäumnisse, Lachen und Tränen. Er hat andere Inseln, andere Länder besucht, ist mit vielen Menschen zusammengetroffen, aber diese Inseln in der Meerwüste des Ost-Pazifiks haben ihn von Anfang an am tiefsten berührt. So lange es ihm möglich sein wird, wird er wiederkommen, immer gibt es Pläne, die zu verwirklichen sind. Er sagt, diese Reise war die beste, die er je unternommen hat. Jetzt im Herbst seines Lebens sieht er das Glück, welches ihm die Inseln gegeben haben und er möchte dieses stille Glück noch viele Male wiederholen, bevor er seine endgültige Reise nach Ha'atuatua und Hawaiki antritt.

Zu Bob hat sich Sylvie gesellt, die liebenswürdige, hübsche französische Reiseleiterin, die mit ihrem Charme und ihrer Besonnenheit auch dieses Mal unsere Reise ausgezeichnet begleitet hat. Sie hat sich in jedermanns Herz gemogelt. Seit langem auch in jenes von Bob. Mit ihr arbeitet er am liebsten zusammen und sie verstehen sich gut. Ihr gelingt es, ihn wieder ins Heute zurückzuholen. Jo Jos „Piña Colada" löst dann endgültig den Bann.

Die Gemeinschaft, zu der man sich im Laufe der Reise gefunden hat, ließ überall Freundschaften entstehen. Adressen
werden gewechselt, Einladungen ausgesprochen und man
glaubt in diesem Augenblick auch felsenfest daran, in Kontakt zu bleiben, um die „völkerverbindende" Stimmung solange wie möglich festzuhalten. Aber das wie Obsidiane glänzende Meer zaubert unaufhaltsam die Nacht herauf, die ersten Sterne erscheinen. Die Marquesas sind endgültig, unwiderruflich in ihre eigene geheimnisvolle Welt zurückgekehrt
und haben uns einmal mehr mit Sehnsucht und Abschiedsschmerz allein gelassen. Wir versprechen wiederzukommen,
denn nichts kann je den Zauber bannen, der immer wieder
hierher zurückzukehren zwingt.

Beim Abendessen hat sich die Melancholie verzogen und
einer ausgelassenen Stimmung Platz gemacht. Eine Pointe jagt
die andere und nicht selten rinnen Lachtränen aus den Augen, aber ganz sicher bin ich nicht, ob sie sich nicht auch mit
Tränen der anderen Art vermischen.

Auf See nach Rangiroa

Abgesehen von den notorischen Frühaufstehern und Morgen-buffet-Stürmern tröpfelt der Rest der Passagiere nur langsam und eher lustlos zum Frühstück ein. Manche scheinen eine derart üble Laune zu haben, daß nicht einmal ein „Guten Morgen" über ihre Lippen dringt. Jemand redet von Antikli-max und dürfte damit nahe an die Stimmung herankommen.

Allerdings zeigt sich auch das Wetter mit seinen dunkel-grauen Wolkentürmen und starken Windböen nicht von sei-ner allerbesten Seite. Trotzdem ist es auf Deck angenehm. Und wenn man wie Evelyn und ich einen windstillen Platz gefunden hat, fühlt man sich auch bei dieser Wetterlage rund-um wohl. Dem aufgewühlten Wellenspiel zuzuschauen, hat absolut seinen Reiz.

Ich lernte Evelyn und ihre unkomplizierte Art während der Reise immer mehr schätzen. Ihre Arbeit als Museumspäda-gogin interessiert mich sehr und führt zu einem angeregten Gespräch, auch über Arnold Stadlers Buch „Der Tod und ich wir zwei", das wir beide gelesen haben. Wir amüsieren uns köstlich über dessen hinreißende Komik und ausdrucksstar-ke Satire. Dabei spüren wir nicht einmal, daß sich zum Wind langsam der Regen gesellt. Erst als graue Kaskaden im verti-kalen Sturzflug auf uns niederprasseln, flüchten wir in die Bar. Inwischen ist die Zeit zum Mittagessen gekommen. Der anfänglich graue mißliche Morgen endet in einer heiteren Stimmung.

Gewöhnlich hält Bob am Ende der Reise einen Vortrag über Kapitän Cook, zu dem sich jeweils fast alle Passagiere einfinden. Cook hat, wie es scheint, noch immer nichts von seiner Anziehungskraft eingebüßt.

Cook und seine „Gentlemen", wie er seine internationale Mitarbeitercrew von Wissenschaftlern und Künstlern zu nennen pflegte, erkundeten auf drei Weltreisen die Ostküste Australiens und entdeckten in der Südsee zahlreiche Inseln. Sie sammelten interessante Artefakte, erforschten die Flora und Fauna und hielten die Ergebnisse in detaillierten Aufzeichnungen fest. Parallel dazu kamen ihre astronomischen, meteorologischen und ozeanographischen Beobachtungen, die für die späteren Seefahrer sehr nützlich waren.

Die wissenschaftlichen Ergebnisse dieser Reisen hatten in Europa für großes Aufsehen gesorgt, obwohl Cook nicht der erste europäische Seefahrer in diesen Gewässern war. Es ist bekannt, daß die Spanier lange vor ihm die Südsee bereist hatten, aber mit anderen Absichten als Cook und seine Leute, für die die Kulturen der Eingeborenen, das Land und die Menschen wichtiger waren als Gold, Juwelen und Sklaven. Die Ergebnisse von Cook wurden in England regelmäßig veröffentlicht, im Gegensatz zu den Spaniern, die ihre Entdeckungen für sich behielten.

Cook verbrachte nur vier Tage auf den Marquesas, und zwar in Vaitahu auf Tahuata. Die Marquesaner hatten ihn sehr garstig empfangen. Was auf die Legenden zurückzuführen ist, die immer noch von den Freveltaten Mendañas, zwei Jahrhundert zuvor, berichteten. So konnten Cooks Leute nur wenige Artefakte sammeln, darunter eine Schleuder, eine tödliche Waffe der Marquesaner. Wahrscheinlich wurden ihm diese „Andenken" mit der Absicht überreicht, ihn damit so schnell wie möglich wieder loszuwerden.

Aufschlussreich sind auch die Zeichnungen von William Hodges zu einer Szene im Hafen von Vaitahu, die mit Kapaun-Federn geschmückte Marquesaner in graziösen Kanus zeigen, deren Bug mit Vogelköpfen verziert sind. Auch eine schöne Marquesanerin ist darunter. Sie ist mit einer weißen Tapa bekleidet, wobei ihre linke Brust unbedeckt ist, was zu dieser Zeit „Mode" war. Ihren Kopf schmückt ein voluminöser Turban.

Ein weiteres Bild zeigt einen Marquesaner in sämtlichen Krönungsinsignien, mit Perlmutt- und Schildplatt-Kopfschmuck, falschen Ohren aus Knochen oder Holz und einem hölzernen Kragen, der mit roten Beeren bestückt ist. Auch dieser Häuptling trägt einen Tapamantel. Offensichtlich hatte der Zeichner nicht genug Zeit, die Tatauierung auf dem Gesicht des Mannes genau zu studieren und zeichnete stattdessen ein Netzwerk von Linien. Das ist bedauerlich, denn so werden wir nie von den Tatauierungen der Marquesaner des 18. Jahrhunderts erfahren.

Viele der heutzutage noch verwendeten Gegenstände ähneln sehr den Artefakten aus Cooks Sammlung, wie etwa die grossen Trommeln, die Poistössel, die Tiki. Aber es gibt auch Geräte darunter die ganz verschwunden sind, große Angelhaken aus Schildplatt oder Holz, auch Steinklingen, die man höchstens noch bei archäologischen Ausgrabungen findet.

Die Holzschnitzereien, die ebenfalls zu Cooks Sammlung gehören, wurden mit Messern und Schabern aus Basalt, Haifisch-, Rattenzähnen oder Muscheln geschnitzt. Heute benutzt man dafür Stahlklingen, aber man sieht es den Schnitzereien an: In alten Kunstwerken ist Leben und Spannung, was bei den heutigen Arbeiten kaum mehr festzustellen ist.

Große Veränderungen sind auch bei den Tapas zu erkennen, dem Stoff aus der Maulbeerrinde. Cook sammelte viele dieser Tücher in Hawai'i, Tonga und anderswo, nicht aber auf den Marquesas. Der marquesanische Stoff war nicht bemalt und deshalb wohl auch uninteressant. Die Feinheit dieser Stoffe, die komplizierten Zeichnungen und vielfältigen Farben stehen alle im scharfen Gegensatz zu den heutigen Stoffen. Eine hawaiische Tapa-Meisterin, Pua Van Dorp, stellt noch auf alte Art Tapas her (auf hawaiisch „Kapa"). Ihre Fertigung beansprucht sehr viel Zeit und je nach Größe kostet eine Tapa mehrere tausend Dollar. Pua Van Dorps Tapa sind fein und dünn, fast wie Taschentücher und ähneln jenen, mit denen man sich früher zu kleiden pflegte.

Die schönsten Stücke in Cooks Sammlung sind aber zweifelsohne die glänzenden Feder-Mäntel und Feder-Tiki, die der Kapitän auf Hawai'i vom Häuptling Kalaniopu'u erwerben konnte. Die roten Mäntel mit den breiten gelben Streifen sind aus tausenden von Federn hergestellt. Die roten Federn stammen vom I'iwi-Vogel, die gelben Federn gehörten dem O'o-Vogel. Nur wenige I'iwi leben noch, die O'o sind ausgestorben. Daneben fanden auch Federn von Fregattvögeln und Hähnen Verwendung.

Man sagt, daß es ein „grünes" Märchen sei, daß die Vögel bei lebendigem Leib Federn lassen mußten und danach weiterlebten. Nur ein Unerfahrener kann dies glauben. Tatsache ist, daß sich die Polynesier keinen Deut um die Umwelt kümmerten. Auf jeder polynesischen Insel, die archäologisch erforscht wurde (Cook, Samoa, Osterinsel, Marquesas, Hawai'i, Neuseeland u. a.m.) hatten die Polynesier 10 –15 Vogelarten gänzlich ausgerottet. Die interessantesten Gegenstände aus Cooks Hinterlassenschaft oder Sammlung sind inzwischen auf der ganzen Welt verteilt. Man findet Teile davon in Rußland, England, Deutschland, Schweden, Neuseeland, Australien und auf Hawai'i.

Wir schwimmen in diesem Augenblick in Cooks Kielwasser und steuern Tahiti an, aber wesentlich komfortabler, als dies zu jener Zeit der Fall war. Auf einem Schiff von 33 m Länge, unter minimalsten Platzverhältnissen, gehörten Spannungen zwischen der Besatzung und Cooks Gentlemen zur Tagesordnung. Den zusätzlich stationierten 12 Marineinfanteristen stand die Aufgabe zu, für Ruhe zu sorgen, wenn die Streitereien zu eskalieren drohten. Dies verwundert nicht, denn zu der körperlichen Anstrengung kamen auch gesundheitliche und psychische Probleme. In der meisten Zeit lebten die Leute von Haferbrei, gepökeltem Schweinefleisch und Biskuits und ohne Kontakt mit der Heimat – nicht nur für Wochen und Monate, sondern für Jahre. Ungeachtet der Entbehrungen ließ das Verlangen, immer wieder zu neuen aufregenden Abenteuern aufzubrechen, nie nach. Viele verloren dabei ihr Leben. Auch Cook, der auf der Insel Hawai'i getötet wurde.

Cook unterhielt sehr gute Beziehungen mit dem großzügigen Häuptling Kalaniopu'u, der ihm nicht nur viele kostbare Federmäntel schenkte, sondern auch Schweine, Brotfrucht und Bananen für die Mannschaft. Diese guten Beziehungen fanden ihr abruptes Ende, als sich Cook weigerte, den Häuptling auf seinem Kriegszug gegen die Insel Maui zu begleiten. Die Einwohner bestahlen in der Folge Cooks Schiff und entwendeten Gerätschaften, was diesen veranlaßte, an Land Beschwerde einzulegen. Cook und seine Begleiter wurden angegriffen. Er geriet in einen Hinterhalt und fand durch die Hand eines Meuchelmörders den Tod. Ein trauriges, bitteres Ende für den berühmtesten Navigator der Entdeckerzeit, der uns soviel Wertvolles hinterlassen hat.

Während des Vortrags haben sich die Wolken verzogen. Die Luft erscheint wunderbar rein und mild. Auch die Decks bevölkern sich wieder. Wie so oft stehe ich mit Margitta auf der Wetterbrücke. Zwar spuckt der Schlot seinen Ruß auf uns herunter, aber wir haben das Gefühl, dem Himmel ein Stück näher zu sein. Es ist und bleibt ein faszinierendes Gefühl, in der unendlichen Weite des Pazifiks, einsam, ohne je ein anderes Schiff zu sehen, durch die Wellen zu stampfen, das Spiel des Lichts zu beobachten und nach Fischen Ausschau zu halten, die leider immer seltener werden.

In der „Kommandozentrale" hat Brutus ausnahmsweise einmal den Platz des Kapitäns eingenommen und er macht sich gut dabei. Es gehört zur strengen Ordnung, daß auch die Matrosen Wache schieben, gerade an Tagen wie diesem, wo es nichts anderes zu tun gibt. Iakopo, sein „Co-Pilot", ist in ein Science-Fiction-Heft vertieft. Auf der anderen Seite sitzt Steve auf dem Geländer und spielt selbstvergessen auf der Ukulele ein Lied, das sicher irgend etwas mit Liebe, Heimweh und schönen Frauen zu tun hat.

Ob man einmal am Steuerrad drehen darf? Man darf, aber die Aranui lehnt es ab, darauf zu reagieren. Brutus lacht, der Autopilot ist eingeschaltet, es kann nichts passieren. Rangiroa bleibt im Visier und somit die Tuamotus mit ihrer geheimnisvollen Religion, mit Eroberern, Seeräubereien, versteckten Schätzen und U-Booten.

Die dicht beieinander liegenden und von den Seeströmungen und Winden aus Ost und West beeinflußten Atolle des Archipels liegen wie ein Fischernetz in der Unendlichkeit des Ost-Pazifiks, an dem alles hängenbleibt, was der Wind und die Wellen mit sich bringen. Tiere, Seefahrer mitsamt ihren Schiffen, Schiffbrüchige, Wrackteile und vieles mehr.

So verbergen sich unter den paradiesisch anmutenden Lagunen, die höchstens mit Schwarzen Perlen, Kopra und Tauchexkursionen in Verbindung gebracht werden, viele dunkle Geheimnisse. Sie reichen von der vorchristlichen Zeit bis in die jüngste Vergangenheit.

Erst seit Anfang des 20. Jahrhunderts weiß man, daß viele Jahrhunderte, sogar mehr als ein Jahrtausend, auf den Tuamotu-Inseln ein esoterischer Kult betrieben wurde, der der Gottheit Kiho gewidmet war. Dieser Kult wurde von einer Gruppe unbekannter Seefahrer eingeführt und verbreitete sich danach über einen großen Teil des Archipels.

Die Legenden erzählen von schattigen Tempel-Hainen, weit von den Siedlungen der Menschen entfernt, in denen Priester, Eingeweihte und ausgesucht schöne, edle Hetären an ausschweifenden, erotischen Fruchtbarkeits-Zeremonien teilnahmen, um den Gott Kiho zu erregen, damit er die Fruchtbarkeit der See, der Lagunen und der Gärten steigere.

Der Kiho-Kult wurde streng geheimgehalten und war mit dem größten Tapu belegt. Die unbarmherzige Strafe Kihos drohte jedem, der gegenüber Nichteingeweihten oder Fremden darüber sprach. Erst 1920 gelang es J. Frank Stimson, einem amerikanischen Sprachwissenschaftler, das Vertrauen einiger alter Männer zu gewinnen, die das Tapu brachen und ihm ihr Wissen mitteilten. Es gab nur wenige schriftliche Dokumentationen, denn wie in ganz Polynesien verbreitet, wurden die Überlieferungen von Generation zu Generation mündlich weitergegeben. Stimson erfuhr, daß selbst Anfang des 20. Jahrhunderts noch vereinzelt dem Kult gehuldigt wurde, was die Missionare als „satanischen Paganismus" betitelten.

Aber woher kamen die mysteriösen Seefahrer von einst, die Priester des fremden Kiho-Kults waren? Niemand weiß es. Gewiß waren sie polynesischer Herkunft, denn Kiho ist eine polynesische Gottheit, aber der Ursprung lag sicher nicht auf den Tuamotus. Die Antwort auf diese Frage bleibt im Dunkeln. Die Alten sind tot, die Sprachen der Tuamotus gänzlich verschwunden. Geblieben sind nur die Aufzeichnungen von

Stimson und sein wertvolles Wörterbuch über die tuamotische Sprache.

Nach der Eroberung Süd-Amerikas durch die Spanier wurden die Tuamotus auch von Osten her besucht. Als Mendaña die Marquesas 1595 verließ, segelte er an einigen Inseln der Tuamotus vorbei. Auf der Insel Ana'a, die nicht weit von Rangiroa entfernt liegt, ging er an Land. Dort begegnete er einer ganz gewöhnlichen Frau, die einen mit Smaragden reich verzierten goldenen Ring trug. Gewitzt, wie der Spanier war, wollte er ihn gegen einen Messingring umtauschen. Der Handel kam nicht zustande. Bei diesem Besuch entdeckten die Spanier auch den Teil eines Mastbaumes aus Zedernholz, der, wie sie sagten, von der Küste Südamerikas stammte. Zehn Jahre später, als die nächsten Besucher auf die Inseln kamen, die Holländer Le Maire und Schouten, war auf den Tuamotus das Eisen bereits bekannt. Nägel aus europäischen Schiffen waren zu begehrten Souvenirs geworden.

Woher kommt der goldene Ring mit dem Smaragden? Wer hat die Einwohner mit dem Eisen vertraut gemacht? Es scheint, daß viele Wrackteile von Osten zu den Tuamotus getrieben wurden, ja, daß ganze Schiffe, von Südamerika kommend, auf den Tuamotus strandeten. Und wenn man von spanischen Schiffen spricht, liegt es nicht nahe, an die Ausbeutung des Inka-Reiches zu denken?

Aufgrund ihrer Abgeschiedenheit und der gefährlichen Gewässer waren die Inseln auch willkommene Schlupfwinkel für Seeräuber und anderes Gesindel, das hier die Beute versteckte.

Derzeit wird eine Forschungsreise vorbereitet, die im Jahre 2001 einen legendären Goldschatz suchen und bergen will. Dieser Goldschatz gehörte, etwa um 1840, zu einer peruanischen Kirche. Die Priester wurden mit verlogenen Argumenten überredet, aus „Sicherheitsgründen" die Schätze für einige Zeit auf einem Schiff zu verstecken. Im guten Glauben, daß sie den Menschen vertrauen könnten, halfen sie selbst, die Kostbarkeiten zu verladen. Am Ende wurden sie ermordet und die Halunken suchten mit ihrer wertvollen Fracht das Weite. Als sie durch die Tuamotus segelten, entschieden sie sich, den Schatz auf einer der Inseln zu verstecken. Die Wahl fiel auf ein kleines unscheinbares Atoll. Schließlich war nurmehr einer der Besatzung übrig, der nichts als eine ungenaue Karte besaß, die dann immer wieder den Besitzer wechselte. So blieb jedes Suchen erfolglos und wurde vor dem zweiten Weltkrieg eingestellt. Ob die kommende Expedition erfolgreicher sein wird? Es scheint fraglich, wenn man die Wandlungsfähigkeit der Inseln kennt.

Und natürlich wird wieder einmal auch ein Teil des Nazi-Goldes auf den Tuamotus vermutet. Man spricht in diesem Zusammenhang auch von den Marquesas. Das einzige jedoch, was man weiß, ist, daß ein deutsches U-Boot am Ende des Krieges in den Gewässern des Archipels kreuzte. Welchen Zweck es verfolgte, blieb ungeklärt.

Der Zweck der später anwesenden internationalen U-Boote, zur Zeit der französischen Kernwaffen-Tests, dürfte dafür besser zu erklären sein.

Wir sind wieder auf der Aranui. Es ist Abend geworden. Bei Kaffee und Tee verbringen wir im Salon die letzten Stunde dieses Tages und wünschen uns, daß der kommende Tag einen würdigen Schlußpunkt unter diese eindrückliche Reise setze.

Rangiroa

Im Gegensatz zum gestrigen Morgen erwartet uns heute ein klarer, strahlender Tag, während die Aranui unbeirrt Rangiroa ansteuert. Mit schußbereiten Kameras stehen die meisten Passagiere auf dem Deck, um den ersten grünen Landstrich am fernen Horizont einzufangen. Um 7 Uhr ist es soweit.

In der Tuamotu-Gruppe ist Rangiroa das bedeutendste Atoll. Es liegt etwa 500 Kilometer nordöstlich von Pape'ete. Mit einem Umfang von 80 Kilometern ist es das größte geschlossene Atoll des Archipels und das zweitgrößte der Erde. (Das größte ist Kwajalein im Marshall-Archipel mit 125 km Länge und 110 km Breite.) Die Lagune Rangiroas ist berühmt für ihr ultramarinblaues Wasser, das an manchen Tagen und bei bestimmnten Sonnenständen in ein grünliches Türkis übergeht.

Rangiroa bedeutet „ausgedehnter Himmel". Der Legende nach soll sich, lange bevor die ersten Palmwipfel zu erkennen sind, die Lagune in den Wolken spiegeln und so den Weg ins Atoll weisen. Erfahrene polynesische Matrosen verbürgen sich für den Wahrheitsgehalt.

Die Aranui hat längst ihre Fahrt gedrosselt. Wir begeben uns zum Bug, um die Einfahrt in das Atoll unmittelbar zu erleben. Begleitet von spielenden Delphinen wird sie zum einmaligen Erlebnis. Hektische, beinahe orgastische Schreie kommen von den Elderly-Damen, die mit ihrer verrückten Zappelei beinahe über die Reling purzeln.

Es sind sechs Delphine. Fünf Weibchen und ein Alpha-Mann. Die Weibchen schwimmen und kleben mit dem Bauch nach oben beinahe am Schiff, so, als würden sie den Blickkontakt mit den Neugierigen über ihnen suchen, während das Oberhaupt wachsam seine Schönheiten umkreist. Haben sie sich gar auf die Aranui spezialisiert? Sie wissen jedenfalls genau, was sie den Touristen schuldig sind, und vermarkten sich gekonnt.

Bei der Durchfahrt durch die schmale Passage sind unsere Begleiter dann plötzlich verschwunden. Die Aranui steuert ihren Ankerplatz an. Wir verlassen mit den Walbooten das Schiff.

Es gibt verschiedene Möglichkeiten, den heutigen Tag zu gestalten. Man kann mit dem Glasbodenboot in die Lagune fahren, tauchen, oder auf eigene Faust die Insel entdecken.

Vor zwei Jahren entschieden wir uns für das Glasbodenboot, das eine faszinierende Aussicht in die Unterwasserwelt des Riffs bot. In quirligem Spiel tummelten sich unter uns Gaukler-, Papageien- und Drückerfische, Barracudas und Queens. Segelnde Mantas und Rochen warfen ihre Schatten auf den Meeresboden. Träge Schildkröten paddelten vorüber und pflegten ihre Liebesspiele, während die Haie, Herren des Riffs, und sehr bequem geworden, auf die Fütterung durch die Tauchercrews warteten. Derart gut genährt, haben sie an den über ihnen strampelnden Schnorchlern jegliches Interesse verloren.

Unfreiwillig sorgte damals die spleenige Marie-Claire für einen besonderen Gag. Während der ganzen Reise sah man sie nie anders als in langen, beigen Hosen und in einem torfgrünen T-Shirt. In dieser Montur ging sie auch zum Schnorcheln. Mit den Taucher-Accessoires ein zugegeben ungewöhnliches Bild. Als der Bootsführer ihrer ansichtig wurde, schien es mir, als würden seine Augen gleich aus dem Kopf kullern und der offenstehende Mund sich nie mehr schließen. Dann aber zog ein spitzbübisches Grinsen über sein breites Gesicht. Was bedeutet das listige Auenzwinkern?

Gemächlich schwamm die Gute dahin. Ihre Hose blähte sich wie ein Segel im Wind. Doch die Ruhe war trügerisch, denn mit einem Mal begann das Meer um sie herum zu brodeln. Fischleiber katapultierten sich silberglänzend, hüpfend, drehend in die Höhe, stießen zusammen, formierten sich neu. Es schien, als geriete das Meer außer Kontrolle. Inmitten des Infernos fuhrwerkte Marie Claire. Hilfreiche Hände streckten sich ihr entgegen. „What's happening, what's happening?" Entgeistert, außer Atem, ließ sie sich ins Boot ziehen. Zum Glück schenkte sie dem Mann am Steuer keine Beachtung, dem immer noch die Lachtränen über die satten Wangen rollten, den prallen vibrierenden Bauch vergebens zur Ruhe zwingend. Auch der leere Futtersack blieb unbeachtet, der zur Gaudi von Mensch und Fisch kurz zuvor über dem Wasser ausgeschüttet worden war.

Der heutige Rundgang führt uns an das äußerste Ende des Riffs. Hier, wo die Macht des Meeres jeden packt und die Brandung mit heftigem Getöse an den Strand schlägt. Wir stemmen uns gegen den Wind, halten fest, was nicht festgemacht ist, und kämpfen mit dem Atem, der davonfliegt. Im windstillen Palmenwald bleiben wir erst einmal stehen, um tief Luft zu holen. Später folgen wir dem Weg, der quer durch den Wald führt und an der windgeschützten Seite des Atolls endet.

Mit all den anderen vertreiben wir uns danach die Zeit am Rande der Hotelanlage Kia Ora Village, dem bevorzugten Tummelplatz eines verwöhnten Publikums, wie dem Reiseführer zu entnehmen ist.

Auch wir fühlen uns verwöhnt von der glasklaren Luft, dem weißen Strand unter fächelnden Palmen und dem fragilen

Farbenspiel von Türkis bis zum Saphirblau. Wir genießen noch einmal den Traum Südsee und die Leichtigkeit des Seins. Gedankenverloren spiele ich mit dem Sand, der durch die Finger rinnt, aber es bleibt verboten, einen Vergleich anzustellen.

Matrosen und Passagiere haben sich vermischt, stehen beisammen, diskutieren, lachen. Der Flirt zwischen Dagmar, der hübschen Berlinerin und Friedrich, dem Tahitianer mit den langen schwarzen Haaren scheint noch nicht abgeflaut zu sein. Weiter draußen versuchen sich einige im Kanufahren, wobei jedes Umkippen mit einem fröhlichen Kreischen quittiert wird.

Das delikate Picknick läßt uns noch einmal die Kreativität der Küchenmannschaft genießen. Der Sand, der sich zwischen die Zähne schummelt, wird gerne in Kauf genommen.

Zum allerletzten Mal mit dem Walboot unterwegs, das macht traurig, weil es wieder ein Abschied ist. Ein Abschied von etwas, das man liebgewonnen hat. Bekümmert suche ich den Weg unter die Dusche und denke mit Grausen an das unvermeidliche Kofferpacken.

Der Weg zur Bar, in der wir uns mit Cocktail und Popcorn aufzumuntern gedenken, führt an Kasimirs Büro vorbei. Seine Buchhaltung ist abgeschlossen, die Einnahmen verschwinden im Tresor. Er kann aufatmen, daß wieder eine Reise zur allgemeinen Zufriedenheit zu Ende geht. Man sieht es an seinen lachenden Augen, wie froh er darüber ist.

Wollen sie mir für das gute Auskommen danken, hatten sie einen anderen Grund, nicht mehr in Erscheinung zu treten? Meine Kakerlaken-Freunde haben sich zurückgezogen. Das Gepäck wird ohne einer der Ihren die Weiterreise antreten. Dafür wird es um einiges schwerer sein. Mit Wehmut verschwinden meine archäologischen Funde in der Tiefe des

Koffers. Sie waren der Schmuck meiner Kabine. Ohne sie ist es leer geworden.

Auf den anschließenden Meetings erntet Bob von allen den verdienten Dank. Ich sehe, wie es ihm gut tut und finde, daß es berechtigt war. Mit seinem unerschöpflichen Wissen, seiner stetigen Bereitschaft auf alle Fragen einzugehen, und dem Bemühen, die richtigen Antworten zu finden, hat er die Erlebnisse der Reise für viele zusätzlich vertieft.

Zum Abendessen herrscht noch einmal großer Garderobenaufmarsch. Alle bemühen sich, aus diesem Abend etwas Besonderes zu machen. Es wird viel gelacht und mehr Wein getrunken als sonst, aber hin und wieder sieht man auch Schatten über die lachenden Gesichter huschen. Evelyns „Besser von Picasso gemalt, als vom Leben gezeichnet" enthält ein ironisches Quäntchen Wahrheit.

Wir stehen auf dem Deck, schauen hinauf in den Sternenhimmel und suchen nach einer Sternschnuppe, die unsere Wünsche erfüllt. Es ist der gleiche Wunsch wie vor zwei Jahren, noch einmal zurückzukommen in diese wundervolle Welt, die trotz Schatten und Nebengeräuschen jenes Paradies bedeutet, nach welchem man sich in kalten, grauen Wintertagen sehnt, auch an Tagen, die manchmal schmerzhaft zu ertragen sind. Selbst als die Aranui-Band zu spielen beginnt, bleibt auch Dr. Robert C. Suggs auf der Brücke und läßt sich von der Romantik und den Gefühlen davontragen, wie alle anderen um ihn herum auch.

Pape'ete Tahiti

Es ist 6 Uhr morgens. Schlaftrunken stolpere ich über Koffer und Taschen. Nichts hält mich mehr in der Kabine, denn ich möchte noch einmal erleben, wie sich Tahiti aus dem Meer schält, der dunkle Vulkankegel immer näher kommt. Wir umfahren die Pointe Venus; Mo'ore'a erscheint im Morgenlicht.

Geschäftig eilen die Matrosen hin und her, verrichten vor der Ankunft die letzten Arbeiten. Sie können sich freuen, einmal mehr an einer problemlosen Fahrt mitgewirkt zu haben. Für wenige Tage nur werden sie bei ihren Familien sein, oder sich in Pape'ete auf angenehme Weise die Zeit vertreiben, bis in einer Woche die nächste Fahrt beginnt.

Unsere ist dafür zu Ende. Die Rezeption gleicht einem Ameisenhaufen, in dem sich das Gepäck stapelt. Die Hektik nimmt spürbar zu. Dem Frühstück schenken selbst die frühstücksorientierten Elderlys kaum mehr Beachtung.

Steuerbords drängen sich jetzt die Leute. Die Aranui hat den Hafen erreicht, macht fest und zum letzten Mal geht die Falltreppe herunter. Unten auf dem Kai fahren die ersten Taxis vor, Transferautos verstellen ihnen den Weg, Neugierige und Privatautos vervollkommnen das Chaos endgültig. Wie immer stehen verschiedene Mitglieder der Familie Wong am Kai und beobachten wachsam, wie ihre Aranui pünktlich und wohlbehalten zurückgebracht wird.

Der Abschied kann beginnen, nicht selten fließen Tränen. Adieu Trudy, mit Deinem mir liebgewordenen Wiener Charme und dem leichten Alkoholduft der vergangenen Nacht, als Du mit einigen Leuten Abschied gefeiert hast. Da sind Hel-

217

mut, der Münchner „das hätt mr wieder, Pfüeti Burgl" und seine schöne Sybille, die die Reise so unterhaltsam gestaltet haben. Evelyn und Ed versprechen zu schreiben, Nancy, die Stille, wirkt noch ein bißchen trauriger und Francis drückt mir einen Kuß auf den Mund und wiederholt ihre Einladung nach Florida. „Kommt gut nach Hause, Uschi und Karl", es war schön, euch begegnet zu sein. Von weitem grüßt noch einmal Captain Cook. „Herr Professor, es hat uns gut gefallen, habe die Ehre", nein, kein Österreicher, ein Genfer. Und so geht es weiter. Bob verteilt wie ein Profi Visitenkarten und gibt die letzten Auskünfte. Dazwischen begrüßt er immer neue Mitglieder der Wong Familie.

Margitta und Dagmar werde ich wieder treffen, wenn die Reise zur Osterinsel beginnt. Sie verbringen die restlichen Tage auf Mo'ore'a. Abgemacht um 0.10 Uhr in Fa'a'a?

Und inmitten des Wirrwarrs steht ein unglücklicher junger Matrose. Statt eine Palette von 20 Kisten Bier mit dem Gabelstapler auf ein Auto zu verladen, muß er mit ansehen, wie diese mit lautem Knall auf dem Boden zerbersten. Ein Teich von schäumendem Bier bedeckt den Kai. Er schämt sich, weil dies einem Elite-Matrosen der Aranui nicht passieren darf. „Welcher Verlust, ich könnte alles selbst getrunken haben". Der Stoßseufzer kommt von einem Zuschauer, bevor er sich anschickt, dem Matrosen beim Einsammeln der Scherben zu helfen.

In der Zwischenzeit ist auch das Auto der Marama Tour vorgefahren, das Gepäck ist verladen. Ein letzter wehmütiger Blick gilt der Aranui, die ich wohl nie mehr sehen werde und der ich so viele glückliche Stunden zu verdanken habe. Wo immer sie ihren Lebensabend beschließt, ich wünsche ihr, daß sie nicht als wertloser Schrotthaufen endet.

Als der lärmige Kai und das Schiff endgültig unseren Blikken entschwunden sind, konzentrieren wir uns auf die kommenden Tage in Tahiti und freuen uns auf die schönsten Seiten dieser Insel. Eine davon ist sicher das exklusive Hotel Outrigger, südlich von Pape'ete, direkt an der Riffpassage gelegen und nur 15 Minuten vom Flughafen entfernt.

Verschwitzt und im Aranui-Outfit sind wir in der Rezeption für dieses Mal die Exoten zwischen den umherwandelnden, herausgeputzten Pareu-Touristinnen und ihren knitterfreien Hawai'i-Hemden-Trägern. Meinen Begleiter scheint das wenig zu kümmern. Im Eiltempo werden die Formalitäten erledigt und der direkte Weg zum Hotelmanager eingeschlagen. Ich rase hinterher. Bob erfährt, daß er im Laufe des Nachmittags einen Vortrag für die Touristen der „Renaissance III", einem fünfstöckigen Luxus-Kreuzfahrtschiff zu halten hat, mit mir als seiner Assistentin. „Und was ist mein Job?" „Du mußt den Projektor betätigen, weil der keine Fernbedienung hat." „Gut, sei versichert, ich gebe mein Bestes". „Und welchen Vortrag hältst Du?" „Das ist egal, die Leute wollen etwas über die Südsee hören." „Cook?" „Ja Cook zieht immer". Es gibt eine Version „Cook in Tahiti". Gott sei Dank war der überall.

Die Eleganz des Hotelzimmers, die verschwenderische Einrichtung des Bades und die saubere, sanfte Kühle der Badezimmerfliesen – auf der Aranui gab's in der Gemeinschaftsdusche einen Gummirost, unter dem sich einiges tummelte –, welch unendlichen Genuß vermitteln sie. Ich plumpse aufs Bett, schließe für einen Moment die Augen und halte es nicht für möglich, daß dieses zu schwanken beginnt. Das vermeintlich leise Brummen der Motoren gehört dann aber zur Air-Condition. Unter einer wohligen Dusche gehen die letzten Spuren der Aranui dahin. Wie Aphrodite (aus verschiedenen Gründen überspitzt) entsteige ich dem Wasserstrahl und fühle mich wie neu geboren.

Das unbeschreibliche Gefühl der neuen Lebensqualität findet eine weitere Steigerung in einem köstlich frischen Salat und einem noch erfrischenderen Bier in der schattigen Hotelbar.

Während Bob in sein Zimmer zurückgeht, um den Vortrag weiter vorzubereiten, erkunde ich die Hotelanlage mit Swimming-Pool. Von hieraus bietet sich ein hinreißender Blick auf die Durchfahrt durch das Riff, auf die Schiffe, die Pape'ete anlaufen oder wieder verlassen. Auf der anderen Seite ist Mo'ore'a zu erkennen, das mit den bedrohlich wildzerklüfteten Bergspitzen und im Wechselspiel von Wolken und Sonnenschein immer wieder seine Form zu verändern scheint.

Mo'ore'a ist die kleine Schwester Tahitis. Sie besitzt deren Schönheiten, bietet aber mehr Ruhe. Die Landschaft ist geprägt von vulkanischen Gipfeln und zwei tief einschneidenden Buchten, der Opunohu-Bucht und der Cook-Bucht, umsäumt von weißen Sandstränden und glitzernden Lagunen. Mo'ore'a ist spektakulär und verführerisch zugleich und ohne Zweifel ist sie eine der schönsten Plätze Polynesiens, mit einem unvergleichlichen Panorama.

Leider ziehen im Laufe des frühen Nachmittags immer dichtere Wolken auf. Kurz darauf beginnt ein Platzregen. Es ist der beste Moment, sich mit der phantastischen Innenarchitektur des Hotels zu beschäftigen. Mächtige Lampen aus dichten Muscheltrauben verströmen ein behagliches Licht. In den weitverzweigten Gängen hängen Originalgemälde tahitischer Künstler mit Szenen aus der Südsee. Sie erinnern im Stil an Max Ernst und Joan Miró. Die zarten, behutsam gemalten Blumen- und Tierstilleben ergänzen die Sammlung auf aparte Weise, zu denen auch die kunstvollen Schnitzarbeiten, Erzeugnisse von verschiedenen Inseln, gehören.

Um aus dem Labyrinth von Treppen und Räumlichkeiten wieder zum Ausgang zurück zu finden, braucht es einen pfadfinderisch trainierten Orientierungssinn. Mir hilft ein plastikverkleidetes Gerüst, das vor den großen Flügeltüren bis unter die Decke reicht. Neugierig wage ich einen Blick hinter die Kulissen und entdecke, kaum zu glauben, einen monumentalen Weihnachtsbaum, der vor seiner Vollendung steht. Etwas Absurderes kann ich mir im Augenblick nicht vorstellen. Dabei ist tatsächlich in fünf Wochen Weihnachten.

Draußen unter den Arkaden hat sich ein kleiner Kunstmarkt etabliert. Leute aus dem Bezirk Fa'a'a, einer der ärmsten Gegenden der Insel, wurden vom Hotel eingeladen, ihre Arbeiten hier zu verkaufen. Unter diesem Aspekt kann den Pareus und Tiki nicht widerstanden werden. Sie ergänzen die Souvenirs für zu Hause.

Es ist Zeit für den Vortrag. Ich folge den Passagieren der Renaissance III in einen großen Aufenthaltsraum, in dem ein exorbitantes kaltes Buffet angerichtet ist. Wie soll man diesen Köstlichkeiten widerstehen? Mein Teller ist eben gefüllt worden, als Bob erscheint und mich an meinen Job erinnert. Was bleibt anderes übrig, als hinter dem Projektor Platz zu nehmen und zu warten, bis der Vortrag beginnt? Der Raum füllt sich zusehends und nicht lange danach ist er voll besetzt. Ich warte auf das Handzeichen und beginne meine Arbeit. Hin und wieder wandert der sehnsüchtige Blick zu Roastbeef und Co. Aber ich bin rasch wieder bei der Sache, damit nichts den Vortrag gefährdet, der auf großes Interesse stößt.

Am Ende danken die mehr als 100 Zuhörer mit einem lang anhaltenden Applaus. Von der anschließenden Fragestunde wird reger Gebrauch gemacht.

Denselben Applaus verdient auch ein Früchtekorb der inzwischen, als Willkommensgruß des Hotels, den Weg in Bobs
Zimmer gefunden hat. Mangos, Ananas, Orangen, Kiwi, Äpfel
und eine große Kokosnuß gehören unter anderem zum geschmackvollen Arrangement. Die Kokosnuß erinnert uns wieder an die Geschichte der „Hina" und den unglücklichen
Häuptling von Fidschi, der mit seinem Tod Hina das wichtigste Geschenk der Polynesier gab: die Kokospalme. Wir trinken den Saft zur Erinnerung an Bobs Tochter, die auf
marquesanisch ebenfalls Hina hieß.

Den Liebhabern von Fisch und Meerestieren bietet das
Outrigger an diesem Abend einen uneingeschränkten kuli-
narischen Höhenflug, folglich ist der Andrang groß und alle
Tische sind in Kürze besetzt. Vom Tisch vis-à-vis grüßt überraschend Frau Helvetia von den Elderlys. Das hat etwas Vertrautes an sich und losgelöst von den starren Verhaltensformen
dieser Reisegruppe entspinnt sich mit ihr ein interessantes
und lockeres Gespräch.

Inzwischen hat sich die Jugend Tahitis im Garten zum Stelldichein eingefunden. Es wird gelacht, getrunken und getanzt.
Die Tanzformen unterscheiden sich streng von den uns bekannten Tanzschulnormen und oft scheint es, daß nicht einmal mehr eine Feder zwischen den aneinandergepreßten
Körpern Platz findet, die sich im Takt der Musik sinnlich bewegen.

Wie sich ein Professor der Archäologie in dieser schieben-
den, reibenden Menge wohl ausmacht? „Darf ich bitten, mein
Herr". Erstaunte Augen sehen mich an. „Wer, ich?" – „ Ja,
Du." „Oh mein Gott, ich habe seit 50 Jahren nicht mehr getanzt." „Dann ist es höchste Zeit." Die 50 Jahre sind anfangs
zu spüren, dann packt auch ihn der Rhythmus und mit No-
blesse werde ich durch die Tanzenden geführt. Als das Orche-

ster die romantischen Melodien der 50er-Jahre intoniert wie „Ua taetae roa te ava'e" (Der Mond scheint hell ...) „Mauiui to'u mafatu" (Mein Herz schmerzt ...) „Te vehine anami" (Die anamitischen Mädchen ...) scheinen die Erinnerungen an die stürmischen polynesischen Jahre bei meinem Tänzer endgültig zurückgekehrt. Mit seiner melodischen Stimme hören sich die tahitischen Lieder sehr bewegend an.

Ein langer ereignisreicher Tag geht zu Ende. Das Gefühl, noch zwei weitere beschauliche Tage hier zu sein, vereinen Tag und Traum auf beglückende Art.

Tahiti, Inselrundfahrt

Vorbei an den Marktständen von Fa'a'a, wo Fische, Früchte, Gemüse und Blumen, die zu kreativem Haarschmuck gebunden sind, angeboten werden, führt der Weg nach Puna'auia zum Musée de Tahiti et des Iles. In mehreren Abteilungen werden die Natur, die Kultur und die Geschichte Polynesiens gezeigt. Der Anker vor der Tür des Museums gehörte zu Cooks Schiff und ging im Hafen von Matavai, nahe der Poine Vénus, verloren.

Neben vielen sehenswerten archäologischen und völkerkundlichen Austellungsgegenständen treffen wir auch auf alte Bekannte; Artefakte von den Marquesas-Inseln, sehr schöne Holzschnitzereien und auf den größten marquesanischen Holz-Tiki, der den Zusammenbruch der alten Kultur überlebt hat. Er gleicht in der Größe dem mächtigen Steintiki Taka'i'i in Puama'u. Das Beeindruckendste an dieser Figur ist aber die präzise, fast anatomisch genaue Darstellung des Körpers und seiner Konturen. Hier finden wir den eindeutigen Beweis für das außergewöhnlich handwerkliche und künstlerische Niveau der marquesanischen Holzschnitzer der früheren Kultur. Mit ihren einfachen Werkzeugen und Steindechseln schufen sie absolute Meisterwerke, wie diesen Tiki, der zum größten Denkmal ihres Schaffens wurde.

Die prachtvolle Aussicht vom dahinter liegenden Sandstrand auf Mo'ore'a ertrinkt leider im Regen.

Wir erreichen den Bezirk Pa'ea. Von hier biegt der Weg links ab und führt in ein tiefgrünes Tal. Nach einer kurzen aber holprigen Fahrt – der Regen tropft ein Concerto grosso aufs Wagendach –, erreichen wir das Marae Arahurahu. Es ist ein polynesischer Kultplatz, mit einem restaurierten Steintempel des klassischen spät-tahitischen Stils. Der Tempel besteht aus einem breiten rechteckigen Vorhof, mit einem Steinzaun und einem aus Basaltblöcken gebauten dreistufigen Altar, dessen zweite Stufe mit einer Schicht weißer Korallen verziert ist. Mit den hölzernen Figuren im Vorhof ist er ein gutes Beispiel zeremonieller Bauten. Der Regen hat nachgelassen, wir sind allein auf dem Marae und nehmen uns deshalb Zeit, diesem außergewöhnlichen Kulturdenkmal die ihm gebührende Aufmerksamkeit zu schenken. Außer dem Marae Arahurahu galt für die alten Tahitianer auch die Umgebung hinter dem Tempel als tapu. Dort in den Kliffen, fanden Begräbnisse statt, wie Knochenfunde bewiesen. Für Bob birgt das Marae auch persönliche Erinnerungen. Hier begann er 1956 seine Forschungen auf Tahiti.

Entlang der Küste, wo die reichen Tahitianer und Europäer (Popa'a auf tahitisch) leben, ihre vornehmen Häuser in aufwendigen Gärten verstecken, öffnen sich immer wieder großartige Ausblicke auf das Riff, die mächtige Brandung und Teile des schwarzen Lavastrandes, für den die Insel berühmt ist. An den steilen Hängen kleben wie Vogelnester weitere Villen und ich könnte mir vorstellen, daß die Aussicht von dort aus wohl zu den atemberaubendsten überhaupt zählt.

Im Distrikt Papeari konnte der amerikanische Botaniker Harrison W. Smith seinen Traum, einen Botanischen Garten mit seltenen Pflanzen aus Amerika, Asien und Afrika zu gründen, verwirklichen. Später wurde der Garten von Smiths Erben an den amerikanischen Milliardär Cornelius Crane verkauft, der als großer Gönner auch die wissenschaftlichen Forschungen in der Südsee förderte, so auch jene von Bob auf den Marquesas. Crane baute, unterstützt vom Prinzen Karl von Schönberg von Hohenzollern, einem Fachmann tropischer

Pflanzen, den Garten zu dem aus, was er heutzutage ist – eine Sehenswürdigkeit der Insel.

Neben der offenen Gartenanlage steht das Gauguin-Museum, in dem anhand von Schautafeln, Fotos und Reproduktionen das Leben Gauguins geschildert und die Erinnerung an ihn wachgehalten wird. Allerdings sucht man vergebens nach bekannten Originalgemälden. Es gibt zwar einige der ganz frühen Bilder und ein paar fragliche Holzschnitte. Aber die Gemälde, die Gauguin berühmt gemacht haben, und für die zu seinen Lebzeiten niemand etwas bezahlen wollte, sind heute auf die großen Gemäldesammlungen der Welt verteilt.

Die Landschaft wird jetzt ursprünglicher. Wir durchfahren kleine Dörfer mit von Palmblättern bedeckten Hütten. Die beiden Gipfel des Aorai und Orohena werfen bedrohliche Schatten auf uns. Aber es öffnen sich auch Täler, die interessante Einblicke in das Inselinnere zulassen.

Wir haben die Landenge Taravao, die Tahiti Nui mit Tahiti iti verbindet, erreicht und gelangen in den Bezirk Fa'a'one (Sandhafen) und zu einer Hotelanlage, die als der große Geheimtip Tahitis gilt, jedenfalls für jene, die das Außergewöhnliche lieben.

Die atypischen Bungalows dieser Hotelanlage sind aus natürlichen Baumaterialien wie dem Holz der Hibiskus- und Temanubäume, aus Palmstämmen und Palmblättern gebaut. Keine Hütte gleicht der anderen. Sie liegen alle entweder am Strand verstreut oder haben Standplätze, die von jeder Norm abweichen. Zwei der Hütten thronen zum Beispiel ca. 6 bis 8 Meter über dem Boden in den Ästen zweier alter Bäume. Eine steht auf einem Felsen im Meer und eine andere ist in den dschungelähnlichen Hain eingegliedert, der den Strand begrenzt. Abgesehen davon, daß man von jeder dieser Hütten eine traumhafte Aussicht über Tahiti iti genießt, vermitteln sie entweder kultivierte Bequemlichkeit oder erinnern an das Leben Robinson Crusoes und rufen damit Kinderträume wach. Wer sich nach einer entspannten Atmosphäre in harmonischem Einklang mit der Natur sehnt, ist hier am richtigen Ort. Für das Wohl der Gäste sorgt Monique Meriaux mit ihrer Familie. Ihre Töchter sind eben dabei, eines der Baumhäuser für die nächsten Gäste herzurichten und gewähren uns Einblick in die Räumlichkeiten, die durch ihre eigenwillige Inneneinrichtung ebenfalls begeistern.

Unterdessen ist ein Ehepaar mit Kind eingetroffen, die mit großem Hallo begrüßt werden. Zu meiner Freude erfahre ich, daß es sich um Danee Hazama – einen sehr engen Freund Bobs, der ihn auf seinen Ausgrabungen in Ha'atuatua begleitet hat – und seine liebenswürdige Frau Alice handelt. Der kleine Junge mit den asiatischen Gesichtszügen des Vaters und dem polynesischen Touch der Mutter ist ein entzückendes Kind. Sein sonniges Lächeln stiehlt sich sofort in jedes Herz. Er hört auf den Namen Tamaevanui.

Bob hat diesen Besuch als Überraschung geplant und die ist ihm wahrlich gelungen. Weil Monique bereits Gäste hat, begeben wir uns in das nahegelegene Restaurant „Rouge et Noire", in dem wir zusammen ein köstliches Mittagessen genießen. Danee und Alice erzählen von sich. Er ist japanischer Abstammung und kommt aus Pasadena in Kalifornien. Als gesuchter Fotograf arbeitet er für namhafte Magazine und ist oft bei wissenschaftlichen Forschungen dabei. Er hat sein Herz in Tahiti und gänzlich an seine charmante Frau verloren. Alice ist Tänzerin, was ihre graziösen Bewegungen nur allzu gut verraten. In ihrem kunstvoll gebundenen Pareu entspricht sie dem Traumbild der schönen Tahitianerin. Beide sind Mitglieder einer Folklore-Tanzgruppe und Danee nimmt außerdem an Wettkämpfen im Kanufahren teil. Die lebhafte Unterhaltung, die erholsame Entspannung und die gemächliche Stille lassen das Tahiti des Tourismus vergessen.

Danee und Alice laden uns ein, gemeinsam ihr erst kürzlich erworbenes Grundstück zu besuchen. Sie wollen ein bißchen zur „tahitischen Familie" auf Distanz gehen, die nicht selten anspruchsvoll sein kann. Wir fahren einen steilen Hang hinauf. Die ganze Umwelt verändert sich, es wird kühler, die Kokospalmen werden immer rarer und von Eisenholz- und Mangobäumen abgelöst. Wir haben Danees Grundstück erreicht. Der Atem stockt angesichts der bezaubernden Aussicht. Der Blick nach Norden gleitet zum wolkenbedeckten Vulkan Tahiti Nui, an den beiden Küsten erkennt man die weißen Linien der Brandung auf dem Riff. Es gibt fast kein Geräusch, nur der Wind und ein paar Vögel unterbrechen die Stille. Wir genießen es, mit diesen jungen Leuten ihre Zukunftspläne zu besprechen, ihre Hoffnungen anzuhören und sie zu bestärken, sich hier eine Oase des Glücks aufzubauen. Tamaevanui hört aufmerksam zu. Sein kleines aufmerksames Kindergesicht verrät jetzt schon, welch starke Persönlichkeit dahinter steckt. Es fällt schwer, sich von dieser sympathischen Familie zu trennen. Hoffentlich läßt sich das Versprechen einhalten, sich irgendwann wieder zu treffen.

Glücklicherweise ist Wochenende, so daß wir auf dem Rückweg zügig vorankommen. Dem Wegweiser folgend fahren wir in einer Linkskurve hinauf in ein kleines Tal, das zu den Wasserfällen von Fa'arumai führt. In diesem engen Tal, das dicht überwachsen ist von Kastanien- und Barringtonia-Bäumen, stürzt das überraschend kalte Wasser fast 30 Meter in die Tiefe, in der sich ein Teich gebildet hat. Wer Lust hat, kann darin baden.

Wieder zurück auf der Landstraße, sind es nur noch einige Meter bis Arahoho und zu den tahitischen Blowholes. Bei hohem Seegang schießen hier Wasserfontänen aus Felslöchern auf die Straße, die schreckhafte Ahnungslose oft unanagenehm überraschen können.

Unterdessen müde geworden von all den Besichtigungen, wird der Pointe Vénus mit dem Leuchtturm nur noch ein interessierter Blick zugeworfen. Wir haben Pape'ete erreicht, das wir erfreulicherweise trotz des komplizierten Einbahnstraßensystems problemlos durchfahren. Am späten Nachmittag hat uns das Outrigger wieder.

Das Schwimmen im Pool weckt die müden Lebensgeister wieder auf. Es ist nicht nur wohltuend, sondern auch unterhaltsam. Dafür sorgt ein kleines Mädchen, das neugierig um uns herumplanscht und alles von uns wissen möchte. Sie fragt mit einer derartigen Beharrlichkeit, daß wir ihr in allem Ernst Rede und Antwort stehen. Als sie nach dem Alter fragt und Bob meint er sei 37 und ich 24, da legt sie ihre Stirne in tiefe Falten, dreht sich zwei-, dreimal um die eigene Achse, um uns danach zu verkünden, wir hätten zum ersten Mal gelogen. Bitterböse wird Vai'a auf ihre Mutter, die sie mit Gewalt aus dem Wasser komplimentieren muß, weil es Zeit ist, nach Hause zu gehen. Wir wechseln in den Whirlpool, der wie ein Adlerhorst auf einem künstlich angelegten Felsen thront. Bob bezeichnet ihn als einen echten California-Fest-Whirpool.

Die Berge Mo'ore'as, bei unserer Ankunft noch in Wolken gehüllt, haben sich ihrer entledigt und recken sich in einen zart rosa angehauchten Abendhimmel, der mit der untergehenden Sonne in einem Feuerwerk von Farben explodiert. Vom leisen aquarellen Zartrosa bis zum tiefsten Feuerrot verändern sich im ständigen Wechsel Wolken und Licht, entfesseln ein Spiel der Farben, die am Ende in einem dunklen Violett verglimmen. Die raschelnden Palmen des Gartens erscheinen darin wie kunstvolle Scherenschnitte. Es fällt schwer, das eben Erlebte in Worte zu fassen, ja man glaubt an ein Produkt der Traumwelt oder an das Wirken unbekannter Kräfte, die zu verstehen den menschlichen Verstand übersteigt. Es ist nicht das Sehen, sondern das erregende Empfinden, welches die Worte so ausufern läßt.

Noch ganz im Bann des eben erlebten Naturschauspiels, begeben wir uns zum Abendessen und treffen mit zwei weiteren Passagieren der Aranui zusammen. Wir haben einige Male mit dem amerikanischen Ehepaar die Zeit verbracht und so beginnt die Unterhaltung dort, wo sie auf dem Schiff geendet hat.

Den Rest des Abends genießen wir danach in einer beglückenden Freundschaft, die durch die Erfahrungen der vergangenen Reise und auch des heutigen Tages noch tiefer und fester geworden ist.

Letzter Tag auf Tahiti

Die Augen zu öffnen, um diesem Sonntag entgegenzusehen fällt schwer, denn es ist der letzte Tag der Reise, die in Tahiti begann und hier wieder endet.

Es scheint, als wolle die Sonne dafür sorgen, daß das Schwere leichter fällt und das Glück für die letzten Stunden erhalten bleibt. Sie strahlt von einem wolkenlosen Himmel.

Wurde das Frühstücksbuffet tags zuvor kaum benutzt, stehen die Menschen jetzt davor Schlange. Der Speisesaal ist von tahitischen Familien besetzt und immer mehr kommen hinzu. Omas, Opas bis zum Baby im Wagen, alle sind dabei. Die älteren Frauen tragen noch die konventionelle Sonntags-Garderobe: Lange Kleider der Mother Hubbard-Art aus Pareustoff mit weißen, aus Pandanus-Blätter geflochtenen Hüten. Die Polynesier lieben derartige Buffets und in nie endender Prozession sind sie dabei, ihre eigenen Teller oder die eines Familienmitglieds beständig zu füllen.

Dabei ist es ein höchst erfreuliches Erlebnis, einem Matrosen der Aranui zu begegnen. Es ist Tima'u, der Chef der Walboote, ein Herkules unter den Matrosen. Elegant hält er an diesem Morgen seine trainierten Bizepse unter einem topmodischen Hemd versteckt, die Calvin-Klein-Jeans sitzen perfekt und seine Lockenpracht verschwindet unter einem teuren Cowboy-Hut. Seine kleine Tochter, die er an der Hand führt, wendet keinen Blick von ihrem stolzen Papa. Kaum zu glauben, daß es sich um den gleichen schweigsamen Mann handelt, der auf den Booten nur mit Handzeichen und Mimik seine Anweisungen zu geben pflegt. Wir unterhalten uns eine geraume Zeit mit ihm. Das „a pae" (Auf Wiedersehen) kommt von beiden Seiten aus tiefem Herzen. Mir scheint, als hätte diese Begegnung eine Symbolik. Noch einmal hat uns die Aranui mit einer ihrer markantesten Persönlichkeiten gegrüßt.

Den restlichen Tag verbringen wir am Pool, lesend oder wie Bob, der unser Tagebuch mit einem Resümee der Reise beendet. Haben sich auch für ihn die Erwartungen, Hoffnungen, Vorstellungen erfüllt? Er sagt ja und er sagt, daß er glücklich und zufrieden nach Hause reisen wird. Jetzt aber sei sein Herz mit Traurigkeit gefüllt, denn eine unbeschwerte Zeit der Harmonie, der lebhaften Diskussionen und des Lachens geht auch für ihn zu Ende. Seine Augen schwimmen in Tränen, als er an Pélagie und Teiki, den Holzschnitzer denkt. Zwei Weggefährten der ersten Stunde werden nicht mehr auf den Inseln sein, wenn ihn die nächste Reise zurückbringt. Seit der Entdeckungen der Inseln gab es Trennungen und ein nach Hause kommen. Die Menschen hier haben gelernt, ihre Hoffnungen in die Hände jener zu legen, die ihr Schicksal bestimmen. „Laß es uns ihnen gleich tun. Wenn es die Vorsehung will, werden sich auch unsere Wege wieder kreuzen. Und wir werden unser Tagebuch schreiben und es wird viele geben, die unserem Weg folgen."

Der Nachmittag schleppt sich langsam dahin. Daß der Tresor klemmt und von einem Servicemann des Hotels geöffnet werden muß, hängt mit der gleichen Nervosität zusammen, die beim Kofferpacken nach Dingen suchen läßt, die unauffindbar scheinen und an den unmöglichsten Orten wieder gefunden werden.

Noch einmal scheint die Zeit beim Abendessen still zu stehen. Wir lachen und freuen uns am hervorragenden Essen, greifen auf Anekdoten zurück, die uns in Erinnerung bleiben werden. Die kleine Marie Antoinette, Frau des Holzschnitzers Teiki, natürlich Pélagie, der schweigsame Theodor Maat, Astronom und Schachmeister, Kasimir der Super-Cargo, Josephine, die resolute Chefin des weiblichen Personals, Nancy, Frances, Frau Helvetia, Trudy, Sybille, Helmut, Lancelot und die Elderlys ... Alle sind sie wieder da und marschieren noch einmal an unserem geistigen Auge vorbei. Wir realisieren, wie unbeschwert diese Reise für uns gewesen ist und wie schwer es mir fallen wird, mich an den grauen Spätherbst in der Schweiz zu gewöhnen.

Es ist Zeit geworden, zu gehen. An der Rezeption wartet bereits das Taxi. Das Gepäck ist verstaut, nichts hält uns mehr zurück. Nach nur wenigen Minuten haben wir den Flugplatz erreicht.

Überall in der langen, überfüllten, lärmigen Wartehalle finden Trennungen statt, es gibt Tränen, verzweifelte Umarmungen, es gibt Traurigkeit und zur selben Zeit gibt es glückliche Wiedersehen, Lachen, Freudenschreie. Und so war es immer auf diesen Inseln. Ich denke daran, wie mich Bob aufgemuntert hat. „Siehst Du, es gab einmal einen Mann der die Abfahrt eines Schiffes so beschrieb: Wenn das Schiff vom Kai losläßt und hinter dem Horizont versinkt, dann sagen die Zuschauer 'Es ist weg' und die Leute, die am anderen Ufer stehen, sagen 'hier kommt es'. So mußt Du denken: Hier kommt es.“

Aber das Herz, das gegen die Brust hämmert, die Gefühle, die zusammengeschnürt sind, der Verstand, der danach verlangt, daß endlich alles vorüber ist, sie sind es, die weh tun, die innerlich zittern lassen. Ich spüre immer noch die Wärme der Inseln, atme den Duft der Blumen, sehne mich nach dem Schlingern des Schiffs, dem Anblick der Inseln, wenn sie sich langsam aus dem Meer erheben, möchte noch einmal das

Ka'oha nui der Menschen hören und den Zauber von Ha'atuatua genießen.

Ich stolpere durch den Zoll, lasse den Paß liegen. Es ist nur noch Leere da. Als das Flugzeug abhebt und ich unter mir die Lichter des Hotels sehe, weiß ich, daß auch diese Reise endgültig zu Ende ist. Aber der Abschiedsschmerz weicht bereits einem kleinen Funken Hoffnung, irgendwann wieder auf die Inseln zurückzukehren, dort wo mein Herz geblieben ist.

Kleiner marquesanischer Wortschatz

Marquesanisch ist eine schöne, uralte Sprache und sie ist nicht schwer auszusprechen. Ihre Erfahrungen auf den Marquesas werden interessanter, auch angenehmer sein, wenn Sie ein bißchen marquesanisch sprechen. Wir haben unten einige Redewendungen und Wörter aufgelistet, die hilfreich sein können. Bitten Sie die Marquesaner um ihre Hilfe bei der Aussprache. Sie werden es gern tun, weil sie sich darüber freuen, wenn ein Fremder ihre Sprache zu sprechen versucht. Alle Vokale sind genau so wie auf Italienisch oder Spanisch ausgesprochen, der Apostroph bedeutet einen Glottisschlag, welcher ein kleines Verzögern zwischen zwei Vokalen oder vor einem Vokal ist.

Allgemeines

Grüßen	Ka'oha nui
Wie geht's Dir / Ihnen	Meita'i ' oe?
Es geht mir gut	Meita'i 'oko !
Das ist gut	Mea kanahau
Komm her	Memai
Setze Dich	A noho
Woher kommst du?	Mei ihea 'oe?
Ich komme aus Deutschland	Mei Purutia mai 'au
Ich komme aus der Schweiz	Mei te henua Suisse 'au
Ich habe nur einen kleinen Wortschatz	Mea iti to'u tekao 'enana

Fragen und Antworten

Wie sagt man das auf Marquesanisch?	Pehea te pe'au ma he 'eo 'enana ?
Wie heißt das auf Marquesanisch?	Pehea te ikoa ma he 'eo 'enana?
Wie heißt Du?	O 'ai te ikoa?
Ich heiße (Name)	O (Name) to'u ikoa
Wieviel kostet es?	Ehia moni teia ?
Das ist zu teuer!	Mea hoko nui !

Bitten

Ich will essen / trinken / schlafen	Makimaki 'au kaikai / inu/ hiamoe
Ich will im Meer schwimmen	Makimaki 'au he'e kaukau i te tai
Ich will die alten Ruinen besuchen	Makimaki 'au i te paepae tiohi
Gibt es etwas zu essen / trinken	Ena me te mea kaikai / mea inu ?
Ich will ... kaufen	Makimaki 'au hoko mai ...
Schnitzerei	'akau ha'atiki'ia
Holztiki	tiki
Holzschüssel	koka'a
Speer / Keule	ve'o / 'u' u
Tapa	tapa
Ich will mich tatauieren lassen	Maki maki 'au i te patu tiki ma he ki'i

Essen und Trinken

Brotfrucht	mei
Taro	ta'o
Banane	meika
Bergbanane	huetu
Kokoswasser	vai 'oe
Fisch	ika
Roher Fisch	ika te'e
Hummer	u'ua
Schweinefleisch	puaka
Rindfleisch	piha
Ziege	menemene

Verschiedenes

Marquesaner	he 'enana
Marquesanerin	vehine 'enana
Marquesanisch	te 'eo 'enana

Probleme

Ich bin krank	ua mate 'au
Ich habe ...	ua hemo 'au i te ...
Durchfall	mate hi
Husten	mate hapu
Fieber	fiva
Unwohlsein	hau mate

Dank

Dieses Buch ist das Ergebnis unseres gemeinsamen Schreibens, das von vielen Leuten getragen, unterstützt und befürwortet wurde.

Unser Dank gilt in erster Linie der Familie Wong, Eigentümerin der Gesellschaft Compagnie Polynésienne de Transport Maritime (CPTM) und Besitzerin der Aranui, für ihre Unterstützung während des ganzen Projektes. M. Jules Wong und Mlle. Romina Wong stehen stellvertretend für die ganze Familie.

Geschickt und mit Beharrlichkeit, nicht selten gegen Hindernisse der französischen Regierung kämpfend, hat die CPTM eine ständige Verbindung zwischen Tahiti und den Marquesas-Inseln aufgebaut. 1980 war das Jahr, in welchem der Frachter Aranui auch zu einem Passagierschiff wurde und damit die Möglichkeit gegeben war, auf spektakuläre Weise, unter kundiger Führung, die Reise zu den geheimnisumwitterten Inseln anzutreten. Tausende von Besucher haben diese Gelegenheit benutzt und sind begeistert von dieser Reise zurückgekommen. Es ist dem klugen Entscheid der Familie Wong zu verdanken, daß dadurch das isolierte Leben der Inselbewohner aufgehoben wurde, und zwar mit einem sanften Tourismus, der die Lebensumstände der Menschen keineswegs abrupt veränderte.

Die Freundschaft zu Hu'uveu Teikitekahioho (Kasimir) ist so felsenfest wie die Tiki, die seine Inseln bewachen. Er vereinigt in sich das Edle, das die Marquesaner schon immer auszeichnete. Wir haben viele Gründe, ihm für seine Zuverlässigkeit zu danken.

Aber was wäre die Aranui ohne ihre Mannschaft, ihre Matrosen. Die Ruhe und die Sicherheit auf diesem Schiff ist ihnen zu verdanken und sie dürfen mit Recht in Anspruch nehmen, daß sie eine wahrlich großartige Elitemannschaft sind.

Wir konnten uns jederzeit in allen Fragen an Danee Hazama in Tahiti wenden und danken ihm für seine unschätzbare Hilfe und seine Bereitwilligkeit, uns auf viele Arten den Weg zu ebnen. Danee ist der verläßlichste Freund, den man sich wünschen kann.

Rose Corser, Lady von Nuku Hiva, charmant und willensstark. Es ist ein beruhigendes Gefühl, sich in ihrer Obhut zu wissen. Dankeschön Rose.

Unser Dank gehört auch der Verwaltung des Outrigger Hotels, vorab Madame Mary Lou Foley, die Bobs Vorträge arrangiert hat und dem ehemaligen Direktor Wayne Sterling und seinem Stab, die uns Gastfreundschaft pur erleben ließen.

Dr. Horst Cain und Frau Annette Bierbach halfen mit freundschaftlichen Ratschlägen und führten uns zu Frau Franziska Land in Berlin, die spontan bereit war, unser Buch zu verlegen. Wir danken ihnen von ganzem Herzen.

Auch Dr. Ulrike Zophoniasson möchten wir danken. Sie hat uns mit ihrer Erfahrung durch das Buch begleitet und viele nützliche Hinweise gegeben, ebenso Frau Margitta Leese, Freundin der vergangenen Reisen, auf deren Gedächtnis wir uns immer verlassen konnten.

Auf der FESPO in Zürich lernte ich Frau Dagmar Levi von Tahiti Tourisme, Frankfurt kennen. Die gemeinsamen Erlebnisse auf den Marquesas verbanden uns sofort. Sie motivierte Bob uns, dieses Buch zu schreiben und half, wenn es um Fragen bezüglich der Reisebranche ging.

Unsere Ehepartner Rae Suggs und Hans-Ulrich Züblin sind uns mit großer Geduld entgegengekommen, haben „Überstunden" toleriert, überhohe Telefonrechnungen bezahlt, den Text korrigiert und technische Hilfe geleistet, wo uns unser Können im Stich gelassen hat. Letzteres trifft auch auf Donald Suggs zu. Zum Schluß gehört unseren Familien der größte Dank.

Literatur

Es gibt viele Bücher über die Marquesas-Inseln, die Mehrheit davon sind oft oberflächlich, mit schönen Bildern und leichtem Text, oder sie vermischen wissenschaftlich unhaltbare Phantasien und sogenannte Theorien. Aber es gibt auch eine große Zahl wichtiger und zuverlässiger Literatur über die Kultur dieser Inseln. Dieses Verzeichnis wurde für jene Leser erstellt, die in die echte wissenschaftliche und geschichtliche Literatur dieser Inseln eindringen wollen.

Die beste Quelle über die Kultur der Marquesas-Inseln ist das Meisterwerk von Karl von den Steinen: „Die Marquesaner und ihre Kunst", Band I: Tatauierung, Band II: Die Plastik, Band III: Die Sammlungen, Berlin 1925-1928.

Diese Bände enthalten die beste Beschreibung aller Facetten der Urkultur, so wie eine interessante Analyse der geschichtlichen Quellen, (z. B. Mendaña, Cook, Porter), und ein langes Quellenverzeichnis.

Außerdem hat Karl von den Steinen eine interessante Reihe von marquesanischen Legenden in der Zeitschrift für Ethnologie (1933–34) publiziert.

Arthur Baessler, Völkerkundler des Deutschen Völkerkundemuseum Berlins, besuchte 1896 die Marquesas. Sein Spezialgebiet war die Südsee. Er hat die Erfahrungen seiner langen Südseereise im Buch „Neue Südseebilder" (G. Reimer Verlag, Berlin 1900) veröffentlicht. Zur gleichen Zeit gründete er die Zeitschrift „Baessler-Archiv", welches bis heute ein unerschöpflicher Quell an Informationen ist.

Ebenso interessant sind die Beschreibungen von Adm. Joh. von Krusentern in „Reise um die Welt in den Jahren 1803–

1806 auf den Schiffen Nadeshda und Newa", 3 Bde., St Petersburg 1810–1812.

Von derselben Forschungsreise sind die Bücher von G. H Langsdorf „Bemerkungen auf einer Reise um die Welt in den Jahren 1803–1807", 2 Bde., Frankfurt am Main 1812 und auch „Nachricht über die Tattauierung der Bewohner von Nukuhiwa und die Washington-Insulaner", Weimar 1811, zu erwähnen.

Andere gute zuverlässige geschichtliche Quellen, leider in Fremdsprachen, sind:

- Gracia, Père Mathias, „Lettres sur les îles Marquises", Paris 1843.
- Porter, David, „Journal of a cruise made to the Pacific Ocean by Captain David Porter in the United States Frigate Essex in the years 1812,1813 ,1814", US Naval Institute, Annapolis 1986.
- Radiguet, Max, „Les derniers sauvages; les vies et les moeurs aux îles marquises (1843–1859)." Duchartre et Van Buggenhoudt, Paris 1929.

Über die marquesanische Sprache sind erschienen:

- Monsignore R.-I. Dordillon, „Grammaire et dictionnaire de la langue des Iles Marquises, Société des Études océaniennes, Tahiti 1999.
- Das in 10 Jahren entstandene Meisterwerk von Mgr H.-M. Le Cléac'h, eine Übersetzung des Neuen Testaments und Psalmen, „Te Pi'imau Hou, Te Tau Taramo", Eglise Catholique des Iles Marquises, Taioha'e. 1995.
- Vom selben Autor ein neues Wörterbuch: „Pona Tekao Tapapa'ia: Lexique Marquisen, Francais" Pape'ete 1996.

Auf dem Gebiet der Völkerkunde:

Eine Reihe von Berichten der amerikanischen Völkerkundler, E. S. C. Handy und W. C. Handy von der Bayard-

Dominick-Forschungsreise nach den Marquesas in der Bulletin-Serie des Bernice P. Bishop-Museums in Hawai'i:

- E. S. C. Handy, „The Native Culture of the Marquesas", Bulletin 9, 1923.
- Ders. „Marquesan Legends", Bulletin 69, 1930.
- Ders. „Music in the Marquesas Islands", Bulletin 17, 1923.
- W. C. Handy, „Tattooing in the Marquesas", Bulletin 1, 1922.
- Ders. „String Figures from the Marquesas and Society Islands", Bulletin 18, 1925.
- Ders. „L'art des Iles Marquises", Les éditions d'art et d'histoire Paris, Paris, 1938.
- Eine neue, ausführliche Studie der Tatauierung von Pierre und Marie-Noëlle Ottino-Garanger, „Te Patu Tiki: le Tatouage aux îles Marquises", Ch. Gleizal Éditeur, 1998.
- Eine Untersuchung der Sexualität und deren Einfluß auf die Entvölkerung der Marquesas-Inseln von Robert C. Suggs „Marquesan Sexual Behavior: an anthropological study of Polynesian practices", Harcourt Brace and World, New York 1966.
- Eine Studie der marquesanischen Musik, von gleicher Bedeutung wie die Werke des Karl von den Steinen bezüglich der Kultur: Jane Freeman Moulin, „He Koina: Music, Dance, and Poetry in the Marquesas Islands", Ann Arbor, Michigan; U.M.I 1991.

Zwei neue allgemeine Bücher über die Marquesas sind in Französisch Polynesien erschienen:

- „Marquises" Pirae, Éditions Polyédre Culture, Tahiti 1996 (eine Zusammenfassung von Aufsätzen über die Legenden, die Geschichte, die Kolonisation und die heutigen Inseln)

- Eve Sivadjian, „Les Îles Marquises: Archipel de Mêmoire." Éditions Autrement, Paris 1999 (eine Sammlung von Aufsätzen, die den Archipel betreffen)

Auf dem Gebiet der Archäologie finden sich von Robert C. Suggs verschiedene Beiträge in wissenschaftlichen Zeitschriften. Seine Forschungsergebnisse sind in folgenden Büchern veröffentlicht worden:

- „The Island Civilizations of Polynesia", Mentor Books, New York 1960 (eine französische Übersetzung mit dem Titel „Les Civilisations polynésiennes" wurde von La Table Ronde, Paris 1962, publiziert.
- „The Archeology of Nuku Hiva, Marquesas Islands, French Polynesia", Vol. 4, Part 1, Anthropological Papers of the Ameican Museum of Natural History, New York 1961.
- „Hidden Worlds Of Polynesia: the chronical of an archeological expedition to Nuku Hiva in the Marquesas Islands", Harcourt, Brace and World, New York 1962.

Zu Rate gezogen wurde zur Lebensgeschichte Paul Gauguins:
- Eckhard Hollmann, „Paul Gauguin", Bilder aus der Südsee, Prestel Verlag, München 1996.

Zur lyrischen Betrachtungsweise hat Dr. Werner Krum geführt, der in seinem Buch „Südsee", Bruckmann Verlag, München 1995, ein großes Vorbild war.

Die Aranui auf Reede

„Brutus, Te Kohu, Teiki Mahalo Nui, König der Nubier"

Walbootbesatzung

Erste Walbootfahrt nach Takopoto (Tuamotus)

Schiffsanlegestelle in Takopoto (Tuamotus)

Kirche in Hakahetau (Ua Pou) im Garten von Mgr. Le Cléac'h

Ioteve Kaiha mit seiner Schulklasse in Hakahetau (Ua Pou)

Steintor zur Kathedrale Peter und Paul (Nuku Hiva)

Aussicht vom Muake Pass nach Taioha'e (Nuku Hiva)

Der David vom Muake

Bob und Burgl mit dem doppelköpfigen Tiki Te Puamama'u Etua
(Gott des Schattenvolks) in Pa'eke im Taipi Tal (Nuku Hiva)

Der Friedhof in Hiva Oa, wo Paul Gauguin und Jacques Brel
beerdigt sind

Pélagie, Atuona (Hiva Oa)

Auf dem Weg von O'omoa nach Hanavave (Fatu Iva)

Auf dem Weg von O'omoa nach Hanavave (Fatu Iva)

Abendstimmung beim Verlassen von Hanavave (Fatu Iva)

Fundstätte Te I'i pona mit Taka'i'i in Puama'u (Hiva Oa)

Gesicht der Maki'i Tau'a Pepe „Schmetterlings-Priesterin"
in Puama'u (Hiva Oa)

Tiki auf der Fundstätte
Me'ae Meiaiaute
(Ua Huka)

Palmenhain in der Bucht von Anaho (Nuku Hiva)

Düne von Ha'atuatua – Blick zu den südlich liegenden Kliffs
mit den berühmten Felsnadeln (Nuku Hiva)

Strand von Ha'atuatua mit Blick nach Norden (Nuku Hiva)

Hibiskusblüte (Koute) in Hatiheu (Nuku Hiva)

Aranui vor Anker in Hatiheu (Nuku Hiva)

Der schwarze Strand von Hatiheu

Abendstimmung auf der Fahrt von Hatiheu nach Taioha'e
(Nuku Hiva)

Kasimir (Supercargo) und „Brutus" im Walboot auf dem Weg
nach Rangiroa

Weißer Palmenstrand auf der Insel Rangiroa

Iakopo, Matrose aus
Hatiheu (Nuku Hiva)

Typische
marquesanische
Tatauierung auf
dem Arm eines
Matrosen

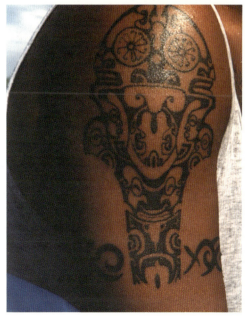

Bungalows in der Hotelanlage Fare Nana'o (Tahiti)

Sonnenuntergang